冯契文集

第四卷

中国古代哲学的逻辑发展（上）

增订版

冯契◎著

华东师范大学出版社
·上海·

冯契与 1978 级研究生在一起（1979 年）

1

2

1　在“中国哲学史讨论会和中国哲学史学会成立大会”上（太原，1979 年 10 月）。站着左 1 张岱年，左 5 王明，左 6 冯友兰，左 7 任继愈，左 9 冯契

2　《中国古代哲学的逻辑发展 · 上》初版书影

冯契在书房

提 要

本书由“绪论”和“第一篇(先秦)”组成。“绪论”首先论述哲学史研究的方法论,提出哲学史的定义:哲学史是“根源于人类社会实践主要围绕着思维和存在关系问题而展开的认识的辩证运动”。其次论述中国传统哲学的特点,首次正式表述了作者的广义认识论。以为从广义认识论来考察中西哲学的特点,可以看到:在逻辑学上,中国传统哲学擅长辩证逻辑,而在自然观上,则发展了气一元论,这与西方人发展形式逻辑和原子论颇为不同;在伦理学上,中国传统哲学注重自觉原则,而在美学上则较早提出了言志说和意境理论,这和西方人高扬自愿原则和较早提出模仿说及典型性格理论也是旨趣不同的。“第一篇(先秦)”论述了先秦哲学围绕“天人、名实”之辩而展开的矛盾运动,认为这是中国哲学发展的第一个大圆圈:孔子尊重人的理性,但导致先验论;墨子注重经验,以此反对孔子;《老子》提出“反者道之动”的辩证法原理,企图超越孔墨,但走向唯心论。之后,《管子》用直观唯物论克服了《老子》的唯心论,是唯物论的唯理论;孟子发展了孔子的思想,是唯心论的唯理论;他们和早期法家都是独断论。《庄子》用相对主义反对独断论，惠施和公孙龙则是相对主义和绝对主义的对立。后期墨家进而建立了形式逻辑体系。最后由荀子对“天人、名实”之辩作了比较正确的总结，达到了朴素唯物论和朴素辩证法的统一。之后，韩非强调斗争，《吕氏春秋》则强调统一，《易传》有丰富的辩证法，却又开了汉代神学唯心论的先河。

Summary

This volume is composed of "Introduction" and "Part One" of the whole book. In the "Introduction", the author first articulates his definition of the history of philosophy as "a dialectical movement of knowledge rooted in human social practice and unfolded chiefly around the relationship between thinking and being". Then he discusses the characteristics of traditional Chinese philosophy, and, as the theoretical basis for this discussion, systematically presents for the first time his view of what he calls "epistemology in the broad sense".

"Epistemology in the broad sense" covers actually those fields that are traditionally under the names of epistemology (in the narrow sense), logic, philosophy of nature, ethics and aesthetics. Traditional philosophy, according to the author, made great achievements in dialectical logic and dialectical conception of nature in the form of monism of *qi* (material force), in contrast with the Western achievements of formal logic and atomism. In ethics, Chinese philosophy has a strong tradition of rationalism (or, in author's words, an overwhelming emphasis on "the principle of self-consciousness").

目　录

第一篇
先　　秦

第三章

百家争鸣的高潮 ………………………… 125

THE LOGICAL DEVELOPMENT OF ANCIENT CHINESE PHILOSOPHY
(Volume 1)

Contents

绪 论

第一节 哲学史研究的方法论

本书试图用马克思主义的辩证方法来研究中国古代哲学史。在这个领域里，前辈和时贤已做了大量的工作。我只是想在他们工作的基础上，用粗线条来描绘一下中国古代哲学思想合乎逻辑地发展的轨迹。这里用的“古代”一词，是指自先秦至鸦片战争以前这一段时间。

用马克思主义的立场、观点和方法来研究中国哲学的逻辑发展，以求建立科学的中国哲学史，这是一项有待于许多人共同努力的重要工作。我们进行社会主义现代化建设和培养共产主义的新人，指导思想当然是科学的共产主义世界观，同时也必须继承中华民族的优秀传统，要善于把传统中的科学性、民主性的因素提取出来，加以发扬。哲学以理论思维的方式来掌握世界，它是时代思想的精华，也是民族传统的精华。正如恩格斯所说：“一个民族想要登上科学的高峰，究竟是不能离开理论思维的。”[1]理

---

① 恩格斯：《自然辩证法》，《马克思恩格斯选集》第 4 卷，人民出版社 1995 年版，第 285—286 页。

论思维的能力“需要发展和培养，而为了进行这种培养，除了学习以往的哲学，直到现在还没有别的办法”[①]。这里所谓“学习以往的哲学”，就是指用马克思主义的辩证方法来研究哲学史，总结理论思维的规律性。

那么，在中国哲学史领域，如何具体地运用辩证方法呢？我以为必须特别注意以下四点要求。

一、把握哲学历史发展的根据

运用辩证的方法来研究某个领域，首先要求经过周密的调查研究，把握这个领域的根据，即把握规定着这个领域的矛盾的各个方面的基本要素。哲学发展的根据是什么呢？这就要从矛盾的普遍性和矛盾的特殊性的互相联结来考察。

从矛盾的普遍性来说，哲学作为自然知识和社会知识的概括和总结，同其他意识形态和科学一样，来源于人类的社会实践。社会实践（主要指阶级斗争、生产斗争和科学实验）是哲学的源泉。所以，我们一方面应该以阶级斗争理论作为分析历史上哲学思想的指导线索，另一方面又必须考察具体科学（首先是自然科学）的发展，把两者结合起来，研究哲学思想的历史演变。一个哲学家的实践活动往往是多方面的，不只是参加阶级斗争或政治活动，还研究科学、整理文献，或者还从事教育工作和文艺创作等。如果只注意他的政治态度，或者只注意他的科学研究成果，就往往不足以全面地说明他的哲学思想是怎样从社会实践中产生的。

① 恩格斯：《自然辩证法》，《马克思恩格斯选集》第 4 卷，第 284 页。

每一种意识形态都有它相对独立的发展。每种哲学体系都是从它的先驱者留下的思想资料演变和发展而来的。但是,这些思想资料如何演变和发展,归根到底是由经济关系来决定的。恩格斯说:“经济在这里并不重新创造出任何东西,但是它决定着现有思想资料的改变和进一步发展的方式。”又说:“多半也是间接决定的,因为对哲学发生最大的直接影响的,是政治的、法律的和道德的反映。”[①]经济关系、阶级关系决定着哲学的发展,但这种决定作用通常是通过中间环节即政治思想(以及伦理思想)来实现的。同时,哲学与科学有密切的联系。哲学有它的自然科学基础。恩格斯说:“随着自然科学领域中每一个划时代的发现,唯物主义也必然要改变自己的形式。”[②]因此,我们又必须考察哲学和自然科学的关系、哲学斗争和科学反对宗教迷信斗争的关系。政治思想斗争和科学反对迷信的斗争是推动哲学前进的两条腿,这两条腿立在同一个基础上,统一于社会实践。对此,我们不能偏废。这是一个基本的观点。

但这只是一般原理,对任何时代、任何国家的哲学都适用。我们在这里着重研究的是中国哲学各个历史阶段的发展根据。

中国哲学史不同于欧洲哲学史,中国古代哲学史也不同于近代哲学史。不同的时代有不同的阶级矛盾,反映到意识形态,有不同的政治思想斗争。各时代的重大政治思想斗争对哲学的发展有着巨大的影响。这都需要具体地加以研究。以春秋战国来

---

① 恩格斯:《致康·施米特》,《马克思恩格斯选集》第 4 卷,第 704 页。

② 恩格斯:《路德维希·费尔巴哈和德国古典哲学的终结》,《马克思恩格斯选集》第 4 卷,第 228 页。

说，“古今”、“礼法”之争反映了地主阶级革命时代的社会变革，给哲学以深刻的影响。诸子蜂起，从不同的阶级立场出发，对这一问题提出了自己的政治主张，进行了哲学的论说。如孔子、老子用唯心论来为保守复古的政治主张辩护；而墨家、法家则用唯物论来反对复古主义。到了近代，人民大众反对帝国主义和封建主义的历次重大政治思想斗争是围绕着“古今”、“中西”之争而展开的。这一论争的实质，就是如何向西方学习，并对自己的传统进行分析批判，以寻求救国救民的真理，找到民族解放的途径。而“古今”、“中西”之争也确实制约着近代哲学的发展。从春秋战国和近代两个革命时代来看，政治思想斗争制约着哲学斗争，转过来哲学革命又作了政治变革的先导，这种相互作用是非常明显的。但就在这样的时代，我们也不能忽视科学反对宗教迷信的斗争。例如墨家、荀子的朴素唯物主义形态是与古代的自然科学密切联系着的，严复的进化论思想是建立在近代西方自然科学的基础上的。

然而，秦汉至鸦片战争前哲学发展的情况，同先秦和近代这样的革命时代又有所不同。地主和农民的矛盾是封建社会的主要矛盾。农民阶级用实际行动来反对封建等级制度，与封建主义的“政权、族权、神权、夫权”进行了坚决的斗争。在意识形态方面，表现为农民要求平等、平均的思想同封建等级思想的对立，这当然是两种世界观的斗争。农民阶级的武器的批判，往往能深刻地揭露当时官方哲学的弊病，从而迫使继起的封建王朝改换统治思想的形态，这当然影响着哲学的演变。但农民阶级不是新的生产力的代表者，不可能建立新的生产方式，因而不可能像无产阶级那样建立科学的哲学体系。在漫长的封建社会中，唯物主义和唯心主义的斗争并不能归结为农民反对地主的阶级斗争的反映；哲学斗争主要是在地主阶级内部进行的，如王充反对董仲舒儒学唯心主义的斗争，范缜、张载反对佛学唯心主义的斗争，王夫之、戴震反对理学唯心主义的斗争等。但在地主阶级内部，不可能有从根本上反对封建主义的政治思想。因此，仅仅用地主阶级的革新派反对顽固派，或中小地主反对大地主的政治斗争来解释哲学上的唯物主义和唯心主义的斗争，也是缺乏说服力的。事实上，有些唯物主义者，如裴頠，却是门阀士族的代表；有些唯心主义者，如慧能，却在某种意义上反映了庶族地主的要求。韩愈和柳宗元是朋友，但一个是唯心论者，一个是唯物论者，难道能因此便说他们之间存在着革新派与顽固派（甚至是法家与儒家）的斗争吗？当然不能。

那么，封建社会哲学发展的根据是什么呢？在中国封建社会中，推动哲学前进的，首先是科学和农业、手工业生产的发展（而物质生产的主体是农民和手工业工人）。王充、柳宗元等人都很关心物质生产，注意吸取自然科学的成就，他们的唯物主义都是与科学反对迷信的斗争分不开的。如王充反对董仲舒唯心论的斗争，同时也是科学反对谶纬神学的斗争的一部分。当然，由于这些唯物主义哲学家大多（并非全部）属于地主阶级的中下层，他们对豪强大地主的反动统治和土地兼并有所不满，对贫苦人民有所同情，这也是促使他们敢于面对现实而倾向唯物主义的一个重要因素。但这种不满和同情通常不会发展到反对封建主义的地步，相反，我们经常可以看到他们的唯物主义与其阶级立场是有着矛盾的。所以，归根到底，首先是由于社会生产力的发展推动了科学反对宗教迷信的斗争，其次是社会矛盾促进了地主阶级内部的政治思想斗争。将二者结合起来考察，我们就可以把握中国封建社会中哲学发展的根据。

总之，社会实践是哲学发展的源泉，劳动人民和革命阶级是社会实践的主体。我们用这样的观点来考察中国哲学发展的历史根据，就既要把握反映一定时代的经济关系、阶级关系的重大的政治思想斗争，又要把握反映一定时代的社会生产力的自然科学的发展及科学反对宗教迷信的斗争，并且必须把两方面结合起来，进行具体的历史的分析。以上是从社会存在决定社会意识这一唯物史观的普遍原理来看哲学的发展的。

但是，哲学还有它本身的特殊矛盾，有不同于艺术、道德、宗教等意识形态的地方，有不同于其他科学的地方。不研究哲学的特殊矛盾，就不能把握哲学发展的特殊规律。全部哲学的根本问题是思维对存在、精神对自然界的关系问题。恩格斯说："什么是本原的，是精神，还是自然界？……哲学家依照他们如何回答这个问题而分成了两大阵营。凡是断定精神对自然界来说是本原的，从而归根到底承认某种创世说的人……组成唯心主义阵营。凡是认为自然界是本原的，则属于唯物主义的各种学派。"①就中国哲学史来说，在天道观上，首先是争论世界统一原理的问题，即世界统一于物质还是统一于精神？物质和精神哪个是第一性的？这个争论表现在认识论和逻辑学上，就是知识和逻辑的来源问

① 恩格斯：《路德维希·费尔巴哈和德国古典哲学的终结》，《马克思恩格斯选集》第 4 卷，第 224 页。

题:知识是先天就有的,还是后天才有的?逻辑是概念的先天结构,还是在现实世界中有其客观基础?在天道观上的争论还有第二方面,就是关于世界发展原理的问题,即世界(包括自然界和精神)是发展的,还是不变的?世界的运动、变化、发展是由自身矛盾引起的,还是由外力推动的?这就是辩证法和形而上学的对立。这个对立在认识论上就表现为:把思维和存在的同一性了解为变化发展的过程,即由不知到知、由知之不多到知之甚多的过程,这是辩证法的观点;把思维与存在割裂开来就会引导到不可知论;而把思维与存在的统一看成是一次完成的,直接同一的,就是形而上学的见解。在逻辑学上,形而上学以为范畴是固定不变的,辩证法以为范畴是灵活的、能动的,整个逻辑是从前进着的各种对立的范畴中发展起来的。

把全部哲学的根本问题概括为思维与存在的关系问题,这是马克思主义对哲学发展史的总结。这一根本问题在不同时代有不同的表现。我们研究中国哲学史就必须注意这一根本问题在中国历史各阶段是怎样表现的。以先秦来说,"天人"之辩与"名实"之辩是哲学斗争的中心。"天人"之辩主要是天道观和人道观上的争论,"名实"之辩主要是认识论和逻辑学上的争论。这两个问题由荀子作了总结,但以后仍以不同的形式继续争论着。还有"道"与"物"的关系问题,先秦也已经提出,后来发展为"有无(动静)"、"理气(道器)"的争论。到了魏晋,"有无"之辩成了中心;在宋明,"理气"之辩成为天道观上首要的问题。这说明天道观上的斗争在不同的时代变换着形式。在认识论上也是如此,除"名实"之辩外,"形神"、"心物(知行)"之辩在先秦时也已提出。到汉以后，由于反对谶纬神学，形神关系问题就突出起来。在佛教盛行后，为了从认识论上驳倒佛教，“心物（知行）”之辩成了中心问题。可见在认识论上，哲学根本问题的表现形式在各个时代也是不同的。

列宁说过，思维和存在的关系客观上包括三项：一、自然界即物质世界，二、主观精神即人的头脑，三、自然界在人脑中反映的形式即概念、范畴、规律等。[①] 因此，在天道观上就有天人、理气等问题的争论。在认识论上就有形神、名实等各个方面的争论。而总括起来则是物（气）、心、道（理）三者的关系。程朱讲“理在气先”，陆王说“天下无心外之物”，都以精神为世界的本原，属于唯心主义阵营。王夫之说：“盖言心言性，言天言理，俱必在气上说，若无气处则俱无也。”[②]他以为世界统一于气，这是鲜明的唯物主义观点。在宋明时期，物质和精神哪个是第一性的问题，是通过“理气”、“心物”之辩展开的。

把思维和存在的同一作为一个辩证的发展过程来看，其中包括感性与理性、绝对与相对、客观规律性与主观能动性这些认识过程的必要环节。这些环节也构成矛盾，在一定条件下也成为哲学争论的重要问题。同时，在争论上述问题时，哲学家都把逻辑范畴作为工具，以一定的方式来论证自己的学说并驳斥别人。这样，围绕着逻辑范畴和逻辑方法，又引起了新的争论。先秦名家的“坚白”、“同异”之辩，董仲舒与王充的“或使”、“莫为”之争，还有决定论与非决定论的争论等，就是和逻辑范畴（“类”、“故”、“理”）相联系的争论，都是从属于哲学根本问题的争论。以上说

---

① 参见列宁：《哲学笔记》，《列宁全集》第 55 卷，人民出版社 1990 年版，第 153 页。

② 王夫之：《读四书大全说》，《船山全书》第 6 册，岳麓书社 2011 年版，第 1111 页。

明，哲学的根本问题在不同的历史时期有不同的表现，并和其他从属的问题相联系，必须具体地考察。

综上所述，一方面，哲学和其他科学、其他意识形态具有共同的普遍的根据，我们必须考察反映一定时代的经济关系、阶级关系的重大的政治思想斗争以及反映一定时代生产力的发展的科学反对宗教迷信的斗争；另一方面，哲学发展还有其不同于其他科学、其他意识形态的特殊的根据，我们必须考察哲学的根本问题在不同的历史时期的不同表现及围绕着这一根本问题而展开的矛盾运动。把上述两方面的考察结合起来，就能把握哲学的历史发展。所以，我以为哲学史可以定义为：根源于人类社会实践主要围绕着思维和存在关系问题而展开的认识的辩证运动。

二、历史的方法与逻辑的方法相结合

历史的方法与逻辑的方法相结合，是黑格尔提出来的。他说："我认为，各个哲学体系在历史上的次序同观念的概念在逻辑推演中的次序是一样的。我认为，如果从哲学中上出现的各个体系的基本概念上完全除掉同它们的外在形式、同它们的特殊应用等等有关的东西，那么就会在观念的逻辑概念中得出观念自身的规定的不同阶段。"[①]黑格尔把逻辑看作绝对观念的结构，把哲学史看作绝对观念的运动，以为将历史上互相对立的哲学体系清除其外在的形式及属于其局部应用范围等等的东西，就能把握哲学的基本概念及其逻辑的发展。他的这一说法是唯心论的，但包含

① 转引自列宁：《哲学笔记》，《列宁全集》第55卷，第208页。

着合理的因素，就是历史与逻辑的统一。这点合理因素，经过批判，为唯物主义的辩证法所吸取。

举例说，哲学史上有经验论和唯理论的争论，我们清除了两派哲学体系中外在的形式及属于其局部应用范围的偶然的东西，就可看到：经验论强调感性、个别和归纳法，唯理论则强调理性、一般和演绎法。感性和理性乃是人类认识发展的必经阶段，个别和一般是重要的逻辑范畴，归纳法和演绎法是互相联系的逻辑方法，所以经验论和唯理论的斗争实际上包含着人类认识发展的必要环节。当然，历史和逻辑也有矛盾，历史比逻辑更丰富、更生动。同是经验论或唯理论的哲学体系，由于各个哲学家的条件不同而显出形态上的多样化；而且历史是曲折前进的，历史上有许多无关紧要甚至起扰乱作用的偶然因素。所以一方面必须坚持唯物主义，把现实的历史看作逻辑思维的出发点和基础；另一方面也必须善于剥掉外在的形式，摆脱历史偶然性的干扰，以便在历史现象中认出逻辑发展的环节来。历史从哪里开始，思维进程也就从哪里开始。所谓历史的方法，就是要把握所考察对象的基本的历史线索，看它在历史上是怎样发生的，根据是什么；又是怎样发展的，经历了哪些阶段。而真正要把握基本的历史联系，就要清除掉外在形式和偶然的东西，以便对对象的本质的矛盾（即根据）进行具体分析，对每一发展阶段或环节都能从其典型形式上进行考察，而后综合起来，把握其逻辑的联系和发展的规律。这其实也就是逻辑的方法。所以历史的方法和逻辑的方法应该是统一的。

怎样才能清除各个哲学体系的外在形式和偶然因素，揭露出其中所包含的基本概念,把它们作为人类认识过程的必要环节来进行考察呢?这是我们首先要解决的问题。

每一个时代的哲学都以其先驱者传下来的思想资料作为出发点和进一步改造的前提。墨子继孔子之后而又批判了孔子,黑格尔继康德之后而又批判了康德,哲学史表现为互相对立的哲学体系更迭的历史。这是哲学史家一开始就碰到的现象。历史上每个重要的哲学家都对当时哲学论争的主要问题提出自己的见解和宗旨,并从多方面进行阐明和论证,以维护自己的宗旨,驳斥别人的学说,这样便形成了独特的哲学体系。例如,孔子贵仁,墨子贵兼,孟子道性善,这是他们在人道观上各自标榜的宗旨,他们的哲学体系就是对自己的宗旨进行阐明和论证而形成的概念结构。但是,"在一切哲学家那里,正是'体系'是暂时性的东西"①。哲学史家必须完整地、准确地把握历史上的各个哲学体系,而又必须粉碎这些体系,把其中所包含的作为人类认识史的必要环节揭露出来。这就要求把历史上每一个哲学体系放在当时的历史条件中进行考察,从它的社会根源(阶级基础与科学技术条件)和认识论根源来进行分析。从社会根源说,唯物主义、辩证法通常反映革命阶级的利益并与物质生产和科学的发展相一致;唯心主义、形而上学通常反映保守阶级的利益,并与宗教迷信相结合。不过这是就一般情况而言的,我们不能把问题简单化,而应作具体分析。同时,哲学体系还有认识论的根源。列宁在《谈谈辩证法问题》中讲到,人类认识世界的过程是一个活生生的、多方面的

① 恩格斯:《路德维希·费尔巴哈和德国古典哲学的终结》,《马克思恩格斯选集》第 4 卷,第 219 页。

(方面的数目永远在增加着的)辩证的运动。如果把这个辩证运动中的某一个特征、方面、部分环节片面地夸大了,变成了脱离现实、脱离物质的绝对化的东西,那就可以变成一个唯心论的和形而上学的体系。如果片面地夸大感性经验的作用,就会形成经验论的哲学体系;如果片面夸大理性,就会形成唯理论的哲学体系;割裂相对和绝对、割裂矛盾的斗争性和同一性、割裂客观规律性和主观能动性,把认识过程中的任何一个片断变成直线,都可能发展成唯心论和形而上学。列宁说:“直线性和片面性,死板和僵化,主观主义和主观盲目性就是唯心主义的认识论根源。而僧侣主义(＝哲学唯心主义)当然有认识论的根源,它不是没有根基的,它无疑是一朵无实花,然而却是生长在活生生的、结果实的、真实的、强大的、全能的、客观的、绝对的人类认识这棵活树上的一朵无实花。”[①]所以,我们考察一个唯心主义、形而上学的哲学体系,既要看到它的阶级基础和社会条件,也要看到它的认识论根源。即使对唯物主义和辩证法的体系,也同样要从社会根源和认识论根源来考察。唯物主义通常是与人类的革命实践和科学认识的发展方向相一致的,但是如果把某一个环节夸大了,也可成为形而上学的唯物主义体系。辩证法当然是比较正确、比较全面地反映了认识的矛盾运动的,但历史上的辩证法也都有它的局限性,例如,被称为“辩证法的大师”的黑格尔也并没有能克服形而上学,而且他的辩证法还是建立在唯心主义基础上的。总之,历史上的哲学体系都是在人类认识这棵活生生的大树上生长出来

① 列宁:《哲学笔记》,《列宁全集》第55卷,第311页。

的。当我们对它们作了阶级分析,考察了它们所由产生的社会条件和认识论根源后,可以看到它们在这棵活生生的认识大树上是有根基的,这就是它们的基本概念。当然,我这里是指在哲学史上真正起了影响的哲学体系,至于那些末流,自封为哲学家,自夸建立了"哲学体系",而其实是抄袭人家的货色,那是谈不上有"根基"的。

如上所说,我们如果对历史上各种哲学体系作了具体分析,揭露了它们所由以产生的社会历史条件和认识论根源,揭示出它们所包含的基本概念,于是我们就粉碎了这些体系的外在形式,清除掉局部性的和偶然的东西,看到了人类认识运动的一些环节;而正是这些环节构成了基于人类社会实践的认识的辩证运动。这样,我们就能把握作为人类认识史精华的哲学历史的逻辑发展。

当然实际的情况不那么简单。哲学家们总是力图使自己的学说体系化,但体系本身包含着矛盾,而且一个哲学体系并不见得那么纯粹,往往掺杂有次要的、属于支流的东西。这就给哲学史家的工作(力图把握历史上的各个哲学体系,并经具体分析,从中揭示出人类认识的环节)带来复杂性。例如,孔子建立了一个"一以贯之"的哲学体系,他尊重理性,这是认识史上的一个重要环节。他"不语怪、力、乱、神",是理智的态度。他说:"知之为知之,不知为不知,是知也。"(《论语·为政》)这就有实事求是的精神,触及了认识过程中"知"与"不知"的矛盾,含有辩证法思想。但孔子把理性原则绝对化了,并认为理智的目标是"知天命"。所以,从总体来说,孔子的哲学是唯心论的先验论。显然,孔子所谓的

“一贯”和他的理性原则包含着矛盾,而矛盾的两方面在历史上都起作用,哲学史家不能只讲一面。又如,墨子的哲学基本上是唯物论的经验论的体系,却又掺有“天志”、“明鬼”这样一些宗教迷信的杂质,这是次要的东西,但同他的经验论又有联系,这些次要的因素在历史上也起作用。因此当我们评价历史上的哲学家的体系的时候,既要看到它的主要方面,也要看到它的次要方面。

用历史的方法与逻辑的方法相结合来考察哲学史,就可看到,哲学史体现了认识的矛盾运动:哲学家们所争论的问题就是矛盾,某个矛盾产生、发展、解决了,另一个新的矛盾又产生、经过发展得到解决……这是一个在循环往复中前进的过程。这样的过程,就表现为黑格尔、列宁都说过的近似于一串圆圈、近似于螺旋形的曲线。为什么人类的认识发展(哲学史、各门科学史等等)并不表现为一条直线,而近似于螺旋形的曲线呢?这是因为客观现实是充满着矛盾的,而人们对这些矛盾的认识,往往是一些人考察了矛盾的这一方面,而另一些人则考察了矛盾的那一方面,只有经过矛盾斗争才能达到比较正确、比较完整的认识。每一个矛盾的解决就表现为一个圆圈。旧的矛盾解决了,又会出现新的矛盾,经过斗争、总结,又出现一个圆圈。但这不是简单的重复,而是每经过一次矛盾斗争,认识就提高到一个新的阶段。所以,人类认识的发展表现为近似于螺旋形上升的曲线。哲学史集中体现了人类认识运动的秩序,它经历了朴素唯物论和朴素辩证法相结合的阶段,而后经过机械唯物论的阶段,发展到辩证唯物论的阶段。辩证唯物论科学地解决了思维与存在的关系问题,而又仿佛是出发点(朴素唯物论与朴素辩证法相结合)的复归。所以,全部哲学史是一个否定之否定的过程，它可以比喻为一个大的圆圈。而这个大圆圈又是由许多小的圆圈构成的。

中国古代哲学开始于原始的阴阳说，先秦时期争论“天人”、“名实”关系问题，由荀子做了比较正确、比较全面的总结，达到了朴素唯物论与朴素辩证法的统一，仿佛回复到出发点，这可以说是完成了一个圆圈。秦汉以后，哲学上关于“有无”、“理气”、“形神”、“心物”等问题的争论，由王夫之作了比较正确、比较全面的总结，在更高阶段上达到朴素唯物论和朴素辩证法的统一，完成了又一个圆圈。我以为，中国古代哲学主要是这么两个圆圈，而这两个圆圈又可以分成若干更小的圆圈。正是这些圆圈构成哲学史发展的阶段，每经历一个圆圈，哲学就向前推进了一步。所以从总过程看，又可比喻为螺旋形的曲线。哲学史初看起来是哲学体系不断地被否定的历史。历史上的哲学体系一个接一个地被推翻和克服了，如墨子批判了孔子，老子又批判了孔子和墨子；康德批判了经验论和唯理论，黑格尔又批判了康德；等等。这样的克服、代替、批判是否都是辩证法的否定或扬弃呢？显然不能说都是。例如孟子很好辩，他骂杨朱“为我”是“无君”，骂墨子“兼爱”是“无父”，说“无父”、“无君”是“禽兽”。尽管孟子的哲学体系里边含有人类认识的必要环节，但这种谩骂不能算是辩证法的批判。人类的历史只有发展到一定的阶段才能进行自我批判，在此之前，人类对自己的过去往往只有片面的理解。虽然所有的哲学家都把过去哲学体系看成是向自己发展的一些阶段，有些批判了，有些继承了，但人类只有达到一定的阶段，具备一定的条件，才能对以前的阶段进行比较正确的批判总结。以中国古代哲学来说，荀子和王夫之就处于这样一种历史能进行自我批判的特殊阶段，因而他们可以对以往哲学作出比较客观、全面的批判总结。这是可以从社会历史条件与哲学的发展来具体地加以说明的。

总之，我们研究哲学史，首先要把握哲学历史发展的根据以及哲学的基本问题在不同历史阶段的不同的表现形式；接着要具体地考察围绕着哲学基本问题而展开的各哲学体系之间的斗争，对每个哲学体系进行马克思主义的历史主义的具体分析，并揭露它们的认识论根源，以便清除其外在形式，把握它们的基本概念，把这些互相矛盾的体系分别地作为人类认识运动的某个环节来进行考察；再把它们综合起来，看矛盾在实际上是如何发展的，如何经过曲折斗争达到比较全面、比较正确的解决。于是，发展就表现为一系列的圆圈，哲学史就表现为近似于螺旋形上升的曲线。

三、运用科学的比较法

用比较法研究哲学史，这是资产阶级哲学史家已开始做了的。他们早已拿西方哲学史和中国哲学史作比较研究，也提出了一些可取的见解。不过他们不懂辩证法，他们所谓的比较往往只是抓住一点表面现象，把自己所理解的西方哲学史作为一个模式往中国哲学史上套，所以不免主观主义，不是科学的比较法。

科学的比较法有两个方面或两个环节：一是把不同的过程、领域或不同的阶段进行比较（类比），比较它们在本质上的相同之点和相异之点；二是对事物、过程本身内部矛盾的双方进行比较（对比）。只有对过程本身进行矛盾分析、对比，才能在不同过程之间进行类比；而对不同过程进行类比，又帮助我们去深入揭露所考察的过程的矛盾。例如，在民主革命时期，中国共产党人一方面拿中国革命与俄国革命进行比较，考察两者本质上的同和异，另一方面又对中国革命本身的矛盾进行分析，对中国社会各阶级的情况进行比较，看敌我双方力量对比如何；并把两个方面的比较结合起来，以求把握中国民主革命的特点和规律。用这样科学的比较法来研究哲学史，可以而且应该拿中国哲学史与欧洲哲学史进行比较，同时又必须对中国哲学史本身进行矛盾分析。

例如，我们将中国先秦哲学与欧洲近代哲学作比较：欧洲近代是资产阶级革命的时代，而中国的春秋战国时期是地主阶级革命的时代；欧洲近代哲学是机械唯物论的阶段，而中国先秦哲学是朴素唯物论的阶段，二者在本质上是不同的。但是，也有本质上的相似之处。因为二者都处于比较典型的革命时代，都处于哲学和科学获得迅速发展的时期。中国先秦与欧洲近代都比较鲜明地表现出这样的规律性，即阶级斗争（通过政治思想斗争）制约着哲学斗争，而哲学革命又成了政治变革的先导。欧洲近代的进步思想家都反对封建主义，反对神学。从英、法的唯物主义到德国的古典哲学，到俄国的革命民主主义哲学，唯物论反对唯心论、科学反对宗教的斗争，都为资产阶级的政治革命作了舆论准备。中国先秦的地主阶级哲学家也都具有鲜明的反对奴隶制、反对宗教迷信的色彩。与“古今”、“礼法”之争相联系的唯物主义和唯心主义的斗争，确实也为地主阶级的变法和建立统一的中央集权的国家作了理论的准备，哲学革命也作了政治变革的先导。

列宁在《谈谈辩证法问题》一文中举了欧洲哲学史的几个

圆圈：

> 哲学上的“圆圈”：是否一定要以人物的年代先后为顺序呢？不！
>
> 古代：从德谟克利特到柏拉图以及赫拉克利特的辩证法。
>
> 文艺复兴时代：笛卡儿对伽桑狄（斯宾诺莎?）
>
> 近代：霍尔巴赫——黑格尔（经过贝克莱、休谟、康德）。
>
> 黑格尔——费尔巴哈——马克思。①

我们要注意的是，从文艺复兴到近代，列宁举了三个圆圈。

第一个是从笛卡儿、伽桑狄到斯宾诺莎。笛卡儿是一个唯理论者、二元论者，他在认识论上主张天赋观念，从而导致了唯心论。伽桑狄反对笛卡儿的先验论，他是一个唯物论的经验论者。笛卡儿和伽桑狄的对立是唯心论与唯物论的对立，也是唯理论和经验论的对立。斯宾诺莎是唯物论者，又是个唯理论者，并有些辩证法思想，他提出“自因”观念，是说实体自己运动，主张从世界本身说明世界，反对到现实世界之外找动因。这是哲学发展的一个圆圈，即在唯物论与唯心论的斗争中包含着理性和感性的对立，斯宾诺莎在某种程度上作了总结（列宁打了一个问号，可能觉得还不够）。

列宁讲的第二个圆圈是从霍尔巴赫经过贝克莱、休谟、康德

---

① 列宁：《哲学笔记》，《列宁全集》第55卷，第308页。

到黑格尔。霍尔巴赫是法国机械唯物主义的代表。贝克莱、休谟、康德都是唯心论者,休谟、康德又是不可知论者。黑格尔批判了康德,又批判了法国的唯物论,有辩证法思想,在一定的意义上说是总结了前人的成果。在这个圆圈中,除了唯物论与唯心论的斗争以外,还包含着独断论与相对主义的对立。法国的唯物论,如霍尔巴赫的体系,是独断论。休谟、康德打着反形而上学的旗号批判独断论,而他们自己又走向相对主义、不可知论。黑格尔在绝对与相对的关系上作了比较辩证的总结,克服了独断论与相对主义的对立。

列宁又举了第三个圆圈,就是从黑格尔到费尔巴哈,再到马克思。黑格尔是唯心论者,但有辩证法。费尔巴哈是唯物论者,却是形而上学的。马克思批判了黑格尔,又批判了费尔巴哈,拯救了黑格尔辩证法的合理内核,把辩证法建立在唯物论的基础上;提出了实践的观点,科学地解决了思维和存在的关系问题,建立了辩证唯物论,实现了人类认识史上的空前大革命。

回顾这三个圆圈,清除其外在的形式,把握它的基本概念,就可以看到围绕着思维与存在关系问题而展开的认识的辩证运动中的三对主要范畴,即感性和理性、绝对和相对、唯物论和辩证法。这是三个在对立中统一的人类认识发展的必要环节。

中国的先秦哲学与欧洲这一段哲学史相比较,当然有本质上的差异,不能把西方哲学当作模式去套,而应力求把握先秦哲学本身的矛盾运动。但我们在剥去先秦诸子哲学的外在形式和偶然性的东西后,大体上也可以看到人类认识运动中的这些必要的环节。中国古代哲学开始于原始的阴阳说,到春秋战国,百家争鸣，墨子用经验论来反对孔子的先验论，而老子想要超越经验论和先验论，提出“反者道之动”的命题，有辩证法思想。这一段哲学包含着感性和理性的对立。继老子之后出现的黄老之学的唯物论和法家的唯物论，都带有独断论的色彩，孟子的唯心主义也是一种独断论，而庄子则用相对主义来反对这些独断论。名家的两派——“离坚白”、“合同异”，也是绝对主义和相对主义的论战。接着，《墨经》建立了唯物主义的逻辑学和认识论体系，荀子对“天人”之辩和“名实”之辩作了比较全面、正确的总结。在这里，我们不仅看到了绝对和相对的对立，而且也看到唯物论与辩证法到荀子那里达到了统一（这特别表现在荀子提出“明于天人之分”和“制天命而用之”的论点，比较正确地解决了客观自然规律和人的主观能动性之间的关系）。荀子之后，韩非强调斗争，《吕氏春秋》则强调统一，他们都把朴素辩证法引向形而上学。《易传》有丰富的辩证法，但它建立了一个唯心主义的体系，为后来汉代形而上学的唯心主义神学开了先河。总起来说，我们可以把先秦哲学的发展过程看作一个圆圈，经过曲折的发展，经过唯物主义与唯心主义的反复斗争，到荀子那里达到了朴素唯物论与朴素辩证法的统一。而这个圆圈又包括两个小的圆圈：前一个是从原始的阴阳说起，经孔子、墨子到老子，后一个是从《管子》经孟子、庄子到荀子。哲学继续前进，从荀子经《吕氏春秋》、韩非到《易传》，又是一个小的圆圈。把先秦哲学同欧洲近代哲学比较，便可以看到哲学史作为根源于人类社会实践主要围绕着思维和存在关系问题而展开的认识的辩证运动，就是通过感性和理性、绝对和相对、唯物主义和辩证法（包括客观规律性和主观能动性）这样一些互相联系的环节而展开的矛盾发展过程,表现为近似于螺旋形的曲线。这里面包含着人类认识发展的普遍规律。

从欧洲哲学史的总体来看,经历了朴素唯物论和朴素辩证法相结合的阶段,经历了机械唯物论阶段,最后达到了辩证唯物论阶段,完成整个人类认识运动的大圆圈。这是世界哲学史发展的普遍规律。中国哲学史也同样遵循着这一规律,但又有其特殊性。上面已说,思维与存在的关系问题,在中国古代哲学的不同发展阶段有不同的表现形式。并且,中国古代哲学有特别悠久的朴素唯物论和朴素辩证法的传统,形成两个发展的高峰,一个在战国,一个在明清之际,这是很宝贵的遗产。中国在长时期中,科学的发展处于世界领先地位,因此中国哲学在很长时期内也得到持续的发展。中国古代哲学是具有世界意义的,是世界哲学史的重要组成部分。但到了近代,中国落后了。于是,中国的先进人物向西方寻求真理,学习了西方的机械唯物论和进化论。不过在中国,机械唯物论没有发展到 18 世纪法国唯物论的高度,没有建立那样完整的体系。在中国近代哲学史中,实际上是进化论代替了机械唯物论,这是由中国近代社会的特点和自然科学的发展水平所决定的。到五四时期,出现了短暂的百家争鸣,涌现出各种思潮。而随着中国无产阶级以独立的政治力量登上了历史舞台、马克思列宁主义在中国广泛传播,中国资产阶级哲学就渐趋衰落。马列主义普遍真理与中国革命的具体实践相结合,中国哲学就进入了辩证唯物论和历史唯物论的阶段。这是马克思主义哲学在中国土地上的发展,同时也是中国哲学史的空前大革命。本来,中国哲学与西方哲学是各自独立发展的,是世界哲学史的两个主要部分。马列主义哲学作为无产阶级世界观和人类认识史的成果，是从西方哲学史发展出来的。但是，以毛泽东同志等为代表的中国共产党人继承和发展了马克思主义哲学，就标志着中国哲学史与西方哲学史开始汇合成统一的世界哲学史。当然，这个汇合是一个过程，马克思主义哲学和中国革命实际（包括与中国传统）相结合也是一个过程。这种汇合、结合的过程现在仍在继续着。

四、站在发展的高级阶段回顾历史

学习历史，就是要回顾历史，给以批判的总结。毛泽东同志说："学习我们的历史遗产，用马克思主义的方法给以批判的总结，是我们学习的另一任务。……从孔夫子到孙中山，我们应当给以总结，承继这一份珍贵的遗产。"[①]所谓批判的总结，是说我们对历史遗产应进行马克思主义的分析，要剔除其封建性的糟粕，吸收其科学性和民主性的精华；既不是一概的排斥，也不是一概的承继，而是经过咀嚼、消化，吸取营养物来发展社会主义的新文化。

从方法论说，要给历史遗产以批判的总结，必须站在发展的高级阶段来回顾。马克思说："人体解剖对于猴体解剖是一把钥匙。反过来说，低等动物身上表露的高等动物的征兆，只有在高等动物本身已被认识之后才能理解。"[②]就是说，只有从发展的高

① 毛泽东：《中国共产党在民族战争中的地位》，《毛泽东选集》第 2 卷，人民出版社 1991 年版，第 533—534 页。

② 马克思：《〈政治经济学批判〉导言》，《马克思恩格斯选集》第 2 卷，第 23 页。

级阶段来回顾，才能理解低级阶段的历史地位。拿哲学来说，要批判继承哲学遗产，就必须站在哲学发展的高级阶段，以辩证唯物主义的立场、观点和方法来把握哲学史的发展线索。但这决不是拿高级阶段的结构作为模式往低级阶段套。把握了高级阶段的范畴就有助于揭露低级阶段所包含的基本概念，这是在一定意义上来说的。马克思说："如果说资产阶级经济的范畴适用于一切其他社会形式这种说法是对的，那么，这也只能在一定意义上来理解。这些范畴可以在发展了的、萎缩了的、漫画式的种种形式上，总是在有本质区别的形式上，包含着这些社会形式。"[①]高级阶段的范畴与低级阶段的范畴有本质区别，不能混为一谈。

反过来说，具体地研究了低级阶段的历史发展，就能帮助我们去掌握高级阶段的范畴和规律，因为高级阶段正是以前许多阶段的历史的总结。以哲学来说，我们研究了哲学的历史发展，掌握了低级阶段的范畴，就有助于理解唯物辩证法的规律、范畴，有助于掌握马克思主义哲学。因此，我们一方面要站在高级阶段回顾历史，另一方面要掌握以前各阶段的历史发展的线索，这样就能古为今用。这就是"古"与"今"的辩证法。

站在高级阶段回顾历史，哲学史到底给我们留下了什么？我们可以从中吸取什么成果和教训呢？

几千年的哲学史非常丰富。自然哲学和历史哲学中包含着很多有价值的猜测，但总体说来是虚构；哲学史的主要成果是辩证法和逻辑学。一个时代的哲学发展到什么水平，就看它在解决

---

① 马克思：《〈政治经济学批判〉导言》，《马克思恩格斯选集》第2卷，第23页。

思维和存在关系问题上达到什么水平，这就是辩证法问题，当然主要是指唯物主义基础上的辩证法。恩格斯在论述古代希腊哲学时有两个重要的思想，对我们研究中国古代哲学是有指导意义的。第一，恩格斯说，在古代希腊哲学那里，“辩证思维还以原始的朴素的形式出现”[①]。中国古代哲学也是这样，它在辩证思维上有许多有价值的东西值得我们吸取。我们今天要吸取中国哲学史的积极成果，主要是看以前的哲学家在讨论思维和存在的关系问题上取得了什么成就：首先是在唯物主义前提下，在认识的辩证法上作出了什么贡献；其次是在逻辑学上，在矛盾发展的逻辑范畴方面作出了什么新的研究，在方法论方面提出了什么有价值的见解；再次是在天道观和人道观方面，提出了什么客观辩证法原理或合理因素。这就是从认识论、逻辑和客观辩证法三个方面来考察。第二，恩格斯说：“在希腊哲学的多种多样的形式中，几乎可以发现以后的所有观点的胚胎、萌芽。”[②]这也是欧洲人的理论科学在溯源时不得不回到希腊人那里去的缘故。在中国也有类似的情况，各种哲学体系在先秦已经萌芽，已有它的胚胎，而在以后的封建社会中又有所发展。当然，历史上没有一个哲学体系不被扬弃：形而上学和唯心论被推翻了，朴素的辩证法与朴素的唯物主义也由于缺乏近代科学的论证而被否定了。但正如黑格尔所说：“虽然我们应当承认，一切哲学都曾被推翻了，但我们同时也须坚持，没有一个哲学是被推翻了的，甚或没有一个哲学是可以推翻的。……所谓推翻一个哲学，意思只是指超出了那一哲

① 恩格斯：《自然辩证法》，《马克思恩格斯选集》第 4 卷，第 287 页。
② 同上注。

学的限制,并将那一哲学的特定原则降为较完备的体系中的一个环节罢了。”[①]对于在历史上有真正影响的哲学体系来说,它们虽然都被推翻了,但我们可以看到它们不是没有根基的,而是人类认识这棵活生生的大树上生长出来的。它们包含着人类认识的某些必要的环节,但只是把它夸大了,导致形而上学和唯心主义(即使是具有朴素唯物主义与朴素辩证法的哲学家,如荀子、王夫之,也难免在某一点上陷入形而上学和唯心主义)。所以,研究哲学史可以从中得到很丰富的理论思维的教训,而这对我们今天提高识别能力和克服唯心论与形而上学,无疑能起借鉴作用。所以,不仅吸取哲学史上的积极的理论成果是重要的,而且吸取其理论上失足的教训也是重要的。

一个人的缺点和优点往往互相联系,譬如说,有才能就容易骄傲,思维敏捷就容易轻率地下结论等。同样,一个哲学体系所包含的积极因素与局限性也常常是互相联系着的。例如,《老子》说“反者道之动”,在中国哲学史上第一个提出了否定的原理,这在辩证法发展史上是一个重要环节。但《老子》只看到肯定中有否定,“物极必反”,任何事物都要向着其相反的方面转化,而看不到否定之中有肯定,看不到否定的东西与肯定的东西的统一。并且,《老子》向后看而不向前看。它从“反者道之动”得出了“弱者道之用”的消极结论,并把“无为”、“无名”绝对化而导致了唯心主义。这就是一个很深刻的理论教训。从中我们也可看到《老子》的哲学体系中的辩证法成就与局限性是互相联系着的。又如,

① 黑格尔著,贺麟译:《小逻辑》,商务印书馆 1980 年版,第 191 页。

《易传》提出了“一阴一阳之谓道”的两点论，在辩证法上较《老子》更前进了一步，看到了否定的东西与肯定的东西的统一。并且它是向前看的，说：“天行健，君子以自强不息。”《易传》的辩证法确实是生气勃勃的，但也有局限性。它把由阴阳组成的六十四卦看作世界的模式，是先天的，认为人世间的一切大事业都是按这个模式造成的，这就是一个客观唯心主义体系。可见，《易传》中的辩证法与形而上学这两个方面也是互相联系着的。

因此，对历史上有影响的哲学体系，我们不能原封不动加以吸取，而必须在吸取其积极成果的同时，批判它的局限性。同时，也决不能因为它有局限性就一笔抹杀，而是必须进行具体分析，批判地吸取其成果与教训。我们这里是指那些对哲学和民族文化的发展确实起过重大影响的哲学体系，不是指那些人云亦云，拾人牙慧的货色。至于对哲学家个人作评价，问题要复杂得多，不仅要看哲学，还要看其他方面。如孔子，不仅是哲学家，而且是政治活动家、教育家，对他作全面评价，那就不能单从哲学方面下结论。再拿一个人的哲学思想来看，也并非是单纯的，还有偶然的东西；而且一个哲学家的早年与晚年有差别，这些都要进行具体分析。所以对人物的评价与对哲学体系的评价并不完全一致。

第二节　中国传统哲学的特点

根据前一节讲的方法论的要求，我们来对中国哲学史作一鸟瞰，看中国传统哲学有些什么特点。

特点，是比较而言的。现在我们讲中国哲学的特点，首先是拿它同西方哲学相比较来说的。而所谓中国传统哲学，主要是指古代哲学；但要研究中国古代哲学，又必须从发展的高级阶段即从中国近代的哲学革命来回顾。

一、从近代哲学革命回顾传统哲学

光辉灿烂的中国文化和中国哲学，是我国各民族共同创造的。它经历了几千年的独立发展，虽然曾一度受到印度佛教文化的影响，但基本上是中华民族独特的贡献。到了近代，情况就不一样了。中国文化和西方文化相接触，打了败仗，这才发现我们是落后了。于是，当时一些先进的中国人开始正视西方，主张向西方学习，并对自己的传统进行反省。这就开始了贯串于整个近代史的"古今"、"中西"之争。从哲学来说，就逐步展开了一场深刻的哲学革命。

为了进行哲学革命，就必须认识中国传统哲学的特点。严复是第一个认真比较了中西哲学特点的人。他在《论世变之亟》中说："尝谓中西事理，其最不同而断乎不可合者，莫大于中之人好古而忽今，西之人力今以胜古。"[①]以为"好古"与"力今"是中西之间的最大区别。在严复看来，"古今"之争与"中西"之争是一回事，"中西"之争就是"古今"之争。就天人关系说，严复以为"中国委天数，而西人恃人力"[②]；在认识论上，"中国夸多识，而西人尊新知"[③]；在伦理学上，"夫自由一言，真中国历古圣贤之所深畏，而未

① 严复：《论世变之亟》，王栻主编：《严复集》第1册，中华书局1986年版，第1页。

② 严复：《论世变之亟》，《严复集》第1册，第3页。

③ 同上注。

尝立以为教者也。……中国最重三纲,而西人首明平等"[①];等等。严复的这种比较研究,在当时是有进步意义的。他还批判了"中学为体、西学为用"的洋务派理论,说:"中学有中学之体用,西学有西学之体用,分之则并立,合之则两亡。"[②]严复认为,不能搞调和折衷,必须用西学代替中学,用新学代替旧学。他以科学的进化论作武器,将西方近代资产阶级世界观和中国封建社会腐朽的统治思想作比较,鼓励人们向西方学习,以求中华民族的"自强保种"。严复出于满腔爱国热情,向中国人民介绍和宣传进化论思想。可以说,这标志着中国近代哲学第一阶段革命的开始。

从 19 世纪 90 年代到 20 世纪初,整整一代求进步的中国人,都以为西学(新学)即西方资产阶级的民主主义文化可以救中国。就世界观说,他们都主张进化论。然而,辛亥革命以后,帝国主义变本加厉地侵略中国,粉碎了人们以为西学可以救中国的美梦。第一次世界大战爆发,更暴露了资本主义文化的弱点,增长了人们对西学的怀疑情绪。就哲学来说,进化论并未能回答"古今"、"中西"之争。诚然,进化论作为一种世界观,它以近代科学(首先是生物学)为根据,把人类社会了解为自然发展的产物,是一个进化的历程,这有合理的因素;但是用进化论来解释人类社会历史(无论是"物竞天择,适者生存"的观点,还是"社会有机体"中各部分要协作、调和的观点),归根到底是不科学的。所以,为了回答"中国向何处去"的问题(亦即"古今"、"中西"之争),就必须寻找更新更有力的理论武器。

---

① 严复:《论世变之亟》,《严复集》第 1 册,第 2—3 页。
② 严复:《与〈外交报〉主人书》,《严复集》第 3 册,第 559 页。

“五四”时期的一些先进人物，在十月革命的影响下，终于找到了马克思列宁主义，以此作为解放中华民族的最好的思想武器。于是就开始了中国近代哲学的第二阶段革命，这也是中国哲学史上空前伟大的革命变革(与之相比，前一阶段的进化论不过是小小的前奏曲而已)。从“问题与主义”的论战开始，经过多次的论战，包括人生观问题的论战、关于中国社会性质的论战等，唯物史观一个战役一个战役地打了胜仗。在反对右倾投降主义和“左”倾冒险主义的斗争以及克服教条主义与经验主义的过程中，逐步实现马克思主义的普遍真理同中国革命实践相结合，这就使中国革命从根本上改变了面貌，也使中国哲学发生了根本性的变革。毛泽东同志的《实践论》、《矛盾论》、《论持久战》、《新民主主义论》等著作的发表，标志着马克思主义哲学的中国化，标志着中国哲学史进入了辩证唯物主义的发展阶段。

文化上的“古今”、“中西”之争，经过一百年的论战，由毛泽东同志的《新民主主义论》作了科学的总结。他指出：“民族的科学的大众的文化，就是人民大众反帝反封建的文化，就是新民主主义的文化，就是中华民族的新文化。”①用周恩来同志的话说，就是新文化要具有“民族的形式，科学的内容，大众的方向”②。但有了这个总结，并不等于无事可做了。要在各个领域里实现“民族的形式，科学的内容，大众的方向”，是非常艰巨的事，有待于大家的努力。

---

① 毛泽东：《新民主主义论》，《毛泽东选集》第2卷，第708—709页。

② 周恩来：《人民政协共同纲领草案的特点》，《周恩来选集》上卷，人民出版社1980年版，第370页。

哲学革命又进一步深入到各个领域，包括哲学史领域。用马克思主义观点研究中国哲学史已取得了可喜的成果，从解放前到建国后，已经出版了许多著作。关于中国传统哲学与西方哲学相比较的特点问题，哲学史工作者经过共同努力和多次讨论，在以下的几点上也已取得了一致的看法：

中西哲学遵循着共同的规律，都是随着社会经济的发展而发展变化的；阶级斗争制约着哲学发展，所以必须运用阶级分析的方法来考察中国哲学史上的斗争；思维与存在的关系问题是哲学根本问题，唯物主义与唯心主义的斗争贯串于全部哲学史中。但是，西方哲学史和中国哲学史各有其特殊性。在西方，高度发展的是奴隶社会和资本主义社会，而在中国，奴隶制并不像古希腊罗马那样发展，资本主义也不像近代欧美各国那样发展；中国有特别长的和得到了最充分发展的封建社会的历史，到现代又较早地（相对世界各国而言）进入了社会主义阶段。这一社会发展的特殊性就规定了中国哲学发展进程有其不同于西方的特点。中国古代哲学主要是封建时代的哲学，与欧洲相比，中国有着更为悠久的朴素唯物主义和朴素辩证法的传统，而像西方近代的机械唯物论哲学，在中国没有得到充分的发展。以上这样一些看法，大体上已为哲学史工作者所公认。

不过，这不等于已把中国传统哲学的特点穷尽了。讲中国传统哲学有其不同于西方哲学的特点，本来可以而且也应该从不同的角度来作比较、探索，以求获得越来越深刻的认识。同时，哲学革命还要进一步发展。马克思主义哲学的生命力，就在于它不断随着实践和科学的发展而取得更新的面貌，决不会停滞不前。现在我们从发展哲学革命的高度来回顾历史，并把哲学史作为人类认识史的精华来看待，把哲学史了解为根源于人类社会实践主要围绕着思维和存在关系问题而展开的认识的辩证运动。从这样的角度来考察，中国传统哲学有些什么特点呢？

二、哲学史上的认识论问题

有一种流行的见解：中国哲学家着重讲做人，西方哲学家着重讲求知。由于中国人较多地讲道德实践和修养，而较少讲知识，所以中国哲学中认识论不占重要地位，或者说认识论不发达。这种说法对不对？值得研究。既然我们把哲学史作为人类认识史的精华来看待，如果说中国传统哲学中认识论不占重要地位，那么中国哲学在世界哲学史中自然不会占重要地位了。

问题在于如何理解“认识论”一词。认识论包括哪些内容，哲学家们有不同的看法。按照辩证唯物主义的观点，思维和存在的关系问题作为认识论的根本问题，已经由列宁（根据恩格斯）提出“三个重要的认识论的结论”：

> （一）物是不依赖于我们的意识，不依赖于我们的感觉而在我们之外存在着的。……
>
> （二）在现象和自在之物之间决没有而且也不可能有任何原则的差别。差别仅仅存在于已经认识的东西和尚未认识的东西之间。……
>
> （三）在认识论上和在科学的其他一切领域中一样，我们应该辩证地思考，也就是说，不要以为我们的认识是一成不

> 变的,而要去分析怎样从不知到知,怎样从不完全的不确切的知到比较完全比较确切的知。①

列宁的这三个重要结论把辩证唯物主义认识论同唯心主义、不可知论和形而上学划清了界限,同时也说明了认识论研究的内容包括:认识的来源(认识的最终来源是不依赖于我们的意识而存在着的物);知识之所以可能的条件(也就是尚未认识的自在之物化为被认识了的为我之物的条件);认识的辩证发展的过程。

基于实践的认识的辩证发展过程有不同环节,因而认识的成果(知识)有不同层次,而人在认识和改造客观世界的同时,也认识和改造着人自身。历史上的哲学家往往抓住了某个环节(层次)或某个方面来提出问题,进行探讨。因此,认识论的问题就显得多样化了。我们站在辩证唯物主义认识论的高度来回顾哲学史,便可知道:哲学史上提出过的认识论问题,大体说来可以概括为四个:

第一,感觉能否给予客观实在?

第二,理论思维能否达到科学真理?换一个提法,普遍必然的科学知识何以可能?用康德的话,就是纯数学和纯自然科学何以可能?

第三,逻辑思维能否把握具体真理(首先是世界统一原理、宇宙发展法则)?用康德的话,就是"形而上学"作为科学何以可能?

上面三个问题,用德国古典哲学的术语来说,就是关于"感

---

① 列宁:《唯物主义和经验批判主义》,《列宁选集》第2卷,人民出版社1995年版,第77页。

性”、“知性”、“理性”的问题。

第四，人能否获得自由？也可以换一个提法，自由人格或理想人格如何培养？

这四个问题，可以说是在中西哲学史上反复讨论了的问题。感性和理性、绝对和相对、客观规律性和主观能动性这些人类认识的环节，正是通过上述问题的讨论而得到了考察研究。辩证唯物主义以实践标准作为认识论的基础，应用辩证法于认识论，从而对每一个问题的回答都贯彻了列宁所说的三个结论，同唯心主义、不可知论和形而上学划清了界限。

在欧洲近代，随着实证科学的发展，形而上学的思辨遭到不断的抨击，哲学的各部门（认识论、本体论、逻辑学、伦理学、美学等）被分别地进行研究。这是一个进步，但也带来了局限性，产生了一种颇为流行的狭义认识论观点，以为认识论的范围限于研究实证科学知识之所以可能的条件，只研究上面列举的前两个问题，即“感觉能否给予客观实在”和“科学知识何以可能”。而后两个问题，即“逻辑思维能否把握宇宙发展法则”和“理想人格如何培养”，他们认为那是属于形而上学范围的问题。这种狭义的认识论特别为实证论各流派所鼓吹。实证论者主张取消形而上学，他们以为后两个问题是没有意义的，如果作回答，只能是虚妄的命题。至于前两个问题，他们虽然认为是有意义的，却也往往作出唯心主义和不可知论的回答。当然，持狭义认识论观点的不一定是实证论者，不过只要把认识论的范围限于前两个问题，便会觉得认识论在中国哲学中不占重要地位，因为在中国古代没有近代的实证科学，当然不会有人像休谟、康德那样来提出问题。

其实，稍作一番考察就知道，在中国古代，从孔墨开始，就已在讨论感性和理论思维的关系了。而庄子已对“感觉能否给予客观实在”和“理论思维能否达到客观真理”提出种种责难。所以不能说中国人不关心前两个问题。而就欧洲近代哲学来说，也不是只热衷于讨论前两个问题。德国古典哲学和马克思主义已经比较深入地考察了后两个问题。黑格尔和马克思主义关于辩证法、认识论和逻辑学统一的原理，就是在回答逻辑思维能否把握具体真理或宇宙发展法则这个问题时提出来的。而唯物史观的创立，就使“人如何由自在变成自为、由必然王国进入自由王国而实现真善美统一的理想”这个既属历史观也属认识论的问题，有可能得到科学的解答。所以，在辩证唯物主义看来，不应把认识论局限于前两个问题。

中国古代哲学就像欧洲古代和中世纪一样，还没有分化为各部门，许多科学也还没有从哲学的母体分离出去，因此就比较朴素。但也有个优点，那就是在中国古代哲学中认识论和辩证法、逻辑学是互相联系着的，认识论和伦理学、美学也是互相联系着的，没有近代西方那种实证论的狭隘观点。而且应该说，由于中国古代哲学（从先秦到鸦片战争以前）同欧洲古代和中世纪相比，曾经历了更长期的持续发展，因而倒是较多和较长期地考察了上述后两个问题：逻辑思维能否把握宇宙发展法则的问题，发端于先秦的“名实”之辩；理想人格如何培养的问题，发端于先秦的“天人”之辩；“天人”、“名实”之辩贯串于整个中国哲学史。所以正是在对这两个问题的考察上，显示出中国传统哲学的特点。

下面我们来分别作一些说明。

三、在逻辑学和自然观上的特点

在中国哲学史上，认识论问题的讨论，首先是围绕“名实”之辩而展开的。“名实”之辩包括概念（名）是否来源于感觉经验和客观实在、概念的知识是否具有客观必然性这样的问题，也包括言、意能否把握道，即逻辑思维能否把握宇宙发展法则的问题。在先秦，老、庄（特别是庄子）对言、意能否把握道的问题提出了许多责难，经过各学派的争论，由荀子和《易传》作了肯定的回答。秦汉以后，“名实”之辩仍以不同形式继续着，到魏晋，演变为“言意”之辩。到宋明，“名实”、“言意”之辩就和道与器（象）关系的争论结合在一起。言、意能否把握道的问题经过了长期考察之后，由王夫之作了肯定的回答，提出了朴素唯物主义前提下的名与实、言与意、象与道的对立统一学说，触及了唯物主义的认识论与逻辑学、客观辩证法三者统一的原理。

但是，认为中国传统哲学中认识论不占重要地位的人，大概都以为中国哲学重人生而轻自然，长于伦理而忽视逻辑。就是说，与认识论不发达相联系，中国传统哲学不重视逻辑学与自然哲学的研究。在30年代，某些哲学史家就提出这样的看法：中国以往的哲学家，其兴趣为伦理的而非逻辑的，注意“立德”、“立功”，而不重视“立言”，因此中国哲学在理论的阐明和论证方面，比之欧洲哲学和印度哲学大有逊色。据这些哲学史家说，中国哲学的这一弱点，是同中国文化的弱点分不开的：中国传统文化在政治、道德、文学、艺术方面确有突出成就，唯独在科学上缺乏贡献，因此影响到哲学，使得认识论、逻辑学和自然观成了中国哲学的薄弱环节。

英国著名科学史家李约瑟教授研究了中国科学技术史，以大量无可辩驳的资料证明：在明代以前，中国人在科学技术的许多领域居于世界领先地位。现在，未必有人坚持“中国传统文化缺乏科学”之类的说法了。但是在哲学史的领域，以为中国哲学“长于伦理而忽视逻辑”的看法却还有一定影响。中国哲学注重伦理，是公认的事实。中国人对形式逻辑的研究，在《墨辩》中虽有很高成就，后来却被冷淡了，所以确实不如欧洲人和印度人热心。因此上述看法并不是毫无道理。

爱因斯坦在一封信中说：“西方科学的发展是以两个伟大的成就为基础的：希腊哲学家发明形式逻辑体系（在欧几里得几何学中），以及（在文艺复兴时期）发现通过系统的实验有可能找出因果关系。在我看来，中国的贤哲没有走上这两步，那是用不着惊奇的。作出这些发现是令人惊奇的。”[①]这是一个外国的伟大科学家提出来的问题。中国古代有那么多科学发现和创造，是用什么逻辑、什么方法搞出来的？这确也是一个令人惊奇、需要我们认真研究的重大问题。李约瑟在他的《中国科学技术史》中提出了一个论点：“当希腊人和印度人很早就仔细地考虑形式逻辑的时候，中国人则一直倾向于发展辩证逻辑。与此相应，在希腊人和印度人发展机械原子论的时候，中国人则发展了有机宇宙的哲学。”[②]李约瑟关于中国科学思想的哲学基础的探讨（在他的巨著

① 爱因斯坦著，许良英等编译：《爱因斯坦文集（增补本）》第1卷，商务印书馆2009年版，第772页。

② 李约瑟著，《中国科学技术史》翻译小组译：《中国科学技术史》第3卷，科学出版社1978年版，第337页。

的第二卷中)是富于启发而可以争论的,但我基本上同意他的上述论点。

前面已说,哲学的历史发展表现为一系列的圆圈,表现为近似于螺旋形的曲线。每当哲学发展完成一个圆圈,达到总结阶段,思维进入辩证法领域,这时便可能有哲学家、逻辑学家对辩证思维的形式进行考察,提出辩证逻辑的一些原理。又因为一定时代的人类思维是一个有机联系的整体,所以这时也可能有一些科学领域运用这些原理作为方法,或者倒过来说,这时会有一些科学领域的方法达到辩证法阶段,可以从中概括出辩证逻辑原理。我们以后将会说明,在先秦哲学的总结阶段,《荀子》、《易传》、《月令》、《内经》已具有辩证逻辑的雏形;到宋明,从沈括、张载到王夫之、黄宗羲,辩证逻辑又有了进一步的比较大的发展。当然,古代的辩证法是朴素的、自发的,还不具备严密的科学形态。但是说它自发,是相对于唯物辩证法说的。如果古代哲学家已经提出某些辩证思维的原理,而当时的科学家已在运用它们作为科学方法,那就是有一定程度的自觉。从总体上看,人类的逻辑思维是一个由自发到自觉、由较少自觉到较多自觉的历史发展过程。逻辑学作为科学(包括形式逻辑与辩证逻辑),是对思维的逻辑(正确思维的形式与规律)的自觉掌握,这个自觉掌握也是一个过程,即由简单到丰富、由雏形到完备的历史发展过程。辩证逻辑在中国古代经历了长期的发展,有较大的成就,它虽然还是朴素的(缺乏近代科学的基础),但已经具有高级阶段的许多要素的萌芽,值得我们仔细地加以研究。

中国比较早地发展了辩证逻辑,也比较早地发展了辩证法的自然观。这种自然观是以气一元论为基础的，认为气分为阴阳，阴阳的对立统一就是道，即自然发展的规律。从伯阳父、荀子到张载、王夫之，许多唯物主义哲学家都主张这种学说，而中国古代科学如天文、历法、律学、农学、医学等等，也都是建立在气一元论基础上的。已经有人指出，中国人讲的"气"，很接近于近代物理学的"场"。确实，中国人比较早地发展了类似"场"的思想，这可说是在自然观上的特点。

在西方，原子论得到比较早的发展，自然观长期与原子论相联系，类似"场"的思想虽然古代也有，但直到19世纪电磁场理论提出后，才受到充分重视。中国古代也有类似原子论的思想，例如，《墨辩》说："非半弗斱则不动，说在端。"这个"端"就是指不可分割的物质粒子。《庄子·天下》篇里记载着辩者的论题："一尺之棰，日取其半，万世不竭。"《墨辩》反对这种物质无限可分的思想，以为一尺之棰，日取其半，达到一定阶段，便不能再取半（即"非半"），于是就不能斫（"弗斱"），亦即斫不动了，这就达到了"端"。《墨辩》从经验科学的观点，肯定具有一定特性的物体是由不可分割的粒子（端）构成的。不过，《墨辩》的原子论思想在中国古代哲学和科学中没有得到进一步发展，就如同它的形式逻辑没有得到发展一样。

原子论思想和形式逻辑没有得到充分发展，这是中国传统哲学的一个弱点。但是中国人却比较早地发展了朴素的辩证逻辑和朴素的辩证法自然观（气一元论），从而对逻辑思维能否把握宇宙发展法则这个认识论问题作了肯定的回答和多方面的考察，这却是一个优点。

四、在考察人的自由问题上的特点

接着我们来讲中国传统哲学在回答“人能否获得自由”或“理想人格如何培养”这个问题上的特点。

中国传统哲学、特别是儒家哲学重人生、长于伦理，这是人们一致公认的。但是，所谓中国哲学“重人生”、“长于伦理”到底是什么意思呢？难道西方哲学不重人生、不长于伦理吗？恐怕不能这样说。黑格尔说孔子只是讲了些常识道德，东方哲学应被排斥在世界哲学史之外；杜威说中国哲学偏重伦理人生，没有什么高超的思想。这是由于他们对中国哲学的无知而产生的偏见。

关于人的自由，从认识论来看，首先是人和自然的关系问题。不少人认为中西哲学的不同，在于西方人把我与物、人与自然对立起来，人生态度是“向外寻求”；而中国人则讲“天人合一”，以为“仁者，浑然与物同体”①，“此道与物无对”②，我与物、人与自然本来浑然一体，所以人生态度是认定“重心在内”，只需“复性”（恢复“天命之性”），就获得自由，有了“孔颜乐趣”了。

在持上述观点的人的心目中，中国哲学是以正统派儒学，特别是宋明理学为代表。诚然，理学唯心主义者确是从“无对”、“复性”（“复其初”）来讲“天人合一”的。我们从辩证唯物主义的观点来考察，也认为程、朱、陆、王的哲学有其一定的历史地位，但中国哲学的优秀传统却主要不体现在这些理学唯心主义者那里。在中国哲学史上有不少唯物主义者和辩证论者，更值得我们注意。例如，

---

① 程颢、程颐著，王孝鱼点校：《河南程氏遗书》卷二上，《二程集》上册，中华书局 1981 年版，第 16 页。

② 同上书，第 17 页。

荀子强调“明于天人之分”，又讲“制天命而用之”，认为人通过和自然作斗争，把握自然的必然法则，由此达到“天地官而万物役”，人成了自然界的主人，也就是获得了自由。柳宗元和刘禹锡的哲学思想，可归结为“天人不相预”和“天人交相胜”。王夫之比较多地讲“天人合一”，但他讲“天人合一”是指天人交互作用，以为在气一元论前提下，“人定而胜天亦一理也”；而且他认为不能“任天”，而要“相天”、“造命”，即要发挥主观能动性，治理自然，并在人和自然界的交往中，不断改造自己，培养人的德性。在这些哲学家那里，不是把天人关系了解为“无对”、“复性”，而是朴素地把握了自然和人的辩证关系，把人的自由看作是在人和自然交互作用的过程中获得的，并从而引申出“积善成德”（《荀子·劝学》）、性“日生则日成”[①]的命题。这种理论虽然还是抽象的人性论，却包含着真理的因素。

程、朱、陆、王是儒家，荀子和王夫之等也是儒家。儒家作为一个总体来看，共同的观点不在于讲“无对”、“复性”，而在于强调不能离开人和人之间的伦理关系来讲“天人之际”。就这一点说，从孔、孟、荀到程、朱、陆、王和王夫之、戴震等，都是一致的。孔子提出仁智统一学说，就是要在社会伦理关系中来培养理想人格。仁智统一，意味着人道（仁爱）原则和理性原则的统一，伦理学和认识论的统一。孔子讲认识论主要是讲伦理学（“知人”），而讲伦理学也是着重从认识论角度来考虑（“未知，焉得仁？”）。这里也包含着这样的意思：人的道德规范是根据理性原则来的；真正的

① 王夫之：《尚书引义·太甲二》，《船山全书》第2册，第299页。

道德行为是自觉的，而这种自觉性来源于理性认识；正是根据这一点，人可以通过教育和修养而成为有道德的人。

道德行为，即合乎道德规范的行为，包含着三个要素：第一，道德理想表现于人的行为，在行为中具体化为处理人和人的关系的准则（规范）；第二，合乎规范的行为应该是合理的，是根据理性认识来的，因此是自觉的行为；第三，道德行为应该是自愿的，是出于意志自由的活动，如果不是出于自愿选择而是出于被迫，那就谈不上行善或作恶。这些要素，在西方，亚里士多德在《尼可马克伦理学》中已经作了考察①；在中国先秦，荀子也都提出来了。荀子既指出："心不可劫而使易意"（《荀子·解蔽》）、"其择也无禁"（同上），即意志能自主地进行选择，不受外力的强制；又要求"心之所可中理"，不能"离道而内自择"，即要求根据理性认识来判断是非，自觉地按照"道"来选择；这样自觉而又自愿地以"道"（礼义）作为准则，在行动中坚持不懈地加以贯彻，日积月累，就能"积善成德"。

虽然中国和西方的古代哲学家都已指出道德行为要自觉自愿，但自觉是理性的品格，自愿是意志的品格，二者是有区别的，因此在伦理学说上可以产生不同偏向。应该说，先秦儒家（孔、孟、荀）都注意到了自觉与自愿、理性与意志的统一，但是他们较多地考察了自觉原则，而较少地讨论自愿原则。儒家也重视"志"，认为道德行为要由意志力来贯彻，而这种意志力则是凭借理性认识和进行持久的修养锻炼来培养的。所以儒家认为意志

---

① 《尼可马克伦理学》第三篇："意志"。参见周辅成编：《西方伦理学名著选辑》（上卷），商务印书馆 1996 年版，第 305—310 页。

应服从于理性，杀身成仁、舍生取义，都出于理性的自觉。这无疑是正确的，而且在历史上也起了积极的影响。不过儒家这样讲意志，注意的是意志的“专一”的品格；而对意志的“自愿”的品格，并没有作深入的考察。孔子哲学的最高原理是“天命”，他以为要“知天命”、“顺天命”，而后才能“从心所欲不逾矩”。这样讲人的自由，实际上已陷入宿命论了。后代的儒家正统派为了替封建专制主义辩护，更加忽视了自由是意志的自愿选择这一点，更加发展了宿命论。《二程遗书》卷五说：“父子君臣，天下之定理，无所逃于天地之间。”[①]理学家把三纲五常形而上学化为“天理”，而天理即在人性之中，所以说只须“识得此理，以诚敬存之”[②]，就可以达到“浑然与物同体”的“无对”的境界，给人以无限乐趣。这种唯心主义理论，似乎也很强调理性的自觉，实际上是说“天理”或“天命”已决定一切。“存天理，灭人欲”，以求“复性”，不过是要求人们“自觉”地屈服于命运、屈服于封建专制主义的统治罢了。总之，中国传统哲学中的伦理思想以儒家为主体。儒家着重考察了道德行为的自觉原则，是一个贡献；但是占统治地位的儒家不仅忽视了道德行为的自愿原则，而且把宿命论精致化，使之披上迷人的外衣，似乎它能给人以“受用”的“境界”，其实这是错误的理论。

相比之下，如果说中国哲学较多地考察了伦理学上的自觉原则和“为学之方”（道德的教育和修养），那么西方哲学则较多地考察了自愿原则和意志自由问题。意志自由是道德责任的前提，所

---

① 程颢、程颐著，王孝鱼点校：《河南程氏遗书》卷五，《二程集》上册，第 77 页。

② 程颢、程颐著，王孝鱼点校：《河南程氏遗书》卷二上，《二程集》上册，第 16 页。

以是伦理学上的重要问题。伊壁鸠鲁学派用原子的偏离运动来论证意志自由,反对了斯多葛派的宿命论。卢克莱修在《物性论》中对此作了详细讨论[①],那是唯物主义者的学说。但是过分强调意志自由,就会导致唯心论。在西方,从中世纪到宗教改革,神学热衷于讨论原罪是否出于自由意志的问题;到近代,从康德、费希特、叔本华、尼采、柏格森、詹姆士以至存在主义,形成了一个深远的唯意志论传统。而在中国古代,虽然某些哲学家(如李筌、泰州学派学者等)有唯意志论倾向,却没有形成像西方那样的传统。到了近代,由于社会条件的改变和受了西方的影响,有些人以为提倡唯意志论可以反抗宿命论,有些人以为可以对儒家或法家的学说作唯意志论的解释,才形成强大的唯意志论思潮。

人的自由不仅是认识论和伦理学的问题,而且也是美学的问题。庄子反对儒家的“仁义”,提出了另一种自由观念,即他所说的“逍遥”。他以为伦理关系只能给人以束缚,主张人应该回到自然去。“天地有大美而不言”,自然界就是最美的音乐,人与自然为一,就得到了逍遥(自由)。庄子讲逍遥,包含有神秘主义。不过他用“庖丁解牛”等寓言来说明如何由“技”进于“道”而获得自由的过程,却触及了艺术创造的规律性。庖丁的技艺达到了非常熟练的地步,真正能“依乎天理”、“因其固然”,完全按照客观规律来活动;劳动成了完全自由的,人与自然过程为一,一举一动都合乎音乐与舞蹈的节奏,于是,劳动就成了审美的对象;庖丁欣赏着自己行动的节奏,解完了牛,“为之踌躇满志”。这可说已触及了

---

① 参见卢克莱修著,方书春译:《物性论》,商务印书馆 1981 年版,第 121—126 页。

由必然王国进入自由王国的问题，而这里的自由是指审美活动的自由。

同时，先秦儒家讲礼乐，提出了“言志”说。《礼记·乐记》（它可能是荀子《乐论》的发展）说人心感于物而动，于是有喜怒哀乐，发而为声，声音有节奏，就成为音乐。音乐、舞蹈、诗歌，都是人的思想感情体现于有节奏的艺术形象，而这些艺术又转过来培养、教育了人。儒家的言志说和上述庄子寓言中所包含的思想相结合，就逐渐发展成为中国美学史上的艺术意境理论。意境的理论是关于抒情艺术的理论，即如何用艺术形象来抒写思想感情，在艺术中实现人的自由的学说。

不论是中国还是西方，在古代都有哲学家指出：人在艺术创造和艺术欣赏中是自由的，艺术对培养人的性格、陶冶人的性情具有重要作用。在艺术作品中，一定的审美理想体现于灌注着感情的生动的形象，构成了艺术形象。如果这种艺术形象侧重于抒情，就叫做意境；如侧重于人物造型，那就是描写了典型性格。亚里士多德的《诗学》总结了希腊人的艺术创造，特别是研究了希腊人的史诗和悲剧，他提出“悲剧是对于比一般人好的人的摹仿”[①]。这是最早的典型性格的理论。西方人比较早地提出了美学上的模仿说（再现说）和典型性格理论，而中国人则比较早地发展了美学上的言志说（表现说）和意境理论，这是不同的特点。

当然，在唯物史观诞生之前，对人的自由问题不可能有真正科学的回答。过去所谓的理想人格（圣贤、哲人、英雄）都被打上

---

① 亚里士多德著，罗念生译：《诗学》，人民文学出版社 2002 年版，第 42 页。

了剥削阶级的烙印，不可能是真正自由的人格。但是并不能否认过去的哲学家也曾提出过一些合理见解。中国传统哲学从人和自然的交互作用来探讨人的德性的形成过程，比较早地考察了伦理学上的自觉原则和美学上的意境理论，从而对理想人格如何培养这个认识论问题（这个问题也牵涉到真、善、美三者的关系），提出了一些富于民族特色的合理见解。当然，中国传统哲学和西方哲学各有其不足之处。中国古代哲学中有一个以"乐天安命"为自由、以"浑然与物同体"为最高"境界"的传统，那是非常腐朽的东西。

五、形成中国传统哲学特点的原因

以上说的两个认识论问题，即逻辑思维能否把握宇宙发展法则和理想人格如何培养的问题，发端于先秦的"名实"之辩和"天人"之辩（当然，"天人"、"名实"之辩还包括其他方面的问题），一直为历代哲学家所注意。概括地说，中国古代哲学的优秀传统，就表现在对认识论的这两个重大问题作了朴素唯物主义和朴素辩证法的解答。与此相联系，在逻辑学、自然观、伦理学、美学各方面，也都显示出了民族的特色。但与西方哲学相比，这些方面又都有其明显的不足之处。而同长期的封建专制主义统治相联系，形成了根深蒂固的宿命论思想，则是阻碍着历史前进的坏的传统。

接着我们来探讨一下形成这些特点的原因。

第一，从社会历史条件来分析。

关于中国历史的分期问题，学术界意见还不尽一致。不过大家公认：中国传统哲学主要是封建时代的哲学，长期处于朴素唯物主义的发展阶段。中国封建制有两个显著的特点：一是和宗法制密切相联系，这是从农村公社、奴隶社会中承袭下来的；二是很早就形成了统一的封建专制主义的中央集权国家，形成了一整套越来越完备的维护封建宗法制度的上层建筑。有了这两个特点，再加上中国周围的其他民族的文化水平都及不上中华民族，这就使得中国的封建制具有特别的稳固性。不过，在长期的封建社会中，农业和手工业生产是向前发展的，生产水平和科学技术在当时居世界领先地位。同时，随着历史的前进，封建社会的阶级矛盾也越来越尖锐，农民揭竿而起反抗压迫和剥削，农民起义之多和规模之大在世界史上是仅见的。这就是说，中华民族有着勤劳（发展生产）、勇敢（反抗压迫）和智慧（追求科学真理）的传统。这种悠久深厚的进步传统，是中国古代哲学之所以具有源流深长的朴素唯物主义和朴素辩证法的社会原因。但是，封建专制主义和宗法制度也给哲学打上了很深的烙印，比如说，宿命论与复古主义就是这样的印记。严复所说的“中国委天数”、“好古而忽今”这些中国传统哲学的缺点，就像中国封建制一样，是非常顽固的。

第二，从哲学和科学及其他意识形态的关系来分析。

首先，科学和哲学一样，也是以理论思维的方式来掌握世界，所以科学和哲学的关系特别密切。封建经济主要是农业经济。因此，和农业相联系的科学，如天文学、地学、历法、医学、农学、生物学等在中国古代得到较大的发展。中国古代这些科学把人和自然界看作是有机联系的，是相互作用的，因而就使朴素的辩证逻辑和辩证法的自然观得到人们较早的注意。中国古代哲学家把阴阳之气作为物质实体,这种自然观显然是和上面讲的那些与农业密切相联的科学得到较大发展有关的。而西方的原子论则是同那些与工业生产密切相关的科学,如光学、力学、化学等的发展有较大的关系。

其次,哲学作为一种意识形态,它的发展同其他社会意识形态也是联系着的。在一定的历史时期,往往有某一种意识形态占据支配地位。在西方,“中世纪的历史只知道一种形式的意识形态,即宗教和神学”,“中世纪把意识形态的其他一切形式——哲学、政治、法学,都合并到神学中,使它们成为神学中的科目”。[①] 而中国封建社会的情况却不是这样。中国人的宗教观念特别淡薄,全世界民族中,汉族是最少有宗教信仰的。即使是中国最初的原始神话如盘古开天辟地、女娲炼石补天等,也不过是把和自然界斗争的人加以神化。中国人一开始就重视现实,重视人世。当然,在中国的封建时代,佛教、道教也曾盛行,但占据统治地位的意识形态始终是儒学。正统派儒家的“天命”代替了西方基督教的上帝,礼教几乎起了与西方宗教同样的作用,其他意识形态都或多或少地成了从属于儒学的科目。儒学讲名教,同宗教一样,也是人的本质的异化。所以,正如欧洲近代资产阶级兴起时,把矛头对准中世纪的主要意识形态神学一样,中国明清之际的那些伟大思想家的批判锋芒直接指向占据支配地位的宋明理学,直到“五四”新文化运动,也是把矛头对准了“孔家店”。正因为在西方中世纪是宗教神学占主导地位,而中国封建社会是儒学占统治

① 恩格斯:《路德维希·费尔巴哈和德国古典哲学的终结》,《马克思恩格斯选集》第4卷,第235、255页。

地位，所以西方的道德理论和宗教密切相联，而中国的道德思想和儒学不可分割。信仰上帝，往往盲目而自愿；遵守礼教，却往往自觉而并不乐意。所以中国伦理学的特点是比较强调自觉，而易陷入宿命论；西方伦理学的特点则是比较强调自愿，而易导致唯意志论。

再次，在艺术上，希腊人和印度人一开始是讲故事，而中国人一开始是写诗。中国人是抒情的民族，从《诗经》、《楚辞》到唐诗，一直热衷于写诗，而讲故事、写小说、演戏，是比较晚出的。希腊人却早就写了史诗、悲剧、喜剧，这些著作给我们描绘了很多典型性格。还有人物雕塑，在古希腊也已达到完美的程度。而在中国，造型艺术也要求给人意境。为什么中国人较早地发展了抒情艺术？这是个值得深入研究的问题。中国哲学表现在美学的言志说和意境理论上的特点，显然是和抒情艺术的传统有关的。

第三，从哲学本身的演变、发展来分析。

先秦的百家争鸣到秦汉统一而结束。在先秦，儒墨并称“显学”；到汉代，却是一方面墨学衰微，另一方面儒术独尊。而儒术独尊实际是儒法合流，只不过是法家隐蔽在儒家背后。以后到魏晋，儒道合一，产生了玄学。又经过隋唐时期儒道释三者相互作用，产生了理学。理学在宋元明清时期一直处于支配地位。

墨家这个学派是和手工业生产密切相联系的，因此很自然地重视形式逻辑和产生原子论的思想。以后墨学衰微，原子论思想和形式逻辑也就得不到发展。而《荀子》、《易传》、《内经》、《月令》等所包含的朴素的辩证逻辑和辩证自然观则得到了较大的发展，产生了深远影响。

汉代儒学独尊以及后来儒道合一，使得儒、道中的积极的东西如儒家的仁智统一学说以及道家的崇尚自然的思想得到了发展，使伦理学上的自觉原则和美学上的意境理论得到了比较早的考察，这对整个民族文化起了很大影响。

随着墨学的衰微，墨子的“非命”学说被人们逐渐遗忘了。然而儒、道的宿命论却深入人心。同时，儒法合流，法家藏在儒家的旗帜下了。封建专制主义者用仁义说教和刑罚这两手来统治人民，造成王夫之所说的“其上申、韩者，其下必佛、老”[①]的情况。统治者打着“天命”、“天理”的招牌，“以理杀人”，老百姓感到无法和“天命”、“天理”相对抗，于是，宿命论就把人们驱向佛老，到宗教中去寻求安慰。这是中国传统哲学中坏的一面。

中国传统哲学的优点，一直影响到近代。中国人比较快地找到了马克思主义，并把马克思主义和中国革命实践相结合，这同中国富有朴素唯物主义和朴素辩证法的传统有关。我们党形成“三大作风”，使党成为培养人教育人的学校，这和传统中注重自觉的原则有关。中国的艺术至今还是以意境来引人入胜，如京剧、山水画、园林艺术等等。我们的祖先在认识论的两个重大问题上，提出了自己的很有民族特色的理论，形成了优秀的传统，至今还起着作用。但是这个传统也有着缺点和不足之处。中国传统哲学主要是封建时代的哲学，它当然包含有许多封建性糟粕，必须大力加以批判。中国古代哲学的辩证法是朴素的。因而有些界限就不分明，有时就和相对主义、中庸之道或独断论的“斗争

---

① 王夫之：《读通鉴论》卷十七，《船山全书》第10册，第653页。

哲学”相混淆。这就要求我们努力掌握马克思主义，使辩证法建立在现代科学的基础上。这就要求我们学习西方的长处，学习他们的形式逻辑、数理逻辑和现代科学的方法。同时，在培养理想人格方面，中国古代哲学家除了阶级和时代的局限之外，在理论上也有着严重的宿命论倾向。因此，我们要培养共产主义的人格，就必须批判这种十分腐朽的东西。西方伦理学上的自愿原则和美学上的现实主义的典型性格理论可以弥补我们传统的不足，但在向西方学习时又要注意抵制唯意志论。

总之，我们今天要站在共产主义思想的高度，在马克思主义哲学的指导下，发扬我国传统哲学的优点，克服其弱点；学习西方哲学的长处，避免其短处。这对于建设社会主义文化和培养共产主义新人是大有帮助的；同时对于发展哲学革命，促使中国哲学和西方哲学进一步合流为统一的世界哲学也是很有必要的。

第一篇　先秦

第一章
中国古代哲学的诞生

第一节　原始的阴阳说与五行说

中国古代哲学思想在原始社会已开始萌芽，这可以从出土的文物和远古的神话、传说中得到证明。我国古代流传的神话，例如盘古开天辟地、女娲补天、羿射九日等等，不仅体现了中华民族从一开始便具有改天换地的雄伟气魄，也反映了原始社会人类思维的状况：既借助想象以征服自然力，又往往把自然力拟人化，成为崇拜的对象。唯物主义和宗教唯心主义在这里都有了最初的端倪。不过，端倪只是可能性而已。哲学作为一门概括人类知识的学问，一种探讨世界观的意识形态，只是在人类进入文明时代以后才诞生的。

根据古史传说和考古发掘的资料，我们的祖先大约在黄帝①

① 黄帝为我国远古时代传说中的中原各族的共同祖先。《商君书·画策》："故黄帝作为君臣上下之义，父子兄弟之礼，夫妇妃匹之合，内行刀锯，外用甲兵。"以为家庭与国家制度起源于黄帝时代。还传说当时有很多发明创造，如养蚕、舟车、文字、音律、医学、算数等。

时已开始向文明时代过渡，从夏王朝（约公元前 21 世纪—前 16 世纪）开始进入奴隶社会，而商（约公元前 16 世纪—前 11 世纪）与西周（约公元前 11 世纪—前 771 年）是奴隶制的全盛时期。在奴隶社会里，奴隶主贵族为了维护自己的统治，除了使用国家机器之外，还把原始的宗教迷信加以改造，使它成为统治人民的工具。奴隶主统治者说自己的祖先是上帝的儿子，把自己的种种作为都归之于"天命"，是任何人力所不能抗拒的。[①] 同时，在君主左右还有巫和史官，他们说自己懂得用"术数"来窥测天意，能代表鬼神发言。所谓"术数"，据《汉书・艺文志》所说，包括天文、历谱、五行、蓍龟、杂占、形法等，无非是通过观察自然界的变异以及运用卜筮（蓍龟）、占梦、看相和相地形等方法，来预测人事的吉凶、祸福。这些"术数"固然是迷信，却也包含着从实践经验中获得的零碎的知识和技能。例如，天文和历谱的术数包含着最早的天文学知识，形法的术数包含着最早的生理学和地学的知识等。正是由于零碎的知识和技能日积月累，达到一定阶段，人们的认识产生了飞跃，从中概括出一些基本原理，并试图运用这些原理来解释自然界和社会的一切现象，这就由"术"而进于"道"了。虽然当时的"道术"仍然是没有分化的统一体，不过"道"（基本原理）的提出，正标志着哲学思维的开始。

哲学以理论思维的方式来掌握世界。马克思说："这种方式

---

① 《尚书・召诰》："有夏服（受）天命"，《诗经・商颂》："帝立子生商"，《尚书・康诰》："天乃大命文王，殪戎殷，诞受厥命，越（与）厥邦厥民"等等，表明夏、商、西周奴隶主假借宗教天命来统治。

是不同于对于世界的艺术精神的，宗教精神的，实践精神的掌握的。”[①]以理论思维的方式掌握世界，就是以概念、范畴和原理来解释世界，这是哲学和科学的特点。哲学是科学的母体，哲学的诞生也就是科学反对宗教迷信的开始。科学力求运用理论思维来如实地反映世界，而宗教迷信则是人们对现实世界的虚幻的反映，它使世间的力量取得了超世间的形式。宗教迷信和科学是不可调和的，但两者又难分难解地在人类认识史的各个阶段上保持这样或那样的联系。列宁在评价古希腊毕达哥拉斯学派时说："科学思维的胚芽同宗教、神话之类幻想的一种联系。而今天同样，还是有那种联系，只是科学和神话的比例不同了。”[②]列宁的话对于我们考察中国哲学史的第一页——原始的阴阳说与五行说同样是适用的。

阴阳说可以追溯到《易经》。《易经》成于何时，历来众说纷纭。它大概是在由殷到周初积累了非常丰富的卜筮记录的基础上，经过整理加工而编纂成的一本书，以供后人卜筮时参考。[③]《易经》的六十四卦是由八卦重叠组合而成的，而八卦又是由“--”和“—”两个符号排列组合而成。“--”和“—”的原始意义是否即阴和阳，《易经》没有明说，不过阴阳学说在这里有了开端，却是可以肯定的。《易经》试图用两个具有对立性质的原理（“--”和“—”）以及它们之间的排列组合（特定的数量关系）来概括自然界和人

① 马克思：《〈政治经济学批判〉导言》，《马克思恩格斯选集》第2卷，第19页。

② 列宁：《哲学笔记》，《列宁全集》第55卷，第211页。

③ 顾颉刚认为卦爻辞中引用的许多故事，都是商与周初的故事，由此推定《易经》为西周初年的作品。详见顾著《周易卦爻辞中的故事》一文，收在《古史辨》第3册。

类社会的种种现象，这就是以理论思维的方式来掌握世界，并可说有了朴素辩证法的因素。《易经》的《泰・九三》爻辞说：

无平不陂，无往不复。

把平与不平（陂）、往与复互相对立的概念联系起来，指出了对立面的互相转化。这是从自然界变迁和人类生活经验中总结出来的辩证法的论断。《乾・九三》说：

君子终日乾乾，夕惕若，厉，无咎。

是说君子如能整天勤奋地工作，晚上又加警惕，虽处危境，亦可无咎。这里确实已有通过发挥人的主观能动性以变危为安的思想。所以，《易经》虽然是一部供卜筮用的迷信书，却含有原始的阴阳说和朴素的辩证法思想因素，是哲学思维的开始。

五行说可以追溯到《尚书・洪范》。旧说《洪范》为箕子回答周武王问天道的话，不完全可信。但五行说可能在殷周之际已经有了。[①] "五行"也是"术数"之一。《洪范》说"初一曰五行，次二曰敬用五事"，正如《汉书・艺文志》所说："言进用五事以顺五行也。

---

① 关于《洪范》篇的年代，有不同说法。郭沫若根据《荀子・非十二子》中说子思、孟轲"案往旧造说，谓之五行"，以为《洪范》是子思的著作。金景芳认为《诗经・小雅・小旻》中"或圣或否……或哲或谋，或肃或乂"等句，是引用《洪范》的"恭作肃，从作乂，明作哲，聪作谋，睿作圣"的结果，可见《洪范》是西周时的作品。详见所著《西周在哲学上的两大贡献》一文，载《哲学研究》1979 年第 6 期。

貌、言、视、听、思心失,而五行之序乱,五星之变作。”[①]所以,这是一种以为天象与人事相互感应的迷信。不过,五行说把自然现象和人的活动归结为五种物质元素,也是以理论思维方式掌握世界,并可以说是有了朴素唯物主义的因素。《洪范》说:

> 五行:一曰水,二曰火,三曰木,四曰金,五曰土。水曰润下,火曰炎上,木曰曲直,金曰从革,土爰稼穑。润下作咸,炎上作苦,曲直作酸,从革作辛,稼穑作甘。

显然,这里讲的水有润下之性,火有炎上之性,木可以揉曲直,金可以销熔而改变形状,土可以种庄稼等,是从生产实践和日常生活中概括出来的,或多或少具有科学性。而把润下与咸作为水的质的规定性,把炎上与苦作为火的质的规定性等等,实际上是把水、火、木、金、土看作五个范畴或类概念,用它们来区分和把握自然现象之网。这正是哲学思维的开始。

总之,大约在殷周之际,原始的阴阳说和五行说就从“术数”中诞生了。这是同当时的生产和科学技术的状况相联系的。随着农业和畜牧业的发展,在天文和历谱的“术数”中,科学知识的成分增长了。在殷周之际,人们对于太阳的周年视运动的观察和测定已相当精确,这表现在当时的历法上已设置了春分、夏至、秋分、冬至四个节气。[②] 人们也已认识到“相其阴阳”(《诗经·大雅·公

---

① 班固撰,颜师古注:《艺文志》,《汉书》第6册,中华书局1962年版,第1769页。

② 《尚书·尧典》记载:“日中星鸟,以殷仲春……日永星火,以正仲夏……宵中星虚,以殷仲秋……日短星昴,以正仲冬。”据竺可桢考证,这反映了殷周之交的天象,而仲春、仲夏、仲秋、仲冬就是春分、夏至、秋分、冬至4个节气。详见竺著《论以岁差定尚书尧典四仲中星之年代》,载《科学》月刊第10卷第12期(1926年出版)。

刘》），即看地理位置是面阳还是面阴，这对于农业生产具有重要意义。正是这些关于昼夜、寒暑变化的知识，对地势阴阳的观察，以及对人分男女、畜有雌雄、数有奇偶的认识等等，使得人们能够从中概括出原始的阴阳说。同时，除了和水、土关系十分密切的农牧业之外，殷周之际也有了酿酒、缫丝、绩麻以及炼铜和制作铜器的生产技术。这说明，人们已广泛利用水、火、木、金、土等物质材料于生产，并对它们的性能有了一定的了解。所以，在这时产生原始的五行说也决非是偶然的。

原始的阴阳说和五行说在西周时期又有了发展。到西周末年，伯阳父用阴阳说解释地震。《国语 · 周语上》记载：

> 幽王二年，西周三川皆震。伯阳父曰："周将亡矣！夫天地之气，不失其序；若过其序，民乱之也。阳伏而不能出，阴迫而不能烝，于是有地震。今三川实震，是阳失其所而镇阴也。……山崩川竭，亡之征也。川竭，山必崩。若国亡不过十年，数之纪也。夫天之所弃，不过其纪。"

伯阳父明确地说"阴阳"是"天地之气"，比之《易经》是前进了一大步。这里已有了中国哲学史上影响极为深远的朴素唯物主义的气一元论的萌芽。他以为，阴阳之气有其自然的秩序，如果阳气伏在下面，受阴气的压迫而不能蒸升，就要发生地震；泾、渭、洛三川的地震，就是由于阳气失其所（不能上升）并受阴气的镇压而引起的。伯阳父用物质力量的冲突来解释地震现象，是朴素的唯物主义态度，也含有朴素辩证法因素。不过伯阳父认为，阴阳失其序，是“民乱之也”，这有天人感应的意思；并认为地震是周将亡的征兆，周王室已为上天所弃，不出十年(一纪)就要灭亡了。这些显然是迷信的说法。

也是在西周末年，史伯[①]对五行说有所发展。《国语·郑语》记史伯对郑桓公的谈话：

> 夫和实生物，同则不继。以他平他谓之和，故能丰长而物归之；若以同裨同，尽乃弃矣。故先王以土与金木水火杂，以成百物。……声一无听，物一无文，味一无果，物一不讲。王将弃是类也而与剸同，天夺之明，欲无蔽，得乎？

“和实生物，同则不继”一语，把“和”与“同”区别开来，含有朴素辩证法的因素。史伯认为，只有一种声音就不能成为音乐，只有一种颜色就无法构成文彩，只有一种滋味就不会形成美味，只有一种意见就不能展开讨论。所以，不能“以同裨同”，而应“以他平他”，亦即把不同的事物结合在一起，使之彼此相济，相反相成，达到调和。史伯所讲的“以土与金木水火杂”，是说五种物质元素互相配合，并且其中土是最基本的，表明他已经意识到土地是人类一切财富的最基本的自然条件，而万物是由“五行”以各种方式配合而成的。这是比《洪范》更为鲜明的朴素唯物主义的观点。不过史伯的话也带有迷信色彩，他说周幽王抛弃“和”而专讲“同”，是上天夺去了他的“明”，接着还讲了一大篇关于幽王王后褒姒的

① 近人或以为伯阳父与史伯为一人，作了考证。见左益寰：《阴阳五行家的先驱者伯阳父》，载《复旦学报》1980年第1期。

神话，那无疑是非常荒唐的。

所以，在伯阳父和史伯那里，也仍然是科学思维的萌芽同宗教、神话之类的幻想相联系。但是，必须指出，西周末年的阴阳说和五行说比之《易经》和《洪范》有了明显的进步，科学的成份增加了，科学与神话间的比例也不同了。

第二节 "古今"、"礼法"之争与"天人"之辩的开始

从世界史的范围来看，几乎在同一时期，即相当于我国的春秋战国（公元前 770 年—前 221 年）时期，在中国、古希腊和古印度，人类文化好像忽然进入了春天，百花盛开，空前繁荣起来。这似乎是一种奇迹，然而这种奇迹的产生是有历史根据的。

首先，就社会性质来说，春秋战国是奴隶社会向封建社会转变的时期，是地主阶级革命时期①。地主阶级推翻了奴隶制，显得生气勃勃，在学术上提倡百家争鸣，迎来了文化上空前繁荣的春天；而在古希腊，奴隶主民主派战胜了贵族派后，奴隶制的民主政治也促进了文化的大发展。其次，春秋战国时期与古希腊的文化繁荣都是在铁器广泛使用以后出现的。由于铁器的广泛使用，大大提高了生产力，促进了社会分工，使知识分子有可能作为一个阶层而分化出来，专门从事学术文化工作。殷周奴隶社会本来是"学在官府"，没有一个相对独立的知识分子阶层，到春秋时期才出现了士阶层。孔子、墨子等人都属于士阶层，他们打破了奴隶

---

① 关于中国古代史分期问题，现有不同说法，需要进一步研究。本书采取战国封建说。

社会“学在官府”的局面，大兴私人讲学之风，著书立说，创立学派，这就使得文化获得了空前的发展。第三，在这个时期，中西文化都已经过了长达几千年的积累。西方是经过古埃及、古巴比伦发展到古希腊的。中国文化则在自己的土地上独立发展，从仰韶文化，经过夏、商、周发展到春秋战国时期，由量的积累引起质的突变，发生了文化的突飞猛进，诸子蜂起，百家争鸣，哲学进入了哲学家建立体系的时代。

这个时代，就像庄子所说：“道术将为天下裂”（《庄子·天下》），原来统一的“道术”分裂了。这表现在诸子百家纷纷创立独特的哲学体系，就一些基本问题展开了激烈的论战；也表现在哲学与宗教、科学与迷信的进一步分裂（当然，仍然保持着某种联系），并且若干门科学（天文、历法、地学、农学、医学、算学、军事学等）开始有了相对独立的发展。百家争鸣和科学的发展，是推动当时哲学繁荣的强大力量。

百家争鸣，首先是围绕“古今”、“礼法”之争和“天人”之辩展开的。那么，“古今”、“礼法”之争和“天人”之辩是怎样开始的呢？不妨略作回顾。

春秋战国时期是社会制度大变动的时代，封建制取代奴隶制的社会变革是这个时代的中心问题。原来在殷周的奴隶制下，农业劳动组织多采取自农村公社的公田制演变来的井田制形式。到了春秋时期，由于奴隶制生产关系已不适应生产力的发展，井田受到破坏，而开垦私田以新的封建制方式进行剥削的规模则越来越大，出现了“私门富于公室”的局面。公元前594年，鲁国实行“初税亩”，即初次按田地面积收税，打破了“公田”与“私田”的界限。这就使土地私有合法化，标志了封建土地所有制的确立。接着，楚国在公元前552年，郑国在公元前543年也先后进行了类似的改革，从而促进了封建经济的发展。

随着经济关系的变化，上层建筑也相应地发生了变革。春秋时期的“礼崩乐坏”，正是当时经济基础的变化在上层建筑领域的反映。奴隶主阶级标榜礼治。孔子说：“殷因于夏礼，所损益可知也；周因于殷礼，所损益可知也。”（《论语·为政》）“周监于二代，郁郁乎文哉！”（《论语·八佾》）他以为夏商周三代都实行礼治，不过有所损益；周代的礼制借鉴夏商二代而建立，达到了最完备的程度。周礼主要是由西周初期的政治家周公[①]制定的，它是西周社会的政治制度和道德规范的通称，也包括各种礼节仪式。“礼不下庶人，刑不上大夫。”礼是调节奴隶主阶级内部相互关系的准则，对奴隶是不适用的；而奴隶主贵族享有政治特权，即使犯了罪，也不受刑法制裁。周礼的核心是建立在奴隶制基础上的宗法等级制度。宗法制度是从原始公社后期的家长制发展而来的。周在征服殷之前，大体上还保留公社的形式。（《墨子·非攻下》：“赤乌衔珪，降周之岐社。”《吕氏春秋·应同》：“及文王之时，天先见火，赤乌衔丹书，集于周社。”可为佐证。）在征服殷商之后，周天子把本氏族的贵族分封为诸侯。西周奴隶主阶级的统治是氏族贵族的统治，统治者大部分属于以血缘关系为基础的同一氏族。他们以世袭家长身份取得统治地位，政权与族权相结合，形成了一套宗法等级制度，成为礼制的核心。正是这种礼制，到了春秋时期，受到了多次奴隶起义和

① 周公，姬姓，周武王之弟，名旦，亦称叔旦。曾助武王灭商。武王死后，成王年幼，由他摄政。其言论见于《尚书》的《大诰》、《康诰》、《多士》、《无逸》、《立政》等篇。

平民暴动的猛烈冲击，日趋于“崩坏”；而新兴地主阶级的政治改革，就表现为要求用“法治”来取代“礼治”。

“礼法”之争在当时也就是守旧与革新之争，或者说是“古今”之争。韩非说：“管仲毋易齐，郭偃毋更晋，则桓、文不霸矣。”(《韩非子·南面》)韩非以为，正是因为管仲、郭偃倡导“变古”，进行革新，才使齐桓公、晋文公先后成为春秋的霸主。所以管仲、郭偃后来被法家视为先驱，虽然在齐桓公、晋文公之时还没有严格意义的“礼法”之争。随着封建经济的日益壮大，到春秋末期，一些诸侯国相继实行立法改革，这就使“礼法”之争明朗化了。当时所谓“法”，实际上指体现地主阶级意志的政策、法令，由官府制定、公布出来，作为统治者进行赏罚和判刑的根据。例如，在公元前536年，郑国子产①“铸刑书”，将新制定的法律条文铸在铁鼎上，公布于众。晋国叔向写信表示反对，说有了成文法，老百姓就会“弃礼而征于书”，放弃礼制去查法律条文，想办法钻空子逃罪，再也不怕他们的上司了。这是以“礼”反对“法”。子产回信说：“吾以救世也。”(《左传·昭公六年》)就是说，时世变了，我制订新的刑法，正是为了解决当前的现实问题。是守旧还是革新，是维护奴隶制的礼治还是实行有利于封建经济发展的法治，这就是“礼法”之争的实质。这个从春秋时期开始而到战国时期充分展开的“古今”、“礼法”之争(后来从“礼法”之争又发展出“王霸”、“德力”之争)，是当时整个政治思想领域论争的焦点，百家争鸣首先就是围绕这个焦点而展开的。

---

① 子产(？—公元前522年)即公孙侨。郑贵族子国之子，名侨，字子产，一字子美。郑简公二十三年(公元前543年)执政，实行政治改革。

与“古今”、“礼法”之争密切联系着，哲学上的“天人”之辩在春秋时期也开始了。奴隶主阶级长期以来一直利用宗教天命论和鬼神迷信来维持统治。地主阶级为了用法治代替礼治，就必须从理论上反对宗教天命论和鬼神迷信。如同奴隶制的礼制在西周时达到了完备的地步一样，宗教天命论到西周也取得了比较精致的形态。周初统治者有鉴于殷由于奴隶倒戈而被灭亡的事实，得出了“天命靡常”（《诗经·大雅·文王》）的结论。周公便把“天命”和“德”联系起来，说只有崇尚德政的王，才受上天的保佑。这就是《尚书·召诰》中说的“惟王其疾敬德，王其德之用，祈天永命”。殷王“不敬厥德”，所以失去“天命”①；周文王“明德慎罚”，所以能受“天命”②。周公所谓“德”，包括“敬天”（敬畏天命）、“孝祖”（谨守祖宗遗教）、“保民”（缓和阶级矛盾，保住作为劳动力的奴隶和平民）等几层意思。这样，他把宗教、伦理、政治联为一体，制定了一套完整的宗教天命论，使之成为周代奴隶主贵族的强大精神支柱。这种宗教天命论与鬼神迷信，到了春秋时期，随着奴隶制的没落与科学的进步，便成了理论批判的主要对象。

按照宗教天命论，“天”（上帝、神）和“天命”具有绝对权威，“人”完全处于屈从的地位。虽然西周的诗人已经从人的立场，对天发出了怨恨、咒骂的声音③，但从理论上批判宗教天命论，则是

---

① 见《尚书·召诰》：“我不敢知曰：有殷受天命，惟有历年；我不敢知曰：不其延，惟不敬厥德，乃早坠厥命。”

② 见《尚书·康诰》：“文王克明德慎罚，不敢侮鳏寡，庸庸，祗祗，威威，显民，用肇造我区夏，越我一二邦，以修我西土。”

③ 见《诗经》：“天之扤我，如不我克”（《小雅·正月》）；“昊天上帝，宁俾我遁”（《大雅·云汉》）；“旻天疾威，天笃降丧；瘨我饥馑，民卒流亡，我居圉卒荒”（《大雅·召旻》）；等等。

从春秋开始的。公元前 707 年，随国的季梁说：

> 夫民，神之主也。是以圣王先成民，而后致力于神。（《左传·桓公六年》）

公元前 663 年，虢国的史嚚说：

> 国将兴，听于民；将亡，听于神。神，聪明正直而壹者也，依人而行。（《左传·庄公三十二年》）

季梁和史嚚虽然都没有否定神，不过他们把原先神和人的主从关系颠倒过来了，强调国君首先要“听于民”，成就于民有利的事业，神就自然会跟着降福。反之，如果首先“听于神”，而不问人民疾苦，那只能导致国家衰亡。稍后，公元前 645 年，宋国降落了五块陨石，还因为刮大风而发生“六鹢退飞”的怪事，当时宋国统治者以为这是不祥之兆。周内史叔兴却说：

> 是阴阳之事，非吉凶所生也，吉凶由人。（《左传·僖公十六年》）

就是说，陨石与六鹢退飞是自然现象，是由阴阳之气变化造成的，与人事吉凶无关。人事的吉凶在于人的所作所为，不能以为自然界的变异是不祥之兆。这显然是无神论思想，反对了天人感应的迷信，把天解释为自然界了。子产也明确地主张无神论，他反对把“龙”看作神物加以祭祀（见《左传·昭公十九年》），也反对利用天象来附会人事。公元前524年夏五月，“大火”星（心宿二）在傍晚出现，正好又刮东北风，宋、卫、陈、郑都发生火灾。有人请子产用金玉之器来祭神，以禳除火灾。子产不肯，他说：

> 天道远，人道迩，非所及也，何以知之？（《左传·昭公十八年》）

就是说，自然之理深远，人事之理切近，天上的星象和人间的火灾两不相关，怎么能由天象来推知人事呢？这里已包含“明于天人之分”的思想的萌芽，是在“天人”之辩上的朴素唯物主义观点的开端。

特别值得一提的是史墨[①]的一段议论。公元前510年，被季氏驱逐的鲁昭公死在国外，晋国赵简子问史墨：“季氏出其君，而民服焉”，这是什么道理？史墨回答说：

> 物生有两，有三，有五，有陪贰。故天有三辰，地有五行，体有左右，各有妃耦。王有公，诸侯有卿，皆有贰也。天生季氏，以贰鲁侯，为日久矣。民之服焉，不亦宜乎！鲁君世从（纵）其失（佚），季氏世修其勤，民忘君矣。虽死于外，其谁矜之？社稷无常奉，君臣无常位，自古以然。故《诗》曰：“高岸为谷，深谷为陵。”三后之姓，于今为庶，主所知也。在《易》

---

① 史墨，春秋时晋太史，蔡氏，名墨。

卦，雷乘乾曰大壮䷡，天之道也。（《左传·昭公三十二年》）

意思是说，自然界和社会中的事物都有"陪贰"、"妃耦"（搭配、对立），季氏做鲁君的搭配（对立面），已经很久了，而鲁君一代代放纵佚乐，季氏一代代勤恳努力，民众早就忘掉国君而支持季氏了。国君虽死在国外，谁会怜悯他呢？自然界中高岸变为深谷，深谷又变为丘陵；同样，国家政权（社稷）、君臣关系也不是固定不移的。虞、夏、商三代的子孙，现在已变为庶民了。《易》的"大壮"卦，"震"在"乾"上，在自然界为天上有雷之象，在社会为君臣易位之象。[①] 这个卦象正好反映了对立面的互相转化，说它是"天之道也"，这个"天"显然是包括"天"（自然）和"人"（人事）在内的。

以上我们摘引了《左传》[②]中的一些记载（远不止这些），说明在春秋时期"天人"之辩是如何开始的：为了反对传统的宗教天命论，进步的思想家先是把民和神（即人和天）的主从关系颠倒过来，进而又把"天"解释为自然界，天人关系就成了自然和人之间的关系了。子产讲："天道远，人道迩"，强调了人道；而史墨用"天之道"来概括自然与社会中对立面的转化，则是强调了天道。不妨说，孔、墨的"人道"原则和《老子》的"自然"原则，在这里都已具体而微。

不过，子产是政治家，史墨是史官，他们的哲学思想还是零碎

---

① 杜预注："乾为天子，震为诸侯，而在乾上。君臣易位，犹大臣强壮，若天上有雷。"

② 《左传》，传说是与孔子同时的左丘明所作，是解释鲁国史籍——《春秋》的一部编年史书。关于此书的作者和成书年代，争论未决，但一般都肯定其反映了春秋时期的思想。主要的注释有晋杜预的《春秋左传集解》，唐孔颖达的《春秋左传正义》等。

的，都不能算是建立了哲学体系。与史墨差不多同时，诞生了孔子、老子，接着诸子并兴，真正进入了百家争鸣的时代：不仅“天人”之辩和“古今”、“礼法”之争得到广泛而深入的展开，而且对论战中产生的“名实”关系问题，也进行了热烈讨论。这就揭开了中国哲学史上光辉灿烂的一页。

马克思在谈到古希腊这一欧洲文化史上的繁荣时期时说：“一个成人不能再变成儿童，否则就变得稚气了。但是，儿童的天真不使成人感到愉快吗？他自己不该努力在一个更高的阶梯上把儿童的真实再现出来吗？在每一个时代，它固有的性格不是以其纯真性又活跃在儿童的天性中吗？为什么历史上的人类童年时代，在它发展得最完美的地方，不该作为永不复返的阶段而显示出永久的魅力呢？”[①]欧洲人总是不断地回顾古希腊，中国人总是不断地回顾春秋战国时期。因为从整个中国哲学史的发展过程来看，春秋战国时期的一些哲学论争，如经验论与先验论、相对主义与绝对主义的斗争等等，以后均在更高的阶梯上重现；而从个体的认识发展过程来讲，每个人都要经历童年时代，也就是说，每个人都有自己的“先秦”。因此，回顾先秦时期孔、墨、老诸子的争鸣，《墨经》的逻辑思想，庄子向世界提出的许多问题，荀子对“天人”、“名实”之辩作的总结等等，确实使人感到其“永久的魅力”。这种回顾对于我们锻炼理论思维的能力是很有帮助的。

---

① 马克思：《〈政治经济学批判〉导言》，《马克思恩格斯选集》第 2 卷，第 29 页。

第二章
儒、墨、道、法诸子的兴起

第一节　孔子的仁智统一学说

一、保守的政治态度和创造性的教育实践

马克思主义的分析方法要求我们把历史人物放在其所处的具体历史条件下进行考察。我们研究孔子的哲学思想，首先就要看孔子处在什么历史条件下，进行了一些什么实践活动，以及他在当时社会实践中处于什么地位。

孔子(公元前551年—前479年)名丘，字仲尼，鲁国陬邑(今山东曲阜东南)人。祖先是宋国的没落贵族。幼年生活贫贱，曾做过管理仓库和畜牧的小官。年五十，任鲁国司寇。后又周游列国宣传自己的政治主张，但终不见用。晚年回到鲁国，专力从事文化教育工作，整理《诗》、《书》等古代文献，并把鲁史官所记《春秋》加以删修，成为我国第一部编年体的历史著作。他的弟子相传先后有3 000人，著名的有70多人。《论

语》[①]是研究孔子思想的主要材料。

孔子可说是在奴隶制趋于崩溃时期从贵族中分离出来的士阶层的代表，是个过渡性的人物。他作为一个政治活动家，对待当时政治思想斗争的中心问题——"古今"、"礼法"之争，是站在没落奴隶主阶级的立场上的。他标榜自己"信而好古"（《论语·述而》，本节以下引《论语》只注篇名），主张"为国以礼"（《先进》）。他说："周监于二代，郁郁乎文哉，吾从周。"（《八佾》）"如有用我者，吾其为东周乎！"（《阳货》）他认为自己的使命就是要把周礼恢复过来。当然，他也说过，殷代继承夏礼，周代继承殷礼，都有所"损益"。但这只是局部改良，而非根本制度的改革。对当时晋国的立法改革——"铸刑鼎"，他公开表示反对（见《左传·昭公二十九年》）。可见他的政治活动是与历史发展趋势相违背的。

但孔子还有另一方面的实践活动。他是一个教育家，开私人讲学之风，打破了学在官府的局面，这无疑是个新生事物。孔子第一个提出"有教无类"（《卫灵公》）的主张，说"自行束修以上，吾未尝无诲焉"（《述而》）。这在教育史上是一个创举。尽管他聚徒讲学的目的是为了培养一批贤人，以维护奴隶主贵族的统治，但实际上他的弟子和再传弟子很多都去为新兴地主阶级服务。他开创儒家学派，长期从事教学活动，积累了丰富的经验，并由于教学的需要整理了古代典籍，这些在当时都起了积极的影响。

---

① 《论语》是孔子弟子及其再传弟子关于孔子言行的记录，成书约在战国初年。西汉时有今文本的《鲁论》和《齐论》以及古文本的《古论》3 种，今本《论语》系东汉郑玄混合各本而成，共 20 篇。注释主要有三国魏何晏的《论语集解》、南北朝梁皇侃的《论语义疏》、宋邢昺的《论语正义》、宋朱熹的《论语集注》、清刘宝楠的《论语正义》等。

孔子在实际活动中的两重性不能不反映在他的哲学思想中。对当时哲学论争的中心问题——“天人”之辩，孔子既主张传统的天命论，又着重考察了人道，提出了仁智统一的新学说。一方面，孔子是中国哲学史上第一个重要的唯心主义哲学家；另一方面，他也从教学实践和整理古籍的工作中总结出一些符合客观认识规律的论点，这是同他的唯心主义体系相矛盾的。孔子说自己的学说是“一以贯之”的，他确实是建立了体系的哲学家。所以，我们不能认为孔子的哲学思想中的矛盾是外在的、偶然的东西，而应该完整地把握他的哲学体系，透过其外在形式，把它的基本概念揭示出来，才能看清他在中国哲学史上的地位。

以下我们来对孔子的仁智统一学说作一点分析。

在《论语》一书中，有多处将“仁”与“知”并举。例如：

> 樊迟问仁。子曰：“爱人。”问知。子曰：“知人。”（《颜渊》）
>
> 子曰：“知者乐水，仁者乐山。知者动，仁者静。知者乐，仁者寿。”（《雍也》）

后来，儒家学派都用“仁且智”来称道孔子的人格：

孟子说：

> 昔者子贡问于孔子曰：“夫子圣矣乎？”孔子曰：“圣则吾不能，我学不厌，而教不倦也。”子贡曰：“学不厌，智也；教不倦，仁也。仁且智，夫子既圣矣。”（《孟子·公孙丑上》）

荀子说：

> 孔子仁知且不蔽。……故德与周公齐，名与三王并。（《荀子·解蔽》）

上述《孟子》引子贡的话可以说明，孔子的仁智统一学说是从教学实践中总结出来的。在孔子和儒家看来，仁且智是理想人格（圣人）的主要特征，而如何通过教育来培养这样的理想人格，则是儒家的理论和实践所要解决的主要问题。

二、仁与忠恕之道

"孔子贵仁。"（《吕氏春秋·不二》）"仁"是孔子的人道观（伦理思想）的核心。他说：

> 君子去仁，恶乎成名？君子无终食之间违仁，造次必于是，颠沛必于是。（《里仁》）

在孔子心目中，"仁"是君子必具的品德，君子之所以为君子，就在于时刻不离开"仁"，哪怕是仓促之间，颠沛流离之际，都必定要致力于"仁"。他称赞颜渊好学，就说："其心三月不违仁。"（《雍也》）可见"仁"在孔子哲学思想中的重要地位。

"仁"这个范畴是古已有之的。《左传·昭公十二年》："仲尼曰：古也有志，克己复礼仁也。"就是说，要克制自己，使自己的言行符合礼。这是"仁"的旧观念。有若讲："孝悌也者，其为仁之本与!”(《学而》)用“孝”、“悌”这样的道德规范来维护奴隶制宗法等级制度,这也是“仁”的旧观念。所以,孔子讲“仁”,从其保守方面来说,是为了维护摇摇欲坠的奴隶主贵族统治,企图用道德说教来挽救奴隶社会的政治危机。“人而不仁,如礼何!”(《八佾》)反过来说,他以为确立了仁义道德的规范,礼制就巩固了。

不过,孔子对“仁”灌注了新意。在孔子以前,已经有人把“仁”从“爱亲”扩大到“爱人”。如单襄公说:“爱人能仁。”(见《国语·周语下》)孔子不仅用“爱人”来解释“仁”,而且提出“忠”、“恕”是实行“仁”的根本途径。他说:

> 夫仁者己欲立而立人,己欲达而达人,能近取譬,可谓仁之方也已。(《雍也》)

《论语》又写道:

> 子曰:“参乎! 吾道一以贯之。”曾子曰:“唯!”子出,门人问曰:“何谓也?”曾子曰:“夫子之道,忠恕而已矣。”(《里仁》)

所谓忠恕之道,就是推己及人:“己欲立而立人,己欲达而达人。”“己所不欲,勿施于人。”(《颜渊》)孔子说的“仁之方”,就是用推己及人的方式来实行仁。而要“推己及人”,实际上是以两个原则为前提:一是人道(仁爱)原则①,即肯定人的尊严,主张人和人之间要

① 本书用“人道原则”一词,以概括儒墨在伦理学上讲仁爱的原理,它同道家的“自然原则”和法家的“暴力原则”是相对立的。

互相尊重，建立爱和信任的关系；二是理性原则，即肯定人同此心，每个人的理性都能判断是非、善恶，所以“能近取譬”。

孔子以为，在天下万物中，人是最重要的。他说：“未能事人，焉能事鬼？”（《先进》）同鬼神相比较，首先应关心人。有一次，马厩失火被焚毁，孔子退朝归来，“曰：‘伤人乎？’不问马。”（《乡党》）同牛马相比较，也应首先关心人。“鸟兽不可与同群，吾非斯人之徒与而谁与？”（《微子》）人要和人相处，过社会生活，那就必须互相尊重、互相同情、互相信任。当然，孔子讲“仁爱”，有其鲜明的阶级性。他以为仁是君子的德性，小人是不可能有仁德的，即所谓“君子而不仁者有矣夫，未有小人而仁者也”（《宪问》）。不过，孔子在当时的历史条件下强调人道原则，是有进步意义的。

忠恕之道作为“仁之方”，在于“能近取譬”，即能够将心比心。《中庸》引《诗经》：“伐柯伐柯，其则不远。”伐木时自己手中有一根斧头柄可作标准，同样，社会生活中处理人和人的关系时，人们的理性也掌握着判断是非善恶的标准。孔子说：“唯仁者能好人，能恶人。”（《里仁》）仁者根据理性来判断是非，所以在处理人和人的关系时，好恶、爱憎都是合理的。在孔子看来，道德行为是发自人的内心（理性）的要求，因此他说：

> 仁远乎哉？我欲仁，斯仁至矣。（《述而》）

当然，必须看到，孔子由此引导到唯心论去了。不过这种尊重理性原则的思想，在当时是新观念，包含有合理因素。

《论语》中有一章讨论“三年之丧”。宰我以为居丧三年太久，周年就可以了。孔子反问他，居丧期间食稻衣锦，你心安理得吗？宰我说：安。孔子便说：

> 女(汝)安，则为之！夫君子之居丧，食旨不甘，闻乐不乐，居处不安，故不为也。今女安，则为之！……予(宰我)之不仁也！子生三年，然后免于父母之怀。夫三年之丧，天下之通丧也。予也有三年之爱于其父母乎？(《阳货》)

孔子说三年之丧是“天下之通丧”，这是贵族的保守观点，理应遭到学生的反对。但我们要注意的是孔子给三年之丧作辩护的论证方式。他以为君子出于对父母的爱和怀念，都自愿居丧，“食旨不甘，闻乐不乐，居处不安”，都是自然而然，合情合理的。在孔子看来，一切仁的行为都是内心的自然要求，既合情又合理。他批评宰我“不仁”，就是因为他认为宰我违背了情理。

总之，孔子的“仁”是“情”(爱心、同情心)和“理”(理性的要求)的统一，是人道原则与理性原则的统一。这是孔子以“仁”为核心的人道观的最本质的东西。把握了这一点，也就容易理解为什么孔子常常把“仁”与“知”并提了。

三、认识论与伦理学的统一

在“樊迟问仁”一章中，孔子把“仁”解释为“爱人”，接着把“知”解释为“知人”。在《里仁》篇中，他又说：

> 仁者安仁，知者利仁。

可见，孔子的“知”主要是指认识人们之间的伦理关系，认为有了这种认识，就利于实行“仁”，所以“知”是从属于“仁”的。显然他把德育放在第一位，把智育放在第二位。不过转过来说，没有“智”，也就没有真正的“仁”。孔子称道令尹子文“忠”，称道陈文子“清”，却不称许他们“仁”，“曰：未知，焉得仁？”（《公冶长》）就是说，“知”是“仁”的必要条件，对伦理关系没有正确的认识，就不可能有自觉的仁德。所以“仁”与“智”是统一的。

“仁”与“智”统一，也就是伦理学与认识论统一。孔子在认识论上确实提出了不少合理的见解。如：

> 知之为知之，不知为不知，是知也。（《为政》）

这话接触到了认识过程中的“知”与“不知”的矛盾。自知“不知”，也是一种“知”，并且是进一步求知的开始。又如：

> 子绝四：毋意，毋必，毋固，毋我。（《子罕》）

是说，不要有私意，不要强加于人，不要固执，不要自以为是。这颇有一些实事求是精神，反对了主观主义。后来被荀子进一步发展为“解蔽”的学说。又如：

> 学而不思则罔，思而不学则殆。（《为政》）

这话接触到了学习与思考的辩证关系，学习而不思考则迷惘而失去方向，思考而不学习则空洞而陷于危殆。所以必须把二者结合起来。又如：

> 多闻择其善者而从之，多见而识之。（《述而》）

是说，要在多见多闻，即在积累丰富的感性知识的基础上再加以选择，取其善者而弃其不善者，还要“默而识之”，把握其中原理。又如：

> 今吾于人也，听其言而观其行。（《公冶长》）

是说，言与行要求一致，判断一个人是否真正有知识、才能、德性，不能只听他口头上讲的，主要是看其行动。如此等等，都是符合认识规律的论点。孔子在认识论上的贡献（我们在下一节里还要论及），为多数哲学史家所公认。

但是，决不能说孔子已经达到唯物主义的认识论。恰恰相反，他是个唯心主义者。他强调理性，却认为人的判断道德是非的能力是天赋予的。他说：“天生德于予。”（《述而》）在知识、才能、德性的来源问题上，他是先验论者。他虽然不承认自己是“生而知之”者，却认为有生而知之的圣人，他们天生就具有最高的理性和智慧。他说：“唯上知与下愚不移。”（《阳货》）认为上智与下愚都是先天决定的，不可改变的。还说：“不知命，无以为君子也。”（《尧曰》）并自称：“五十而知天命。”（《为政》）他以“天命”作为认识的终极目标，这当然是唯心主义的理论。

这里需要着重指出的是：孔子的仁智统一学说，以为认识论即是伦理学，所以他的认识论命题都具有伦理学意义。从认识内容来说，“知”主要是“知人”；“学”主要是“学以致其道”（《子张》）；“思”主要是“言思忠，事思敬，疑思问，忿思难，见得思义”（《季氏》）等等。认识过程其实也就是德性培养过程：“知”代替“不知”，克服“意、必、固、我”，学与思结合，言与行一致……正是通过这样的过程，人的美德被培养起来。这使我们很自然地联想起苏格拉底的观点：美德即知识。美德是可以教育成的。[①] 拿苏格拉底和孔子从各方面作比较，不是本书的任务。不过不妨说，孔子的仁智统一说和苏格拉底的“美德即知识”说本质上确是相似的。

作为一个教育家，孔子的目标就是要培养仁智统一的理想人格。他自己以“学而不厌、诲人不倦”（《述而》）的品德为学生树立了榜样。孔子对学生说：

> 二三子以我为隐乎？吾无隐乎尔。吾无行而不与二三子者，是丘也。（同上）

他坦白地把自己的心交给学生，对学生毫无隐瞒。这样，师生之间就形成了一种互相了解，充分信任的气氛。在教育上，只有充分信任，才能严格要求。孔子说：“爱之，能勿劳乎？忠焉，能勿诲乎？”（《宪问》）对一个人有爱心，就要劝勉他；对一个人忠诚，就要教导他。所以，诲人不倦正是仁的表现和忠恕之道的贯彻。同时也

---

① 参见柏拉图：《美诺篇》，王晓朝译：《柏拉图全集》第 1 卷，人民出版社 2002 年版，第 519—536 页。

正是出于爱心和忠诚，孔子在教学上主张启发式，说“不愤不启，不悱不发；举一隅不以三隅反，则不复也。”（《述而》）“启发”一词就是从这儿来的。孔子很善于启发学生自己动脑筋，并进行因材施教，循循善诱。现在当我们读到《论语》中师友切磋与共同“言志”的那些章节，还能深切感受到当日弦歌诵读声中的那种生动情景，这确实是有利于人的真实性格的培养的。

仁智统一的理想人格的培养，既要靠集体的帮助，也要靠个人的主观努力。因此，孔子很强调立志。他说：“苟志于仁矣，无恶也。”（《里仁》）以为一个人只要有崇高的志向，发挥主观能动性，坚定不移地努力，那就一定可以做一个仁人。孔子叙述自己的为学过程说：

> 吾十有五而志于学，三十而立，四十而不惑，五十而知天命，六十而耳顺，七十而从心所欲不逾矩。（《为政》）

这不是说十五岁以前没有学，而是说十五岁才确立“志于仁”、“志于道”的终生努力的方向，从此“学而不厌”。孔子有见于人的意志的力量，说：

> 三军可夺帅也，匹夫不可夺志也。（《子罕》）
>
> 志士仁人，无求生以害仁，有杀身以成仁。（《卫灵公》）

一个人始终不渝地志于仁，从事于仁，不断提高认识和觉悟，可以达到“仁者不忧，知者不惑，勇者不惧”（《宪问》）的思想境界，在必须作出牺牲时可以杀身成仁。这种坚持原则，勇于为理想而斗争的精神，在中国历史上产生了积极的影响。

不过，孔子以为，德性本是天赋予的，所以德性的培养，无非是唤醒天赋的道德准则，以至达到五十"知天命"，六十"顺天命"，七十能完全自由地按"天命"的规矩来行动。孔子的仁智统一学说，归根到底，是以唯心主义的天命论作为根据的。

四、"敬鬼神而远之"与"畏天命"

关于天道观，孔子谈得不多。孔子的学生已说："夫子之言性与天道，不可得而闻也。"(《公冶长》)孔子同子产一样，抱有"天道远，人道迩"(《左传·昭公十八年》)的态度，所以在鬼神问题上，他说：

> 务民之义，敬鬼神而远之，可谓知矣。(《雍也》)

把"敬鬼神而远之"作为智者的一个特征，这是理性主义的表现。《论语》上还说："子不语怪、力、乱、神。"(《述而》)"未能事人，焉能事鬼？""未知生，焉知死？"(《先进》)这些思想与春秋时期无神论思潮有联系，在当时是有启蒙作用的。

不过孔子并未由此引导到无神论和唯物主义。相反，他看到粗鄙的鬼神迷信起不了多大作用了，于是就努力把宗教迷信搞得更精致一些，建立了一种唯心主义的天命论，用它作为维护奴隶主统治的工具。孔子所说的"天"已不同于宗教的上帝：

> 天何言哉？四时行焉，百物生焉，天何言哉！(《阳货》)

这话颇有泛神论色彩。不过孔子讲"天命"时，这个"天"是一种抽象的精神，其实无非是人的理性和主观精神的绝对化。孔子认为"天命"是不可抗拒的，他说：

> 君子有三畏：畏天命、畏大人、畏圣人之言。小人不知天命而不畏也，狎大人，侮圣人之言。(《季氏》)

他把"天命"放在"三畏"的第一位，这显然是对地上奴隶主国家统治者"大人"的意志和命令以及奴隶社会的典籍(圣人之言)的神化。他还用"天命"解释历史，把历史说成是圣人根据"天命"创造的，说："唯天为大，唯尧则之。"(《泰伯》)认为尧效法天，创造了一套制度，于是尧、舜、禹、汤、文、武、周公代代相传。这套制度可以有所损益，但不会根本改变。这种历史观自然是形而上学的。

总之，孔子的伦理学说、认识论、天道观都是可以一分为二的，虽然各部分中的合理成分所占的比例不一样(例如，在认识论中的合理见解多一些)。从总体上看，孔子的哲学终究是一个唯心论的体系，但这个体系与其中的那些合理见解又是互相联系的。

把哲学史作为人类认识史的精华来看，孔子处在什么样的地位呢？孔子尊重理性，有见于人的主观能动作用，从而使他能提出一些合理见解；但也正因为他把理性原则和主观精神力量绝对化了，他才能构造一个唯心主义体系，以适应没落奴隶主阶级的政治需要。所以我们不能盲目地把孔子捧上天，也不能简单地宣布孔子的哲学是胡说，把它一棍子打死。那都是形而上学的办法。我们运用辩证唯物主义的观点来对孔子的哲学进行具体分析，就会看到它不是没有根基的，它包含着人类认识的辩证运动的一个特征或一个必要的环节，即理性的能动作用。孔子对这个环节作了初步的考察，提出了一些可贵的见解，值得我们批判地加以吸取；但是，他把这一个环节片面地发展了，变成了直线，成为脱离物质的神化了的绝对，建立了中国哲学史上第一个重要的唯心主义体系。这里面也包含着极深刻的理论教训。孔子的哲学在中国历史上产生了非常深远的影响，对于它的积极贡献和消极作用，我们都不能忽视。当然，要真正批判地克服它，从辩证法意义上扬弃它，还需要做许多工作。

第二节 墨子以及儒墨之争
——经验论与先验论的对立

墨子是先秦时期声望仅次于孔子的重要思想家。他所创立的墨家学派一开始就是作为儒家的对立面而出现的。如果说孔子的哲学思想具有贵族的色彩，那么墨子则可以说是平民的哲学家。儒墨并称为“显学”，儒墨之争贯串于整个战国时代。

一、平民的哲学家

墨子（约公元前 468 年—前 376 年）①姓墨名翟，春秋战国之际鲁国人，做过宋国的大夫，在宋国活动了较长的时间。

---

① 关于墨子的生卒年代，司马迁的《史记》没有确定的说法，近世不少学者对此作了考证，持论各异，此采孙诒让说。

从墨子一生的活动来看，他属于“士”阶层。但他自称“贱人”（见《墨子·贵义》，本节以下引《墨子》只注篇名），当过造车子的工匠（见《鲁问》），经常从平民的立场来反对贵族的主张。可以说，墨家学派主要代表了从奴隶制向封建制转变过程中平民和小私有财产者的利益。平民阶层原来是奴隶社会里统治者氏族中的普通成员，有人身自由，地位比奴隶高，但也劳动，也受奴隶主剥削，并经常被氏族用来作为战争的工具，所以对奴隶主贵族有强烈的不满情绪。在社会大变革中，这个阶层不断分化，少数人上升为地主，绝大多数转变为封建制度下的小生产者，有的日益贫困，沦为奴隶或农奴。

墨子的思想保存在《墨子》[①]一书内。

据《淮南子·要略》说，“墨子学儒者之业”，早年也学儒家的一套，后来批判了儒家，“背周道而用夏政”。墨子对周礼基本上是持批判的态度的，他反对儒家提倡的“厚葬”、“久丧”，还主张“非乐”。不过他也很喜欢称引《诗》、《书》，还谈到《百国春秋》，这些大概就是他用来教学生的教材。他反对儒家的复古主义，说：“吾以为古之善者则述[②]之，今之善者则作之，欲善之益多也。”（《耕柱》）这是对孔子讲的“述而不作，信而好古”的批评。所以就当时

① 此书系墨家学派思想的总集。据《汉书·艺文志》著录：“《墨子》七十一篇”，而现存仅53篇，其中绝大部分是墨子的思想和活动记述。另有一部分则是在战国中期以后出现的后期墨家的作用，如《经》上下，《经说》上下，《大取》、《小取》等。还有《备城门》等11篇，讲防御战术和守城工具，一般认为较晚出。

自西汉中期以后，儒学被定于一尊，墨学日渐衰微，成为“绝学”。《墨子》一书只是借道教经典的汇集《道藏》才得以保存，直到清代，才又引起学者们的重视。《墨子》的注释，主要有清毕沅校注的《墨子》、孙诒让的《墨子间诂》和吴毓江的《墨子校注》等。

② “述”原作“诛”，依孙诒让校改。——增订版编者

政治思想领域中的问题——“古今”、“礼法”之争来说，儒墨是对立的。

墨子在政治上提出“尚贤”、“尚同”的主张。他说：

> 官无常贵，而民无终贱，有能则举之，无能则下之。（《尚贤上》）
>
> 列德而尚贤，虽在农与工肆之人，有能则举之，高予之爵，重予之禄。（同上）

这些言论反映了平民阶层在社会大变动中要求改善地位的愿望。墨子以为只要各级统治者是“贤者”，就可以按最高统治者的意图来统一天下的是非，而不致异说纷纭。他说：

> 天子发政于天下之百姓，言曰：“闻善而（与）不善，皆以告其上。上之所是，必皆是之；所非，必皆非之；上有过则规谏之，下有善则傍（访）荐之。”（《尚同上》）

这就是所谓“尚同”。墨子还主张国与国之间应该“兼爱”、“非攻”，并领导他的团体积极推行这种学说。不过，由于墨家所代表的社会中间阶层有其软弱性，实际上不可能像法家那样提出解决当时社会问题的切实可行的方案。除了“尚同”（集权）这一点后来为法家所采纳以外，墨子企图用“上说下教”的办法来推行的“兼爱”、“非攻”、“尚贤”等主张，总的说来，只是空想。

孔子是个“四体不勤”、轻视劳动的人，而墨子是一个很有技术的工匠。有一些传说把他和当时最著名的工匠公输般(即鲁班)相混淆。墨子和他的学生禽滑釐等都善于制造守城的器械，以实行非攻的主张。正因为此，墨家很有科学精神，尤其是后期墨家从手工业劳动中总结出不少科学知识。不过在墨子本人那里，科学尚未能摆脱粗鄙的鬼神迷信的束缚。他讲“明鬼”，又说“天志”。在古代，下层人民要结成团体组织，往往利用宗教迷信形式。墨家学派是一个有严密组织的团体，其成员必须严格遵守墨子的思想原则，《淮南子·泰族训》说：为此要求其成员做到“赴火蹈刃，死不还踵”。墨子死后，这个团体仍然存在了很长的时间。这个团体的领袖被称为“巨子”，成员对巨子必须绝对服从。所以，一个有意志的人格神，对于这样的团体是必要的。这比之孔子“不语怪、力、乱、神”，显然是后退了。

在哲学上，墨子建立了一个经验论的体系来同孔子的先验论相对立。墨子的经验论闪烁着朴素唯物主义的光辉，但也有明显的狭隘经验论倾向。这同墨子的政治立场以及他对科学和迷信所持的矛盾态度是相联系着的。

以下我们通过儒墨的对比来论述墨子的哲学思想。

二、“兼爱”与功利主义

墨子和孔子一样，着重讲人道。只是“孔子贵仁，墨翟贵兼”(《吕氏春秋·不二》)。墨子提出“兼爱”来同孔子的“仁”相对立。“兼爱”是他的人道观(伦理思想)的中心观念。

孔墨虽然都讲“仁爱”、“爱人”，却有明显的区别。孔子说：“君子而不仁者有矣夫，未有小人而仁者也。”(《论语·宪问》)他认为君子中有成为不仁者，而小人是不可能成为仁者的。这显然是站在贵族立场说话。儒家讲“爱有差等”，以为在亲疏尊卑之间，爱是有差别的，可分等级的。墨子却提出“兼以易别”（《兼爱下》），就是要用“兼”来代替“别”。他称“兼爱”为“圣王之法，天下之治道”（《兼爱中》），认为天下的一切祸害皆起于人们之间“交相别”（互相对立），所以讲爱不应有亲疏、厚薄的差别，而应该是：

> 使天下兼相爱，爱人若爱其身。（《兼爱上》）
>
> 为彼，犹为己也。（《兼爱下》）

即要求爱别人就像爱自己一样，使彼此的利益兼而为一。墨子以为，只要能普遍实行“爱人若爱其身”，在上者“视弟、子与君若其身”（《兼爱上》），在下者“视父、兄与君若其身”（同上），以至“视人之家若其家，视人之国若其国”（同上），那就能达到一切“和调”（和谐、协调）。他说：

> 天下之人皆相爱，强不执弱，众不劫寡，富不侮贫，贵不敖贱，诈不欺愚。凡天下祸篡怨恨可使毋起者，以相爱生也[①]。（《兼爱中》）

这里，墨子描绘了一个没有矛盾的平等社会的图景，但他不明白社会治乱的客观根源，而是把“除害”、“兴利”的愿望寄托于“兼

---

① “以相爱生也”五字原文脱去，此从王念孙补。——初版编者

爱”的道德观念，这当然是十足的空想。不过，墨子的这种“兼爱”学说也包含有对传统的“亲亲”、“尊尊”的宗法观念的批判，反映了广大平民对奴隶社会的宗法等级制度的不满。在后来历代的农民起义中，我们可以不断地看到这种平等思想和批判精神的复活。因此，墨子的这一主张具有某种进步的社会意义。

当然，墨子提倡“爱人若爱其身”，也就肯定了人道(仁爱)的原则。就这一点说，“兼爱”和“仁”相通。正如墨子所说：

> 兼即仁矣，义矣。(《兼爱下》)

后期墨家在解释“仁”时说：

> 仁：爱己者，非为用己也，不若爱马者[①]。(《经说上》)

就是说，真正的仁爱一定是“爱人如己”，把每个人都看作是同自己一样的主体，而不是像牛马那样仅仅是供人使用的工具。这就更明确地表达了人道原则(肯定人的尊严，人的价值)。不过，孔子讲的忠恕之道，是人道原则与理性原则的结合，而墨子讲的“爱人如己”，却是人道原则与感性原则的统一。墨子以为，人们都要求免于饥寒，过富庶的生活。爱人如己，就要从这种感性的、肉体的要求来替人打算。孔子以为三年之丧是出于人内心(理性)的自然要求，而墨子却说：

① “者”，旧作“著”，从孙诒让校改。——初版编者

> 计厚葬为多埋赋之财者也，计久丧为久禁从事者也。财以（已）成者，扶而埋之，后得生者，而久禁之，以此求富，此譬犹禁耕而求获也。……此其为败男女之交多矣。以此求众，譬犹使人负剑[①]而求其寿也。（《节葬下》）

意思是说，“厚葬”就是把已成的财富埋到地下去，“久丧”就是长久禁止死者的子弟（后得生者）从事生产，并且也长久妨害男妇的婚配。正如禁止耕种不可能求收获，使人伏剑取死不可能求长寿一样，“厚葬”、“久丧”同“求富”、“求众”是根本相违背的。儒墨关于丧礼的争论，正体现了感性原则与理性原则的对立。

“富”和“众”作为人们感性的要求，也就是墨子所谓“利”的基本内容。儒墨在伦理思想方面的争论（感性原则与理性原则的对立），是围绕“义利”之辩而展开的。

《论语》上说：“子罕言利，与命与仁。”（《子罕》）是说，孔子很少谈功利，而很赞成讲天命、讲仁义。孔子还说：“君子喻于义，小人喻于利。”（《论语·里仁》）这是非功利主义的观点。而墨子则公开讲功利主义，他主张“兼相爱，交相利”，说：

> 仁人之事者，必务求兴天下之利，除天下之害。（《兼爱下》）

以为为天下兴利除害是一切道德行为的目的，离开这个目的，就不能叫作“仁人之事”。

---

① 孙诒让云：“负”、“伏”通。“伏剑”，谓仰剑刃身伏其上而取死也。——初版编者

在动机和效果的关系问题上，孔子强调动机，说："苟志于仁矣，无恶也。"(《论语·里仁》)以为只要真正确立了做仁人的志向，动机纯正，就不会有邪恶的行为了。而墨子则要求"合其志功而观焉"(《鲁问》)，即要把动机(志)与效果(功)结合起来考察。他又说：

> 仁义钧(均)，行说人者其功善亦多，何故不行说人也？(《公孟》)

实际上他强调效果。正因为要多得"功善"，所以他"上说下教"，到处奔走。

儒墨在伦理学说上的这种对立，即功利主义与非功利主义的对立，感性原则与理性原则的对立，是同认识论上的经验论与先验论的对立有机地联系着的。

三、"名实"之辩的开始

在先秦，认识论主要是围绕着"名实"之辩而展开的。

孔子在政治上主张"正名"，说："政者，正也。"(《论语·颜渊》)认为搞政治首先要"正名"。他讲的"君君、臣臣、父父、子子"(同上)，就是主张按周礼规定的等级名分来纠正当时的现实状况。这种理论，从认识论来说，就是用概念或名称去规定客观实在，把概念说成是第一性的，把客观实在说成是第二性的。这是一种先验论的观点。当然孔子的"正名"，主要是从政治上说的。

而墨子则明确地把"名实"关系作为哲学问题提出来了。他认为：瞎子也会说“皑[1]者白也，黔者黑也”(《贵义》)，但当你把白黑两种东西混在一起要他择取，他就不知道什么是白，什么是黑了，所以我们说瞎子不知黑白，“非以其名也，以其取也”(同上)。同样道理：

> 今天下之君子之名仁也，虽禹汤无以易之，兼仁与不仁而使天下之君子取焉，不能知也。故我曰：天下之君子不知仁者，非以其名也，亦以其取也。(同上)

就是说，当今的儒者虽然口头上也会讲仁，但他们并不知道如何区分具体事情中的仁与不仁。这里，墨子朴素地表达了一个很重要的思想：概念应该受实践经验的检验。如果只知道从名称、概念上分辨，而不知道在实际上对事物进行选择分别，那就不能叫做真正的知识。很显然，墨子肯定了客观实在是第一性的，而概念是第二性的，表明了他的唯物主义认识论立场。

关于名与实是否相符合的标准问题，孔子讲“能近取譬”，实际上是说，理性本身能衡量是非。后来孟子讲得更明确：“是非之心，人皆有之。”(《孟子 · 告子上》)就是说，人心皆能鉴别是非，真理标准就在人的理性思维中。而墨子却指出，判明是非、真伪的标准是客观的，说：

> 言必立仪。言而毋仪……是非利害之辩不可得而明知

---

① “皑”，旧作“巨”，从俞樾校改。——初版编者

也。(《非命上》)

这里的“仪”就是标准。墨子提出了判定言论是非的“三表”或“三法”：

> 有本之者，有原之者，有用之者。于何本之？上本之于古者圣王之事。于何原之？下原察百姓耳目之实。于何用之？发[①]以为刑政，观其中国家百姓人民之利。(同上)

意思是说，建立一种学说的依据或判断一种学说的标准是三条：第一，“上本之于古者圣王之事”，就是要以历史上圣王的经验为依据；第二，“下原察百姓耳目之实”，就是要考察人们的直接经验；第三，“发以为刑政，观其中国家百姓人民之利”，就是把这种学说付诸实施，看它的社会效果如何，是否真正对国家、人民、百姓有利。

墨子的“三表”足以说明他是朴素唯物主义的经验论者。他对人的感性经验抱有一种非常天真的信赖，相信感觉能给予客观实在，肯定人们能凭经验(见闻)来检验认识。他说：

> 天下之所以察知有与无之道者，必以众之耳目之实，知有与亡，为仪者也。请[②]惑闻之见之，则必以为有，莫闻莫见，

---

① “发”，旧作“废”。王念孙曰：“‘废’读为‘发’，‘废’、‘发’通用。——初版编者

② 孙诒让云：“‘请’当读为‘诚’。墨子书多以‘请’为‘情’，又以‘情’为‘诚’。”又云：“‘惑’与‘或’通。”——初版编者

则必以为无[①]。（《明鬼下》）

意思是，判断事物的有还是没有，就是凭大家的直接经验。耳闻目见的，一定是有的；无人听见看见的，一定是没有的。感觉所得表象同实在事物是直接符合的。这样无条件地肯定经验，就把感性原则绝对化了，陷入了形而上学。例如他论证鬼神的存在，只是凭借有很多人看到过（实际上是幻觉）以及听说过（实际上是谬传）。这就夸大了感觉经验的作用，甚至把虚幻的"众之耳目之实"也误为真知。这当然是狭隘经验论的观点。

关于感觉和思维、感性和理性的关系问题，孔子从理性原则出发，发表了一些可取的见解。他要求在多闻多见的基础上"默而识之"，并说：

君子有九思：视思明、听思聪、色思温、貌思恭、言思忠、事思敬、疑思问、忿思难、见得思义。（《论语·季氏》）

就是说，对感性的东西，要通过思考来把握其中的原则。所谓"视思明、听思聪、见得思义"（同上）就是要求人们从感性提高到理性，从感觉提高到思维。前一节论及，孔子善于启发学生自己动脑筋，举一反三，闻一知二，甚至闻一知十。"举一反三"就是要用思考来进行推理。

---

① "莫闻莫见，则必以为无"9 字旧脱，王念孙据下文及《非命》篇补，今从之。——初版编者

> 子夏问曰:"'巧笑倩兮,美目盼兮,素以为绚兮',何谓也?"子曰:"绘事后素。"问:"礼后乎?"子曰:"起予者商也!始可与言《诗》已矣。"(《论语·八佾》)

这段对话是说,一个女子有美的容貌,才能装饰;只有在一张洁白的纸或绢上,才能画出好的图画。由此进行类比,一个人必须先有纯洁的本质,才能进行礼乐的文饰,成为文质彬彬的君子。所以,当子夏问:礼节仪式是否在后呢?孔子回答说,是这样,并称赞子夏真的可以跟他讨论《诗》了,对自己也很有启发。这段对话运用的是类比的推理。虽然《论语》中除了讲"有教无类"外,没有明确提出"类"范畴,但孔子讲"能近取譬"、"推己及人"、"举一反三",说明他是很重视类比推理的。

墨子有狭隘经验论的倾向,但他实际上也非常重视在经验基础上进行逻辑思维。这方面,墨子可说是继承孔子而又大大前进了。孔子讲要"默而识之"(《论语·述而》),又说"温故而知新"(《论语·为政》),墨子把这两层意思综合起来,说:

> 谋而不得,则以往知来,以见知隐。谋若此,可得而知矣。(《非攻中》)

是说,思维(谋虑)要根据过去的经验来推知未来,从表面现象深入到隐蔽的本质。"以往知来,以见知隐",正是逻辑思维的本质特征。墨子很强调进行辩论时要遵守逻辑,他在驳斥对方时经常说:

> 子未察吾言之类，未明其故者也。（《非攻下》）

是说，你没有搞清楚我的话讲的是哪一类事情，有什么根据。他又说：

> 仁人以其取舍、是非之理相告，无故从有故也，弗知从有知也。无辞必服，见善必迁。（《非儒下》）

这是说，在进行论证驳斥时，肯定什么，否定什么，必须讲出一个道理来，没有根据的应听从有根据的，没有知识的应听从有知识的。

墨子在中国哲学史上第一个提出“类”、“故”、“理”三个逻辑范畴。这三个范畴是互相联系的，所谓“以其取舍是非之理相告”（同上），就是要“明故”、“察类”。

墨子认为，在进行辩论讲道理时，要依据“类”的范畴。《公输》篇记载墨子同公输般的辩论：

> 公输盘（般）为楚造云梯之械成，将以攻宋。子墨子闻之，起于齐，行十日十夜而至于郢，见公输盘。公输盘曰：“夫子何命焉为?”子墨子曰：“北方有侮臣者[①]，愿借子杀子。”公输盘不说[②]。子墨子曰：“请献十金。”公输盘曰：“吾义固不杀人。”子墨子起再拜曰：“请说之。吾从北方闻子为梯，将以攻

① “者”字原脱，从俞樾校补。——初版编者
② “说”，吴钞本作“悦”。——初版编者

宋，宋何罪之有？……义不杀少而杀众，不可谓知类。”公输盘服。

在这个辩论中，双方都承认杀人为非义之“类”。墨子说，你知道杀一人为不义，却替楚国造云梯去攻打无罪的宋国，要杀很多人，这当然不能说是“知类”了。

墨子也很善于运用“故”的范畴来探求事情的原因和行动的目的，以此作为立论的根据。墨子的“故”有两方面的意义：一是指事情发生的原因，如医病就要先考察“疾之所自起”（见《兼爱上》），即病因；二是指行动的目的，如造房子就要了解“何故为室”（见《公孟》）。提出一种政治学说，就一定要针对“乱之所自起”（见《兼爱上》）的原因，并说明实行这种学说能达到什么目的。

《兼爱中》说：

子墨子言曰：仁人之所以为事者，必兴天下之利，除去天下之害，以此为事者也。然则天下之利何也？天下之害何也？子墨子言曰：今若国之与国之相攻，家之与家之相篡，人之与人之相贼，君臣不惠忠，父子不慈孝，兄弟不和调，此则天下之害也。然则察[①]此害亦何用生哉？以相爱生邪[②]？子墨子言：以不相爱生。……凡天下祸篡怨恨其所以起者，以不相爱生也。是以仁者非之。既以非之，何以易之？子墨子言曰：以兼相爱、交相利之法易之。

---

① “察”，旧作“崇”，从俞樾校改。——初版编者

② “以相爱生邪”，旧作“以不相爱生邪”，从俞樾校改。——初版编者

这里讲了“所以为”的目的是要“兴天下之利，除天下之害”，而天下之害之“所以起”的原因在于“不相爱”。墨子将“所以为”与“所以起”两者结合起来，作为立论的根据，以论证其“兼爱”的学说，这就是墨子所谓“识其利，辩其故”（《兼爱中》）。

在墨子看来，当一个人能够“知类”（进行正确的类推）和“辩故”（立论有根据），就有了“取舍、是非之理”（《非儒下》）。逻辑思维之“理”，亦即墨子所谓“出言谈之道”（《非命中》）。《非命中》说：

> 凡出言谈，由文学之为道也，则不可而不先立义（仪）[①]法。若言而无义，譬犹立朝夕于员钧之上也，则虽有巧工必不能得正焉。然今天下之情伪未可得而识也，故使言有三法。

就是说，发议论，写文章的正确方法（逻辑法则），在于先立标准作为法式。如果讲话没有一个标准，那就好比在转动的陶轮上用标竿测量日影以定朝夕，即使再能干的工匠也无济于事。现在天下的真假、是非未能得到识别，所以为言谈确立“三法”：“有本之者，有原之者，有用之者。”（同上）三法的实质就在“识其利，辩其故”（《兼爱中》），而“法”也就是“规矩”的意思。墨子说：

> 今夫轮人操其规，将以量度天下之圆与不圆也，曰：中吾

① 毕沅云：“义”，《非命上》作“仪”。“义”、“仪”同。——初版编者

规者谓之圆，不中吾规者谓之不圆。是以圆与不圆皆可得而知也。此其故何？则圆法明也。匠人亦操其矩，将以量度天下之方与不方也，曰：中吾矩者谓之方，不中吾矩者谓之不方。是以方与不方皆可得而知之，此其故何？则方法明也。（《天志中》）

规为圆类之法，合乎规则为圆；矩为方类之法，合乎矩则为方。所以用“法”来量度言谈之是非，其实也就是要求“知类”，按“类”的标准进行取舍。可见，所谓“以其取舍、是非之理相告”，正是在于“明其故”与“察其类”。墨子提出“类”、“故”、“理”的范畴，是对逻辑的重要贡献。后期墨家对此又作了重大发展。

墨子在考察逻辑思维时，还有一个特点：不仅很重视目的因（所以为之故），而且要求指明达到目的应采取什么手段。墨子认为，孔子回答叶公子高问政的话：“善为政者，远者近之，而旧者新之”（远方的人都跑来接近你了，对待故旧如同新人，那就是政治搞好了），并没有触及问题的实质，重要的是应该讲明“所以为之若之何也”，即应指明采取什么方法才能达到“远者近之，而旧者新之”的善政（见《耕柱》）。墨子以为，理论不但要给人指出行动的方向，还要告诉人如何去做。他说：

言足以复行者常之，不①足以举行者勿常。不足以举行而常之，是荡口也。（同上）

---

① “不”字旧脱，从毕沅校补。——初版编者

他反对空谈，认为只有“足以举行”即能变为行动的言论才是可贵的。在言与行的关系上，墨子比孔子更强调行动的重要性，以为一切言论、论辩（逻辑思维）都要服从实践。

总之，就“名实”关系问题说，墨子的唯物主义观点是很鲜明的（尽管有狭隘经验论倾向），他在认识论与逻辑学上也提供了不少新的东西。

四、“非命”与“天志”

在“天人”之辩上，墨子既有朴素唯物主义的“非命”思想，又有“天志”、“明鬼”之类的宗教迷信观念，具有很明显的理论上的矛盾。

墨子批判了儒家的天命论。《公孟》篇写道：

> 公孟子曰：“贫富寿夭，齰[①]然在天，不可损益。”又曰：“君子必学。”子墨子曰：“教人学而执有命，是犹命人葆而去亓冠也[②]。”

就是说，儒家学说既讲“天命”不能改变，又要人学习，这就好像叫人包头发而不用帽子，是自相矛盾的。在墨子看来：

> 执有命者不仁。（《非命上》）
>
> 命者，暴王所作，穷人所述，非仁人之言也。（《非命下》）

① 毕沅云：“齰”同“错”。——初版编者

② “葆”，毕沅云：言包裹其发。“亓”，王引之云：古“其”字。——初版编者

与天命论相对抗，墨子强调人力。他说，禽兽有羽毛作衣服，有水草作食物；雄的禽兽不用耕地，雌的禽兽不用织布，而人则必须耕织才能生活：

> 赖其力者生，不赖其力者不生。君子不强听治即刑政乱，贱人不强从事即财用不足。（《非乐上》）

在这里，墨子把君子和贱人都看作是出“力”的，这并不正确，但他拿人和禽兽比较，指出人必须耕田、织布，才能生活，却触及到了人的本质特征（劳动），同时，也说明他代表的阶层很重视物质生产，对社会寄生虫是非常厌恶的。墨子还运用“三表”对“非命”作了有力的论证：根据实践经验，如果相信“天命不可损益”，人的智力不能有所作为，那么官吏们便不努力办事，农夫妇女便不努力耕织，结果就造成国家的“贫且乱”。而从历史事实来看，同样的时世，同样的人民，“在[①]于桀纣，则天下乱；在于汤武，则天下治。岂可谓有命哉?”（《非命上》）这些论证都是有说服力的。墨子的“非命”思想，批判了由孔子沿袭而来的传统的天命论，是奴隶制向封建制大变革时代的一种进步理论。

但墨子对“非命”作了狭隘经验论的论证：

> 自古以及今，生民以来者，亦尝见命之物，闻命之声者乎？则未尝有也。（《非命中》）

---

① “在”字旧脱，依毕沅补。——初版编者

这样用“百姓耳目之实”来论证“非命”，就显得可笑了。同样，他用见闻作标准来论证鬼神是存在的，不可怀疑的。并说鬼神能预知几百年以后的事，其智慧与圣人相比，就像耳聪目明的人同聋子瞎子相比，不知要高出多少倍。（见《耕柱》）墨子讲“天志”、“明鬼”，虽然是为了宣传和推行他的“兼爱”、“非攻”的学说，与孔子用天命论来维护没落奴隶制是不同的；不过，他宣传的这一类宗教迷信在客观上起着麻痹人民的作用。

墨子有时还把“天志”列为“三表”之一，他说：

> 我有天志，譬若轮人之有规，匠人之有矩。轮匠执其规矩以度天下之方圆，曰：中者是也，不中者非也。今天下之士君子之书不可胜载，言语不可尽计，上说诸侯，下说列士，其于仁义则大相[①]远也。何以知之？曰：我得天下之明法以度之。（《天志上》）

就是说：“天志”是天下万事万物的规矩，是区分是非、善恶的标准。所以，“天志”在墨子的哲学体系中，虽然不占主要地位，却也不是可有可无的偶然性因素。

墨子用“天志”来解释自然界和人类社会的一切现象，说：

> 且吾所以知天之爱民之厚者有矣。曰：以[②]磨[③]为日月星

① “相”，旧作“其”，从毕沅校改。——初版编者
② “以”，字旧脱，据道藏本、吴钞本补。——初版编者
③ “磿”旧作“磨”，此从王念孙校改。“磿”与“歷”通，犹言离也，分别之义。——初版编者

> 辰，以昭道之；制为四时春秋冬夏，以纪纲之；霣[①]降雪霜雨露，以长遂五谷麻丝，使民得而财利之；列为山川溪谷，播赋百事，为王公侯伯，以临司民之善否，使之赏贤而罚暴，赋[②]金木鸟兽，从事乎五谷麻丝，以为民衣食之财。自古及今，未尝不有此也。(《天志中》)

这完全是神学目的论：认为从天体运行、季节变化到降雨露以使五谷麻丝得以生长，都是"天之爱民之厚"的表现；建立国家制度，设立王公侯伯，进行统治、收赋税，使劳动者从事物质生产，也都是出于老天爷的意志。墨子看到了人的一切活动都是有目的的，目的就是"利"；而仁义或道德行为，就在于"欲求兴天下之利，除天下之害"(《非乐上》)，这是出于人的意志的有目的的活动。墨子有见于此，所以他讲功利主义，认为只要使人们真正"识其利，辩其故"(《兼爱中》)，那么，"兼爱"学说就不难推行。然而，他错误地把他的人道原则和功利主义推广到自然界，以为一切自然现象也都以人的利益为目的，而人的道德目的即是天的意志。这样，就成为神学的说教了。

总起来看，儒墨之争是先验论与经验论之争。墨子基本上是唯物论者(特别是在认识论上)，当然也有一些唯心论的东西；而孔子基本上是唯心论者，但也提出一些唯物论见解(主要也在认识论上)。孔子有见于理性的作用，所以能提出一些合理的见解；而墨子有见于实践经验的作用，在认识论和逻辑学上作出重大贡

---

① "霣"，旧作"雷"，从王念孙校改。——初版编者
② "赋"，旧作"贼"，从孙诒让校改。——初版编者

献。不过，墨子的实践观念是朴素的，具有局限性。他片面强调经验，以见闻作为事物有无的标准，从而陷入了唯心论和形而上学。在“天人”之辩中，他强调“非命”，固然有合理的一面，但把“天志”作为“三表”之一，那就很荒谬了。

第三节　《老子》："反者道之动"
——辩证法否定原理的提出

老子，相传是春秋时期的思想家，道家学派的创始人。据《史记·老子韩非列传》记载，老子即老聃，姓李，名耳，字伯阳，楚国苦县（今河南鹿邑东）厉乡曲仁里人，年龄比孔子大一些。老聃曾当过周王朝的“守藏室之史”（管理图书馆的史官），孔子在34岁时曾向他请教过有关古礼的问题。《史记》还说老聃是个“隐君子”，大概他晚年过隐居生活。

传统说法认为：《老子》一书[①]是春秋时期的老聃所作。“五四”以后，尤其是20年代至30年代，对此持疑义者渐多，提出了种种见解。本书采取的见解是：《老子》包含老聃的基本思想，但成书可能在战国初期，即在儒墨盛行之后，因为《老子》书中有些思想显然是针对孔墨而提出的。所以，我们以《老子》书为本位，将它放在孔墨之后进行论述。

---

① 《老子》流传至今有许多注释，主要有汉河上公《老子章句》、魏王弼《老子注》、明焦竑《老子翼》、近人马叙伦《老子校诂》、高亨《老子正诂》、任继愈《老子新译》等。过去流传的各种版本，包括唐初傅奕校定的《道德经古本篇》，均以《道经》为上篇，《德经》为下篇。1973年，从湖南长沙马王堆三号汉墓中发掘出的帛书《老子》甲乙本，是迄今所见的《老子》最古本子，以《德经》在先，《道经》在后。

一、"礼法"之争中的否定态度和复古主张

对当时政治思想领域的中心问题——"古今"、"礼法"之争，《老子》持否定礼法和主张复古的态度。

老聃本人是"隐君子"，即隐士之流。隐士也属士阶层，大概多数是破落的贵族。他们在社会大变革中丧失了政治、经济特权，失去了社会地位，但有文化知识。他们对社会现状以及各种变革是不满的，却也无能为力，因而提出"无为而治"的政治主张。《老子》对儒墨的道德说教不满，对法家主张变法、革新也有反感，都采取否定态度。孔子讲"举贤才"，墨子讲"尚贤"，对此《老子》都表示反对，说："不尚贤，使民不争。"(《老子·三章》，本节以下引《老子》只注章数)"绝圣弃智，民利百倍。"(十九章)对于礼和法，《老子》一概持反对态度。它说："礼者忠信之薄，而乱之首。"(三十八章)认为儒家要恢复西周礼治只能造成祸乱。又说："天下多忌讳，而民弥贫；民多利器，国家滋昏；人多伎巧，奇物滋起；法令滋章，盗贼多有。"(五十七章)对法家所主张的法治和富国强兵、发展生产的政策，《老子》也表示反对。

在"古今"关系上，《老子》强调"知古始"(十四章)[①]，即认识那远古的原始社会。《老子》对文明社会的历史作了总结，说："失道而后德，失德而后仁，失仁而后义，失义而后礼。"(三十八章)它把道、德、仁、义、礼依次排了一下，认为历史就是这样堕落的。孔子讲周礼，墨子用夏政，《老子》对夏商周三代都持否定态度，主张回到

---

① 通行本《老子·十四章》说："执古之道，以御今之有，能知古始，是谓道纪。"这段话在马王堆汉墓帛书中作"执今之道，以御今之有，以知古始，是谓道纪"。文字上有显著不同，但要求"知古始"是一样的。

小国寡民的社会中去，把原始社会那种不用“什佰之器”，不用交通工具，不用兵器，没有文字，“鸡犬之声相闻，民至老死不相往来”(八十章)的状况作为理想的社会。这种历史倒退论当然是错误的。

但是，《老子》对“古今”、“礼法”之争的这种态度，却具有批判精神。它不仅批判了礼和法，也批判了宗教迷信，说：“前识者，道之华，而愚之始。”(三十八章)还说：“天下皆知美之为美，斯恶矣。皆知善之为善，斯不善矣。”(二章)又说：“慧智出，有大伪。”(十八章)“难得之货令人行妨。”(十二章)它对文明社会所创造的“美”和“善”，文化知识和物质财富，都持批判的态度。可以说，《老子》哲学是对奴隶社会(文明社会)的自我批判。当然，它站在破落奴隶主贵族立场上进行批判，有很大的局限性。不过，由于《老子》作者是个很博学的人，掌握了丰富的文献资料，因而能从中概括出丰富的辩证法思想。从社会的客观条件来看，春秋战国之际生产和科学有了较大的发展，在天文、历法、音律、农学、医学、军事学以及某些政治家的言论中，萌发了许多朴素辩证法的因素，《老子》对此加以总结，故成为中国哲学史上第一个辩证论者。

二、“天人”之辩上的“无为”

《老子》哲学的最高概念是“道”。这个“道”是世界统一原理，也是宇宙的发展法则。

就“天人”之辩来说，孔墨着重讲人道，而《老子》着重讲天道。孔子讲仁，墨子讲兼爱，虽有不同，但是都强调人的尊严，主张对人要有爱心。《老子》却说：

> 天地不仁，以万物为刍狗；圣人不仁，以百姓为刍狗。（五章）

它以为自然界无所谓仁爱，圣人对百姓也不施仁爱，就像束草为狗，用作祭物，祭祀完了，就把它丢掉，根本无所谓爱憎。从天地的观点来看，人不过万物中之一物，所以不应强调人道原则。《老子》说："大道废，有仁义。"（十八章）认为像儒墨那样热衷于仁义，正是废弃了大道的表现。反过来说，真正要把握大道，那就应"绝仁弃义"。可见，《老子》把天道和人道对立起来，以为天道就是对人道的否定。

在《老子》那里，天和人的对立就是"无为"（自然）和"有为"（人为）的对立。《老子》提出"无为"的思想，有其两重性。一方面，"无为"即自然。所谓"道常无为而无不为"（三十七章），也即是说"道"对万物的作用是"生而不有，为而不恃，长而不宰"（十章）。"道"自然地而不是有意识地产生、推动、长成万物，自然地产生而并不把万物据为己有，自然地推动而并不自恃有力，自然地长成而并不为之主宰，"道"并不是一个有意志的造作者。这就否定了墨子的"天志"。《老子》在天人关系上是无神论者，态度比孔子鲜明。

《老子》把物之得于"道"者称为"德"，它讲的"德"和"道"的关系，类似于儒家讲的性和天命的关系。然而《老子》说：

> "道之尊，德之贵，夫莫之命而常自然。"（五十一章）

认为"道"和"德"所以尊贵，就在于物之得于"道"者出于自然，而并非出于谁的命令。《老子》又说：

人法地，地法天，天法道，道法自然。（二十五章）

意思是说，人要效法天地，而天地之“道”无非是自然法则。真正能效法天地之“道”的是圣人，圣人同“道”一样，“无为而无不为”（三十七章）。圣人的活动只不过是“以辅万物之自然而不敢为”（六十四章），即按“无为”的原则辅助万物自然运行，而不敢有意造作。这种尊重客观自然法则的态度是合理的，具有唯物主义精神。

另一方面，《老子》的“无为”是反对实践，叫人不要有所作为。它说：

不行而知，不见而名[①]，不为而成。（四十七章）

认为一个人不要实践经验就可获得知识，无所作为就可得到成功。这种观点当然是错误的。

《老子》虽不讲上帝，说“莫之命而常自然”（五十一章），但它把“归根”于道叫做“复命”。这个“命”具有规律性的意义，同时也是指自然命运。《老子》以为人在自然命运面前是无能为力的。它说：“天网恢恢，疏而不漏。”（七十三章）认为冥冥之中有个广大的“天网”，谁也逃脱不了它的支配。《老子》叫人顺从自然命运，这

---

① “名”，据《韩非子·喻老》引《老子》作“明”。“名”、“明”古通用。——初版编者

和儒家的天命论相通，和墨家的“非命”观点相反对。

可见，《老子》的“无为”思想也有其消极的一面。

三、“名实”之辩上的“无名”

在名实关系上，《老子》不同于孔墨，提出“无名”论。

《老子》一开始便说：

> 道，可道，非常道；名，可名，非常名。（一章）

认为可以用普通语言、概念表达的“道”和“名”，就不是恒常的“道”和“名”。它说：

> 道常无名。（三十二章）

认为“道”处于“无名”的领域，名言、概念不足以表达它。列宁说：“一般的含义是矛盾的：它是僵死的，它是不纯粹的、不完全的，等等，等等，而且它也只是认识具体事物的一个阶段，因为我们永远不会完全认识具体事物。一般概念、规律等等的无限总和才提供完全的具体事物。”[①]诚然，一般概念对于具体事物和宇宙发展法则，确实有不足以表达的一面，但《老子》未免夸大了这一面。它称“道”为“无名之朴”（三十七章）、“混成”之物（二十五章），并认为这个浑然一体的未经解剖的实体，不是感觉经验和理性思维所能把

---

① 列宁：《哲学笔记》，《列宁全集》第55卷，第239页。

握的。《老子》说：

> 视之不见，名曰夷，听之不闻，名曰希，搏之不得，名曰微，此三者不可致诘，故混而为一。其上不皦，其下不昧，绳绳不可名，复归于无物。（十四章）

把"道"说成是看不见、听不到、摸不着的，这也有一定的道理。因为世界统一原理、宇宙发展法则，当然非感官所能直接把握，因此也就不能用明（皦）、暗（昧）等概念来摹写它。但《老子》把这一点绝对化了，说什么"不出户，知天下；不窥牖，见天道"（四十七章），得出"塞其兑，闭其门，终身不勤"①（五十二章）的结论，以为只有塞住感觉的窍穴，关上认识的门窗，才能终身没有毛病。这是主张人闭目塞聪，与外界隔绝，导致了蒙昧主义。

所以，《老子》的"无名"论也有两重性，它对于感觉经验、理性思维的局限性有所认识，但夸大了这种局限性，完全否认感觉和概念的作用。可以说，《老子》哲学是对孔墨的人道原则的否定，也是对孔子的理性原则和墨子的感性原则的否定。

那么，怎样才能把握"道"呢？《老子》说：

> 为学日益，为道日损。损之又损，以至于无为。（四十八章）

就是说，搞学问，直接知识、间接知识每日增加，离"道"则日远，要

---

① 马叙伦曰："勤"借为"瘽"，《说文》曰："瘽，病也。"

认识“道”就必须不断地破除知识，达到“无为”。《老子》又说：

致虚极，守静笃。万物并作，吾以观复。（十六章）

就是说，把什么都破除，使心灵虚寂到极点，坚守清静无为，虽然客观外界事物纷繁复杂，我却只静观反复（即万物出于“道”而复归于“道”的循环往复）。这样，我就认识了常道，“知常曰明”（同上），也即获得真正的智慧了。《老子》还说：“涤除玄览[①]，能无疵乎！”（十章）认为心像一面镜子，把它洗干净，一点瑕疵都没有，这样就能把握“道”，达到“知常曰明”了。

《老子》的这种“静观”、“玄览”的认识论，也有其两重性。

一方面，要虚心，要破除主观性的东西。《老子》说：“不自见，故明；不自是，故彰；不自伐，故有功；不自矜，故长。”（二十二章）是说，一个人不要自我表现，不要自以为是，不要自我夸耀，不要自高自大，没有主观主义，就能获得成功和智慧。所以《老子》讲“涤除玄览”有其合理因素，就是不要掺杂丝毫的主观成见，按事物的本来面目来认识它。

另一方面，《老子》讲的静观是一种神秘主义的直觉。它说：“古之善为道者，微妙玄通，深不可识。”（十五章）以为这种微妙深远的直觉，非一般人所能了解，而只能用一些玄之又玄的话来形容它。还说：“用其光，复归其明，无遗身殃，是谓习[②]常。”（五十二章）就是说，用心灵固有的光，恢复它原来的智慧，不给自己带来祸

① “玄览”，马王堆汉墓帛书乙本作“玄监”，“监”即“鉴”。——初版编者

② “习”，傅奕本、帛书甲本作“袭”。“习”、“袭”古通用。——初版编者

害，就叫作因袭常道。这显然是先验论的观点。

四、辩证法发展史上的一个重要阶段

把《老子》的"无为"、"无名"思想综合起来看，虽然其中有唯物主义因素，但其整个哲学体系是唯心主义的。

它把"无为"、"无名"绝对化，认为"无"是世界第一原理，说：

> 天下万物生于有，有生于无。（四十章）

又说：

> 静为躁君。（二十六章）

它把"无"看作"有"的根源，把"静"看成动（"躁"）的主宰，把世界本原归结为"虚静"，这当然是唯心主义的观点。这样的"道"实质上就是一种"绝对精神"。《老子》说：

> 道生一，一生二，二生三，三生万物。万物负阴而抱阳，冲气以为和。（四十二章）

《老子》有时称"道"为"一"[①]，所谓"道生一"，即"道"自本自根，自生自成；"一生二"，即"道"分化为阴阳二气；阴阳二气的统一叫做

① 如二十二章："圣人抱一为天下式。"三十九章："昔之得一者，天得一以清，地得一以宁，神得一以灵，谷得一以盈，万物得一以生，侯王得一以为天下贞。"此"一"皆指"道"。

“冲气”(冲虚之气),由阴气、阳气、冲气三者产生万物,所以万物都包含阴阳的对立,而在冲虚之中得到统一。

在先秦哲学中,一些唯物主义者认为物质的气是万物产生的总根源,而《老子》则认为在气之外、在气之先有一个更根本的东西,就是“道”。由“道”产生气、产生天地万物。这样的宇宙形成论把“道”和物的关系头足倒置了。《老子》又说:“道生之,德畜之,物形之,势成之。”(五十一章)这是说,物都是从“道”产生出来的,“德”是物得之于“道”的本性,这种本性被赋予一定形体而成为具体事物,每一具体事物在一定形势下成长、发展。这就把客观事物看成是由“道”派生的第二性的东西了。这是客观唯心主义的哲学体系。

但同时,《老子》有很高的朴素辩证法成就。它提出“反者道之动”(四十章)的命题,指出事物向相反的方面转化是合乎规律的运动,在中国哲学史上首次提出否定原理,构成了辩证法发展史上的一个重要阶段。

《老子》认为,“道”不能用普通的概念、语言加以表达,所以说:“道隐无名”(四十一章)。但是否根本不能表达呢?也不是。在它看来,要如实地表达“反者道之动”(四十章),只有采取“正言若反”(七十八章)的方式,例如“大直若屈,大巧若拙,大辩若讷”(四十五章),“生而不有,为而不恃,功成而弗居”(二章),“曲则全,枉则直,洼则盈,敝则新”(二十二章)等等,都可说是“正言若反”的论断。

马克思说:“辩证法在对现存事物的肯定的理解中同时包含对现存事物的否定的理解。”[①]列宁也指出:“一般说来,辩证法就

---

① 马克思:《〈资本论〉第 1 卷第 2 版跋》,《马克思恩格斯选集》第 2 卷,第 112 页。

在于否定第一个论点，用第二个论点去代替它（就在于前者过渡到后者，在于指出前者和后者之间的联系等等）。”[①]《老子》说：“天下皆知美之为美，斯恶矣；皆知善之为善，斯不善矣。”（二章）表达了对事物的肯定的认识中包含着对它的否定。《老子》讲“正言若反”，对一般人都加以肯定的“第一个论点”，如“直者不屈”、“生而有”、“曲非全”，它用“第二个否定的论点”去代替它，如说“大直若屈”、“生而不有”、“曲则全”等等。《老子》一书列举有无、难易、长短、高下、先后、善恶、美丑、智愚、损益、荣辱等多种矛盾，并指出：

> 有无之相生也，难易之相成也，长短之相刑（形）也，高下之相盈也，音声之相和也，先后之相隋（随），恒也。[②]（二章）

就是说，不论哪一种矛盾，对立双方互相联系，互相转化，是恒常的规律。由此，《老子》作出了一般性的概括，说：

> 反者道之动。（四十章）

《老子》书中包含有不少军事辩证法，前人据此说《老子》是部兵书，实际不仅如此。《老子》把军事辩证法提高到一般辩证法。例如，它把“正复为奇，善复为妖”或“祸兮福之所倚，福兮祸之所伏”（五十八章）联系在一起，说明战势的奇与正、社会生活中的善与

---

① 列宁：《哲学笔记》，《列宁全集》第 55 卷，第 195 页。

② 引文据马王堆汉墓帛书。——初版编者

妖、祸与福都是互相转化的。又如，它把“兵强则灭，木强则折”[1]同“人之生也柔弱，其死也坚强；万物草木之生也柔脆，其死也枯槁”(七十六章)联系在一起，并得出结论：“坚强处下，柔弱处上”(七十六章)，说明柔弱胜刚强不仅是战争的规律，而且是人类和自然界的一般规律。从个别的辩证法因素概括出一般的辩证法原理，这正是《老子》一书的突出贡献。

从个别上升到一般，包含“类”范畴的运用。在这里，“类”范畴和矛盾分析联系着。《老子·十一章》：

> 三十辐共一毂，当其无，有车之用。埏埴以为器，当其无，有器之用，凿户牖以为室，当其无，有室之用。故有之以为利，无之以为用。

意思是说，车轮三十条辐拱一个毂，车毂中空，才有车轮的功用；抟和黏土作陶器，陶器中空，才有陶器的功用；开门窗造房子，房子中空，才有房子的功用。《老子》举了造车子、制陶器、造房子三个事例，进行类比，分析了“有”和“无”的矛盾关系，概括出一个原理：“有”给人以利益，是靠“无”起了作用。可见《老子》运用“类”范畴，在于通过类比和分析以揭示事物的矛盾本质。而作为归纳推理，这一章当然也是“故”范畴的运用。《老子》书中的“故”，除了普通逻辑的意义(即“所以”)外，也往往和矛盾分析相联系着。像这里的“故有之以为利，无之以为用”，《老子·二章》的“故有无

---

① 引文据《淮南子·原道训》、《列子·黄帝》。——初版编者

相生，难易相成……"等，都揭示了内部矛盾是事物的动因，运动即对立双方的相反相成。而像"不自见，故明；不自是，故彰"(二十二章)，"以其终不自为大，故能成其大"(三十四章)等，则是用"正言若反"的形式，表达了矛盾论点的转化。虽然《老子》并没有把"类"、"故"、"理"("道")作为逻辑范畴进行考察，但从其实际运用来看，已进入辩证思维的领域。

然而，《老子》的朴素辩证法有其局限性。列宁说："对于简单的和最初的'第一个'肯定的论断、论点等等，'辩证的环节'，即科学的考察，要求指出差别、联系、过渡。否则，简单的、肯定的论断就是不完全的、无生命的、僵死的。对于'第二个'否定的论点，'辩证的环节'则要求指出'统一'，也就是指出否定和肯定的联系，指出这个肯定存在于否定之中。从肯定到否定——从否定到保存着肯定东西的'统一'，——否则，辩证法就要成为空洞的否定，成为游戏或怀疑。"[①]列宁在这里完整地阐述了辩证思维的根本规律。《老子》讲"反者道之动"、"正言若反"，虽然正确地指出了简单的、肯定的论断(正题)中包含着差别、联系和转化，有见于思维"从肯定到否定"的辩证推移，但是它没有再往前进。它不知道对"第二个"否定的论点(反题)，还要求"指出否定的东西与肯定的东西的联系"，看不到"从否定到与肯定的东西的'统一'"，看不到发展是前进上升的运动。所以，《老子》的辩证法是半途而废的。

为什么会半途而废呢？可以从理论和实践两方面来说明。从理论上说，它以虚静为世界第一原理，把一切运动看作是出于

① 列宁：《哲学笔记》，《列宁全集》第55卷，第195页。

虚无又复归虚无的循环往复，这种唯心主义和循环论的观点最终使它的辩证法窒息了。从实践上说，《老子》作者的没落阶级的立场决定其只能是向后看而不是向前看。《老子》在讲了“反者道之动”以后，又接着讲“弱者道之用”，以为懂得了物极必反的道理，最好是坚守柔弱的地位，“知其雄，守其雌”（二十八章）。这是消极、保守的结论。

《老子》还说：“知其白，守其黑。”（同上）又说：“我愚人之心也哉，沌沌兮！俗人昭昭，我独昏昏。”（二十章）主张自处暗昧的地位，装作混混沌沌的糊涂样子。这是一种反动的处世哲学，而运用于政治则成为“君人南面之术”[①]。《老子》的“无为而治”，是对奴隶主阶级统治经验的一种总结，但也有可以为地主阶级服务的东西，如愚民政策就是。《老子》还提出：“以无事取天下”（五十七章），“国之利器不可以示人”（三十六章）。但不是真的“无事”，而是若无其事，不要露声色，要搞阴谋，弄权术，并认为，君主手里掌握的治国手段（权术）是不可随便拿出来给人看的。这种“南面之术”，为法家所吸取，在中国历史上产生了极坏的影响。

总之，《老子》一书既有精华，也有糟粕。把哲学史作为人类认识的辩证运动来看，孔子、墨子着重考察了人道，而《老子》着重考察的是天道。虽然《老子》否定人道原则有其片面性，但它提出了天道自然的思想，提出了辩证法的否定原理，因而在中国哲学史上有其重要的地位，对后世产生了深远影响。不过《老子》的朴素辩证法是半途而废的，它被包裹在唯心主义体系之中，所以也

① 班固撰，颜师古注：《艺文志》，《汉书》第 6 册，第 1732 页。

有很大的局限性。

第四节 《孙子兵法》以及法家之初起

孔子、老子、墨子虽然都提出了自己的政治主张，但在当时并非是当权者。春秋战国之际，各诸侯国有一些实际当权者，顺应历史潮流进行改革，他们的富国强兵的措施取得了显著成效。于是他们（或者是他们的门徒）就著书立说，总结富国强兵的经验，这就产生了法家和兵家。法家和兵家从一开始便是新兴地主阶级利益的代表者，生气勃勃，很有战斗精神。

在春秋末期，出现了一部很重要的兵家著作——《孙子兵法》。[①] 作者孙武，字长卿，齐国人，生卒年月已不可考，约与孔子同时。孙武曾被吴王阖闾任为将，率吴军击败楚国。

《孙子兵法》总结了丰富的战争经验，研究了战争发展的一般规律以及战略战术，是世界上最早的杰出的军事学著作。它的丰富的军事辩证法思想，在中国哲学史上占有一定的地位。

我们拿《孙子兵法》和《老子》比较一下，就可以看出它的军事

---

① 据《史记·孙子吴起列传》记载，孙武以《兵法》13篇见吴王阖闾，但《汉书·艺文志》著录《吴孙子兵法》为82篇，图9卷。据唐杜牧称："孙武书数十万言，魏武（曹操）削其繁剩，笔其精粹，成此书。"1972年山东临沂银雀山西汉墓中发现《孙子兵法》残简，并有《吴问》等佚文。今存本13篇。历来有曹操、杜佑、李筌、杜牧等11家注，现有上海古籍出版社1978年依据宋本校点整理的《十一家注孙子》，并附有银雀山汉墓中竹简和郭化若的今译。在银雀山西汉墓中，同时发现了《孙膑兵法》的残简。孙膑是齐威王时的人。《孙膑兵法》继承和发展了《孙子兵法》的思想，总结了战国前期的军事经验。可见《汉书·艺文志》上有《吴孙子兵法》和《齐孙子兵法》（即《孙膑兵法》）各一部的记载是正确的，而《孙子兵法》是在《孙膑兵法》之前。因此，今本《孙子兵法》中虽有个别描写战国时期战争规模的文句，但它基本上在春秋末期已成形，以后可能经过战国时人的润色的补充。

辩证法有着明显的特色。

《孙子兵法》在政治上主张法治，反对礼治。说："善用兵者，修道而保法，故能为胜败之政。"（《孙子兵法·形篇》，本节以下引《孙子兵法》只注篇名）即是说，善于领导战争的人，总是政治上有正确的道路，确保法制的施行，所以能掌握战争胜败的决定权。可见，它站在新兴地主阶级的立场上来研究战争。《老子》作者虽然也研究了兵法，却说："兵者不祥之器，非君子之器，不得已而用之"（三十一章），"以道佐人主者，不以兵强天下"（三十章）。《老子》对战争充满忧虑，反映出没落阶级的思想感情，而孙子从进步阶级立场出发，以积极、严肃的态度，强调研究战争的重要性。他说："兵者，国之大事也，死生之地，存亡之道，不可不察也。"（《计篇》）又说："兵，利也，非好也……非戏也。"（汉简《见吴王》）[①]他以为战争是关系到国家存亡，人民生死的大事；用兵是为国家之利，但不是好战，故不能把战争视同儿戏，而要认真地研究战争的规律，以求"能为胜败之政"（《形篇》）。

孙子强调"能为"，显然不同于《老子》的"无为"。《老子》由"无为"导致唯心主义，而孙子讲"能为"，则以朴素唯物主义为前提。

在战争中，怎样才能克敌制胜呢？孙子说：

> 明君贤将，所以动而胜人，成功出于众者，先知也。先知者，不可取于鬼神，不可象于事，不可验于度，而必取于人，知敌之情者也。（《用间篇》）

---

① 见《十一家注孙子·附录·银雀山汉墓竹简孙子兵法注释文》，上海古籍出版社 1978 年版，第 473、502 页。

孙子所谓的"先知"就是预见。他认为正确的预见不是来自求神问卜,不是用事例比附进行猜测,也不是用天象运转的度数作为验证,而是要从了解敌人真实情况的人中去取得。孙子的唯物主义态度是鲜明的。他要求从实际出发,认为要打胜仗,就必须有对客观情况的全面了解。他说:"知彼知己,胜乃不殆。知地知天,胜乃可全。"[①](《地形篇》)这里的"天"指气候、季节等条件,"地"指地形地势等条件。是说,掌握了这些自然条件,又了解了敌我双方在政治、经济、军事等方面的力量对比,那就可以取得全胜而无危险。毛泽东同志曾对孙子"知彼知己,百战不殆"(《谋攻篇》)的著名论断给予高度的评价,指出:"这句话,是包括学习和使用两个阶段而说的,包括从认识客观实际中的发展规律,并按照这些规律去决定自己行动克服当前敌人而说的;我们不要看轻这句话。"[②]可见,这句话是符合认识的辩证法的。

同时,孙子还把"为"看作是按照规律去创造条件的一个过程,他说:

> 昔之善战者,先为不可胜,以待敌之可胜。(《形篇》)

就是说,要先创造条件,使自己立于不败之地,以等待战胜敌人的时机。因为要战胜和消灭敌人就必须实行进攻,而进攻的时机却不完全由我方决定,也要看敌人是否暴露了弱点。从这个意义说:"胜可知,而不可为"(同上),即胜可以预见而不可强求。然而孙

---

① 通行本为"知天知地,胜乃不穷",据《通典》和杜佑注改。——初版编者
② 毛泽东:《中国革命战争的战略问题》,《毛泽东选集》第1卷,第182页。

子又说:“胜可为也。”(《虚实篇》)怎么“可为”呢?那就是要进一步创造条件:“敌虽众,可使无斗,故策之而知得失之计,作之而知动静之理,形之而知死生之地,角之而知有余不足之处。”(同上)就是说,敌虽众,但我可以创造条件,使之无法战斗。我经过筹算而知敌人计谋之得失,刺激一下敌军而知其动静的规律,我佯动示形以了解敌人所据地形的有利与否,挑动一次小战来了解敌人兵力哪一处强,哪一处弱。所以,我可以想办法促使敌人暴露弱点,以便决定进攻时机。孙子说:“善战者,致人而不致于人。”(同上)就是说:一个高明的指挥者能调动敌人而不被敌人调动,甚至“能为敌之司命”(同上),成为敌人命运的主宰者。孙子用流水来比喻用兵的灵活,说:“水因地而制流,兵因敌而制胜。故兵无常势,水无常形;能因敌变化而取胜者,谓之神。”(同上)所谓神,就是主观能动性发挥到了神妙的地步。这种主观能动性就表现在“知天知地”、“知己知彼”,认识了规律而又善于按照规律来创造条件,并根据敌情变化而灵活地采取作战方式。

总之,孙子讲战争中的“能为”,既要求从客观实际情况出发,又要求指挥者充分发挥主观能动性,确实包含朴素唯物主义和朴素辩证法的思想。

《孙子兵法》考察了战争中的许多矛盾,如敌我、主客、众寡、强弱、攻守、进退、奇正、虚实、动静、勇怯、劳逸、治乱、胜败、死生等等。并且认识到,这些对立面不仅互相依存,而且可以互相转化。如说:“乱生于治,怯生于勇,弱生于强”(《势篇》);“投之亡地然后存,陷之死地然后生”(《九地篇》)。这些思想都闪烁着辩证法的光辉。

孙子在《势篇》中着重研究了“奇正”的矛盾，说：

> 战势不过奇正，奇正之变，不可胜穷也。奇正相生，如环[①]之无端，孰能穷之？

这就是说，作战的态势不外乎“奇”与“正”，“正”是指正规的作战形式，“奇”是指灵活多变、出敌不意的战法。而奇正相生，变化无穷，就像圆环一样，无始无终，谁能穷尽它呢？但是，“三军之众，可使必受敌而无败者，奇正是也。”(《势篇》)正因为掌握了奇正矛盾转化的道理，所以指挥者能统帅三军作战，即使遭受敌人进攻也不致失败。孙子说：“凡战者，以正合，以奇胜，故善出奇者，无穷如天地，不竭如江河。”(同上)就是说，作战方式总是既要用正面部队迎敌，又要出奇兵取胜。善于出奇制胜的指挥者，战法变化无穷，能够造成像“激水之疾，至于漂石”那样迅猛的势，同时又能够抓住时机加以节制。孙子说：“善战者其势险，其节短，势如彍弩，节如发机。”(同上)就是说，善于作战的将帅，所造成的险峻的战势就像张得很满的弩弓，而抓住时机进行袭击，就像击发弩机把箭突然射出去一般。这里，孙子既讲了战势的奇正，又讲了“势”与“节”的关系，比之《老子》讲奇正显然是更为细密了。

当然，《老子》把军事辩证法提高到一般辩证法，更富于哲学意义。但是，《老子》的辩证法如前面所说是半途而废的，它指出了强弱、雌雄等许多矛盾，却说：“弱者道之用”，“知其雄，守其

---

① 通行本“环”前有“循”字，据汉简删。——初版编者

雌”，以为应该自处于雌弱的地位，不要发展到雄强方面去。孙子也指出了战争中的强弱、动静等许多矛盾，但他对待矛盾的态度与《老子》根本不同，主要着眼于如何促使矛盾转化，以赢得战争。例如，孙子说：

始如处女，敌人开户；后如脱兔，敌不及拒。（《九地篇》）

“如处女”可说是雌伏了，但这是为了迷惑敌人，使他不加防备，以便我发动突然袭击时，敌人无法抵抗。所以，我“静如处女”，正是为了向“动如脱兔”转化，以获得战争的胜利，而决不能老是“守其雌”。那么，在敌众我寡、敌强我弱时怎么办呢？孙子认为：“柔弱胜刚强”是不会自发地到来的。既要避免“以少合众，以弱击强”（《地形篇》），又要采取“形人而我无形”（《虚实篇》）的办法，诱使敌人暴露兵力，而不让敌人察知我方的情况。于是，我军便可以集中兵力来对付分散的敌人。“我专为一，敌分为十，是以十攻其一也，则我众而敌寡。能以众击寡者，则吾之所以战者，约矣。”（同上）这样，就能使总体上的敌众我寡转化为在局部上的我众敌寡。以众击寡，跟我作战的人很有限，我就能取得战役的胜利了。可见，正是由于孙子强调“能为”，所以他在如何依据辩证法来促成矛盾转化方面，提出了很好的见解。他的辩证法是向前看的，有积极进取的精神。

不过，《孙子兵法》也有其明显的局限性，它的辩证法思想仅限于军事领域。他说：“兵者，诡道也。”（《计篇》）在两军作战时，“能而示之不能，用而示之不用”，“利而诱之，乱而取之”，“佚而劳之，亲而离之，攻其无备，出其不意”（《计篇》）等等策略，都是可以用的；但稍加夸大，便可成为政治上的权术、待人接物上的卑鄙伎俩。并且，孙子终究是个地主阶级的军事家，他公开主张“掠于饶野，三军足食”，反映了他的剥削阶级的本性。还说：“能愚士卒之耳目，使之无知。”（《九地篇》）他根本不认识人民群众在战争中的作用，而过分强调了将帅个人的作用，这是唯心史观的表现。尽管如此，却应该承认，《孙子兵法》具有朴素唯物主义与朴素辩证法相结合的思想的萌芽，这是难能可贵的。

与孙子同时，越国的范蠡可视为法家先驱之一。范蠡，字少伯，楚国人，为越上将军，协助越王勾践灭吴，使越称霸中国。范蠡在中国古代经济思想史上有重要地位。他后来弃官经商，成为巨富，自称陶朱公。①

范蠡强调“随时以行”，“因时之所宜”（《国语・越语下》，以下所引范蠡之语，凡出自《国语・越语》，不再一一注明）。这是在“古今”之争上的法家立场。他所谓“因时”，包含两层意思：一是“时不至，不可强生；事不究，不可强成”。就是说，如果时机不成熟，条件不具备，就不能勉强去做，盲动蛮干。否则，便是“强索者不祥”，只能事与愿违。二是“得时无怠，时不再来”。是说，时不可失，一旦得到了时机，就不要等待和犹豫；如果错过时机，则“赢缩转化，后将悔之”。这种尊重客观现实，强调要不失时机地行动的观点，是朴素唯物主义的。

范蠡讲的天道，是指自然运行的规律。他说：“天道皇皇，日

---

① 《汉书・艺文志》著录《范蠡》2 篇，属“兵权谋家”，已佚。其言论见于《国语・越语下》和《史记・货殖列传》。

月以为常”;“日困而还,月盈而匡”。是说,天道是广阔的,日月都遵循着它而有往返、盈缩的运动变化。这里没有一点迷信色彩。范蠡又说:

> 天道盈而不溢,盛而不骄,劳而不矜其功。

他以为自然界是丰满、广大而运动不已的,但并不自满、自骄、自矜其功。这样的表述颇接近于《老子》。范蠡和《老子》一样,强调人要效法自然,并提出了“因”这个范畴。他说:

> 因阴阳之恒,顺天地之常,柔而不屈,强而不刚。
>
> 古之善用兵者,因天地之常,与之俱行,后则用阴,先则用阳;近则用柔,远则用刚。

这里讲的“因”,显然又不同于《老子》的“守柔”,而是主张按照条件不同,或则用柔,或则用刚,并且要柔中有刚,刚中有柔。

范蠡还认为天与人是互相作用的。他说:

> 天因人,圣人因天;人自生之,天地形之,圣人因而成之。

例如,吴王夫差淫于乐而忘其百姓,信谗言,杀忠臣,这是“人事”,是“人自生之”。而人事引起“天应”,产生了天灾,发生了“蟹食稻”这类怪异现象,这是“天地形之”。然后“圣人因天”,不失时机地发动了伐吴的战争,获得成功。这里含有人事会引起“天应”之类的不科学的成份，但基本思想是要求把人事与自然条件结合起来考察，这是合理的见解。范蠡说："夫人事必将与天地相参，然后乃可以成功。""时将有反，事将有间。必有知天地之恒制，乃可以有天下之成利。"这是说，人事变化与自然条件互相配合，是人们获得成功的必要前提。天时将有转化，人事会有隙可乘。因此，只有认识自然界恒常的法则，不失时机地行动，才可以造成天下人的利益。

范蠡所说的"因"，很接近于《管子》的"静因之道"。《国语·越语》中的范蠡的某些话，在《管子》的《势》和《形势》等篇中也可见到，并且在那里得到了发挥。① 《管子》中某些思想是春秋时就有的，但它成书在战国时期，现在已无法确定书中哪些思想是管子本人的、哪些是后人的，哪些是春秋时期的、哪些是战国时期的。就现存的著作来说，《管子》的黄老之学为法家奠定了哲学基础，而范蠡则可以说是其先驱者。

---

① 如《管子》的《形势》篇中的"持满者与天，安危者与人"，就是《越语》中范蠡说的话，《越语》作"持盈者与天，定倾者与人"。《势》篇中有："天因人，圣人因天，天时不作，勿为客；人事不起，勿为始。""修阴阳之从而道天地之常，赢赢缩缩，因而为当。死死生生，因天地之形。天地之形，圣人成之，小取者小利，大取者大利，尽行之者有天下。"这些话，也很像是对范蠡思想的发挥。

第三章
百家争鸣的高潮

到战国时，新的封建制度在各诸侯国先后确立。三家分晋（公元前 403 年）、田氏代齐（公元前 386 年），标志着新兴地主阶级在各诸侯国陆续取得了政权。随后，地主阶级便运用政权力量实行变法，进一步打击奴隶主势力，以巩固和发展封建制。在战国初年，魏文侯任用李悝，首先在魏国变法。接着吴起在楚国变法。稍后，齐威王任用孙膑、田忌等人，韩昭侯任用申不害，也进行了一些改革。而规模更大的是战国中期秦国的商鞅变法。

新兴地主阶级的变法运动，在思想理论上有强烈的反映。围绕着社会制度变革中的许多问题，各个阶级、各政治集团、各学术派别都提出了自己的见解和主张。同时，改革的胜利促进了生产力的发展和科学文化的繁荣。这样就使得开始于春秋末期的“百家争鸣”在战国中、后期达到了高潮。齐国首都临淄的稷下是百家争鸣的一个集中场所。齐国给稷下学者以优厚待遇，让他们著书立说。临淄成了全国的学术文化中心。

第一节 《管子》和黄老之学

一、法家和黄老之学的合流

在稷下的学者中,有不少法家和黄老学派。《管子》中保存了他们的著作。[①]《韩非子·五蠹》说:"藏商、管之法者家有之。"《管子》和《商君书》[②]被认为是法家的代表。1973年马王堆汉墓出土四种佚书,即《经法》、《十六经》、《称》、《道原》,大家都认为是黄老学派的著作,而它们的基本思想都可以从《管子》中的《心术》上下、《白心》、《内业》、《枢言》、《势》等篇中找到,[③]所以《管子》也是

---

① 《管子》相传是春秋时齐国管仲所撰,实是战国时期齐国稷下学者的著作集。不过《管子》中的某些篇反映了管仲的事迹和思想。管仲(?—公元前645年)即管敬仲。名夷吾、字仲,春秋初期政治家。早年曾经商,后被齐桓公任为卿,历40年,进行政治制度和经济制度的改革,富国强兵,帮助齐桓公以"尊王攘夷"相号召,使其成为春秋时第1个霸主。《管子》附有刘向叙录。据叙录说,《管子》书共有564篇,除去重复的480篇,实际是86篇。刘向所编定的是86篇。《汉书·艺文志》著录《管子》86篇,现有的《管子》照目录还是86篇,实存76篇,基本上还是刘向编辑的样子。关于《管子》的注解,主要有:唐尹知章(旧题房玄龄)的注;清戴望的《管子校正》,此书把在他之前清朝各家研究《管子》的成果集在一起;郭沫若、闻一多、许维遹的《管子集校》,这部书包括了以前所有的注解,它的《序录》对于《管子》书以前的版本作了考证。

② 《商君书》亦称《商子》。大约是商鞅后学在战国末年编成的,基本上代表了商鞅的思想。《汉书·艺文志》著录29篇,现存24篇。注解有近人朱师辙《商君书解诂》等。

③ 四种佚书和《管子》中的《心术》上下、《白心》、《内业》、《枢言》、《势》等篇中类似的话很多,兹举数例对照如下:

四种佚书	《管子》诸篇
1. 道生法。(《经法·道法》)	法出乎权,权出乎道。(《心术上》)
2. 三名:一曰正名立而偃,二曰倚名法(废)而乱,三曰强主立而无名。(《经法·论》)	名正则治,名倚则乱,无名则死。(《枢言》) 正名自治,奇名自废。(《白心》)
3. 天因而成之。夫并时以养民功,先德后刑,顺于天。(《十六经·观》)	故不犯天时,不乱民功。秉时养人,先德后刑。顺于天,微度人。(《势》)
4. 一之解,察于天地;一之理,施于四海。(《十六经·成法》)	一言之解,上察于天,下极于地。(《内业》)

黄老之学的代表。法家原是实际的政治家，而道家学派的一部分转向地主阶级，假黄帝、老子之名来著书立说，称为黄老之学。黄老之学和法家相结合，就为法家提供了哲学基础。《管子》正好说明了这一点。

讲到《管子》中的黄老之学，就涉及到书里的《白心》、《内业》和《心术》上下这四篇的作者问题。郭沫若写了《宋钘、尹文遗著考》一文[①]，认为这四篇是宋、尹的著作。他作了考证，主要根据是《庄子・天下》在论述宋钘、尹文的学说时，有"以此白心"一语。这个问题还可以继续研究。先秦著作中提到宋、尹的地方很多，特别是《庄子》和《荀子》。《庄子・天下》说宋、尹"接万物以别宥为始"，"以禁攻寝兵为外，以情欲寡浅为内"，还主张"见侮不辱"等。《荀子》也说宋钘有"人之情欲寡"、"见侮不辱"等主张，并把宋钘与墨子归于同一学派。宋、尹的这些突出的思想，在《心术》等四篇中都没有。因此，很难说这四篇是宋、尹的著作。

另一种意见是把《心术》等篇归之于稷下黄老学派或"稷下唯物派"，而把《管子》的其他多数著作归之于"齐法家"。冯友兰先生就持这种看法。[②] 这虽有一定的道理，但是未免把齐国的黄老之学和法家截然割裂开来了。我以为，《管子》一书的特点，正在于黄老之学和法家相结合，而并非是黄老与法家两派著作的杂拌。《管子》诚然有其"杂"处（例如，掺杂有阴阳家的著作），但按其基本倾向来看，正代表了稷下黄老学派与法家的合流。

《管子》明显地站在新兴地主阶级的立场上。在古和今的关

---

① 此文收入《青铜时代》一书，中国人民大学出版社 2005 年版，第 184—204 页。
② 详见冯友兰的《中国哲学史新编》（第 1 册），人民出版社 1962 年版。

系上，它提出：

> 不慕古，不留今，与时变，与俗化。（《管子·正世》，本节以下引《管子》只注篇名）

就是不迷信古代，也不停留在今天，一切政策措施要随着时代和习俗而变化。这是鲜明的法家观点。关于礼和法的问题，《管子》说：

> 圣君任法而不任智，任数而不任说，任公而不任私，任大道而不任小物，然后身逸而天下治。（《任法》）

就是说，圣君治国，依靠法制而不依靠个人才智，依靠术数而不依靠说教，凭公正而不讲私利，掌握“大道”而不管琐碎小事。这样就可以“垂拱而天下治”（《尚书·武成》），即“无为而治”。但这和《老子》讲的无为而治显然是不同的。《管子》在这里讲的法治，也不尽同于商鞅，因为它并不主张废弃礼，说：“所谓仁义礼乐者，皆出于法，此先圣之所以一民者也。”（《任法》）认为仁义和礼乐也是统治人民的工具，它们同出于法，是从属于法的。《管子》说：

> 法者，所以同出，不得不然者也，故杀戮禁诛以一之也。故事督乎法，法出乎权，权出乎道。（《心术上》）

这就明白地告诉我们，法作为仁义礼乐之共同根据，是必须遵守的，所以要用杀戮禁诛的强制手段使大家统一于法。一切事都要用法来考察，而法所根据的权衡标准则出之于道。《管子》强调用法来衡量社会生活中的一切，并且从理论上论证了法来源于道，这样便把法家和黄老之学结合起来了。

《管子》一书的特点，还在于它是一部杰出的经济理论著作，在中国古代经济思想史上具有极重要的地位。[①]《管子》作者在对商品生产、贸易、货币等经济现象的分析方面，提出了许多独到见解，它的“轻重”理论（主要讨论在商品流通中的谷物、货币与万物之间的对比关系）尤为突出。《管子》明确指出，财富起源于劳动与土地的结合。它说：“地非民不动，民非作力毋以致财。”（《八观》）又说：“力地而动于时，则国必富矣。”（《小问》）这使人很自然地联想起威廉·配第（Willian Petty）[②]关于土地是财富的母亲、劳动是财富的父亲的说法。正是这种包含科学因素的见解，使得《管子》的哲学具有朴素的唯物主义精神。

《管子》所谓的道，首先是同经济相联系的。它说：

> 凡治国之道，必先富民。（《治国》）
>
> 是故治民有常道，而生财有常法。道也者，万物之要也。为人君者执要而待之……非兹是无以理人，非兹是无以生财。（《君臣上》）

---

① 参看胡寄窗的《中国经济思想史》第1卷，上海财经大学出版社1998年版。

② 威廉·配第（1623—1687年），英国资产阶级古典经济学的创始人，主要著作为《赋税论》。

在《管子》作者看来，要治国，首先必须发展生产，使财富增长；君主之所以需要道，就在于它能富国富民，因而把握了道也就是抓住了万事万物的枢要。《管子》中著名的《牧民》篇一开头便说："凡有地牧民者，务在四时，守在仓廪。国多财则远者来，地辟举则民留处，仓廪实则知礼节，衣食足则知荣辱。"《管子》以为，政治的安定，道德的进步，都以物质生活的改善为前提。这话虽然是从"有地牧民者"即封建统治者的观点出发的，却包含着合理的因素。封建的生产方式是以地主对农民的超经济的强制为条件的，这也反映到《管子》的经济理论中。它说："为国者……民欲佚而教以劳，民欲生而教以死。劳教定而国富，死教定而威行。"（《侈靡》）意思是说，民众都好逸恶劳、爱生怕死，统治者应运用政治权力对民众进行"劳教"与"死教"，以贯彻法家的农战政策。这实际上是说，为了使封建统治阶级的国家富强，必须强迫人民劳动并到战场上送死。这种主张固然有其历史的理由，却是非常残酷的。

综上所述，不难看出《管子》的经济理论是把"道"和发展封建经济联接在一起，为法家的农战政策作了论证。这正表明了它的特点：法家和黄老之学的合流。

二、在哲学上对《老子》的改造

从哲学上来说，什么是《管子》所谓的"道"呢？我们从"天人"之辩和"名实"之辩这两个方面，来看《管子》和黄老之学是如何改造《老子》的学说，从而为法家提供哲学基础的。

《管子》讲的道和德的观念，很明显是出自于《老子》的。

虚无无形谓之道，化育万物谓之德。（《心术上》）

无[1]为之谓道，舍之之谓德。（同上）

以虚无、无为来形容道，和《老子》是一致的。把道说成是天地万物的总原理，把德说成是具体事物所以然的原理，这和《老子》讲的“道生之，德畜之”（《老子·五十一章》）也相一致。不过道在黄老学派那里，已不是原来《老子》的道——“先天地生”的超时空的绝对精神。《管子》对道作了唯物主义的改造，它所谓的道，就是指气和它的运动规律性。在《管子》书中，道和气往往通用。比如在“气者，身之充也”（《心术下》）和“道者，所以充形也”（《内业》）这两句话里，道和气没有什么区别。再比如它用“其大无外，其小无内”（《心术上》）来形容道，也用同样的话“其细无内，其大无外”（《内业》）来形容气，认为气充满于天地之间，可以说是无限大；但是气又是物质的最小单位，可以说是无限小。

《管子》把气或精气看成天地万物的本原。它说：

有气则生，无气则死，生者以其气。（《枢言》）

精也者，气之精者也。（《内业》）

凡物之精，比[2]则为生，下生五谷，上为列星。流于天地之间，谓之鬼神。藏于胸中，谓之圣人。是故名气[3]。（同上）

---

① “无”字前旧有“以”字，从俞樾说删。——初版编者

② “比”，旧作“此”，从石一参说改。——初版编者

③ “名气”，旧作“民气”，“民”字当是“名”字，从何如璋说改。——初版编者

就是说，物的精气相互结合，就产生出种种东西：地面上生长五谷，天空中分布列星。精气流动于天地之间，成为鬼神；精气藏于胸中，就自然产生智慧，成为圣人。《管子》用精气流动来解释所谓鬼神，并说："智者役使鬼神而愚者信之。"（《轻重丁》）这是鲜明的无神论观点。至于人的生命，那也是"天出其精，地出其形"（《内业》），两者（精气和形气）结合起来才形成的。有了生命才有精神："气道乃生，生乃思，思乃知。"（同上）这实际上是认为气是第一性的，思想、认识等精神现象是第二性的。这是唯物主义观点。但《管子》说"灵气在心"（同上），把精神归结为一种精微的物质，以为圣人能够把精气"藏于胸中"（同上），就自然具有智慧。这种说法，没有分清精神与物质的界限，不可避免地要导致先验论和神秘主义。

《管子》给规律（"则"）下了一个定义，说：

> 根天地之气，寒暑之和，水土之性，人民鸟兽草木之生，物虽甚多[①]，皆均有焉，而未尝变也，谓之则。（《七法》）

就是说，规律是依存于物质（气）的，规律是天时、水、土、植物、动物以及人类等各种各类事物中共同的稳固不变的东西。这是对规律或法则的唯物主义的解释。《管子》还明确地指出，自然规律是不以人的主观意志为转移的，"天不变其常，地不易其则，春夏秋冬不更其节，古今一也"（《形势》）。自然界的变化是自然而然的，"天也[②]，莫之能损益也"（《乘马》）。人们如果遵循规律的话，就会成

---

① "物虽甚多"，旧作"物虽不甚多"，从许维遹说改。——初版编者

② "天也"，旧作"天地"，从郭沫若说改。——初版编者

功，否则就要失败："顺天者，有其功；逆天者，怀其凶。"(《形势》)这是对"天人"之辩的唯物主义回答。但《管子》强调的是顺应自然，而不是改造自然。

在"名实"之辩上，黄老学派也对《老子》作了改造。《管子》说：

> 物固有形，形固有名，名当谓之圣人。故必知不言、无为之事，然后知道之纪。(《心术上》)

"不言之教"、"无为之事"、"道纪"等是《老子》的语言。但《管子》说"名当谓之圣人"，认为名称和客观实在相一致，才算是圣人的智慧。这是唯物主义的观点，不同于《老子》的无名论。那么，怎样才能名实相当呢？《管子》说：

> 洁其宫，开其门，去私毋言，神明若存。(同上)

就是说，使心灵("宫")或理性保持清明，打开感觉的门窗，排除私心杂念，智慧就产生了。很显然，这里说的"开其门"正和《老子》相反。《老子》要人们"塞其兑，闭其门"(《老子·五十六章》)，完全否认人通过感官去接触客观物质世界的必要性。而《管子》的"洁其宫"和《老子》的"涤除玄览"(《老子·十章》)则是一脉相承的。"洁之者，去好过也。"(《心术上》)就是要心灵在认识事物时排除主观的偏爱、成见。《管子》打譬喻说："馆不辟除，则贵人不舍焉。故曰，不洁则神不处。"(同上)意思是，房子不打扫干净，贵人就不会来住；

心灵不干净，智慧也不会来住。又说：

> 其所知，彼也[①]；其所以知，此也。不修之此，焉能知彼？修之此，莫能（如）虚矣。虚者，无藏也。（《心术上》）

在这里，《管子》用“此”和“彼”把认识主体（“所以知”）和认识对象（“所知”）区分开来。指出：一个人不修养好认识的主体，怎么能把握认识的对象呢？要修养好认识的主体，就莫如虚。所谓虚，就是不要存有任何主观成见和偏爱。《管子》认为理性和感性的关系犹如君臣，说：

> 心之在体，君之位也。九窍之有职，官之分也。……心术者，无为而制窍者也，故曰君。（同上）

正如君主领导百官，理性对感性也居于领导地位。怎样领导呢？也是无为而治。“心术”即思维方式和思想方法。正确的思维方式是“无为而制窍”，要让理性处于无为的地位，用无为的理性来支配感觉的门窗。

> 无为之道，因也。因也者，无益无损也。以其形因为之名，此因之术也。（同上）

---

① 旧本“彼也”上无“其所知”3 字，从王念孙说补。——初版编者

就是说，对客观对象不能掺杂一点主观的损益，要按照事物的本来面目来反映（形），从而给以名称、概念，这就是“因”或“静因之道”。《心术上》说：

> 因也者，舍己而以物为法者也。感而后应，非所设也；缘理而动，非所取也。

静因之道就是要抛弃主观成见而如实地反映（效法）客观事物。感触事物而后有反应，并非出于主观设想；遵循规律而行动，并非随意采取办法。《管子》把主观反映客观，名称符合实际比喻为“影之象形，响之应声也”（《心术上》）。这是唯物主义的反映论。但它强调了认识的被动一面，忽视了人在认识中的主动作用，因而是消极的直观的反映论。

总之，黄老学派对《老子》的“无为”、“无名”的学说作了改造，基本上成为直观唯物主义体系了。有唯物主义代替唯心主义，这是一个进步，但是辩证法却比《老子》少了。因为黄老学派讲“道”，是为了给“法”提供哲学基础。马王堆出土的《经法》第一句话就是“道生法”。《管子》也说：“事督乎法，法出乎权，权出乎道。”（同上）按照《老子》的辩证法，“法令滋彰”要向反面转化，导致“盗贼多有”。而法家和黄老学派却要给“法”以至高无上的权威，所以他们需要的是独断论的“道”。

三、《管子》为“法”提供了哲学基础

黄老的“道”又是怎样给“法”提供哲学基础的呢？《管子》着

重论证了“法”以“道”为根据。《七法》讲治国有七个原理，第一个是“则”，即要掌握规律。它说：

> 错（措）仪画制，不知则不可。
>
> 不明于则，而欲出号令，犹立朝夕于运均（钧）之上，摇竿而欲定其末。

就是说，要制定法令标准、规划各项制度，就非知道客观法则不可；如果不懂得法则就发号施令，那就好比在转动的陶轮上树立测定日影的标竿，是一定要失败的。《管子》强调法律和制度都要依据客观的道，具有唯物主义精神。不过，当《管子》拿法与道作比附时，也有欺骗性的一面。它说：“天覆万物，制寒暑，行日月，次星辰，天之常也；治之以理，终而复始。主牧万民，治天下，莅百官，主之常也；治之以法，终而复始。”（《形势解》）这里把自然界的“治之以理”和君主的“治之以法”进行类比，把两者都说成是常道，也就是把地主阶级的“法”说成是完全符合客观的永恒真理了。这当然是一种独断论。

《管子》不只是从“天道”给“法”找根据，它在谈到治国之道时，通常总是既讲“天道”，又讲“人情”。它说：

> 神圣者王，仁智者君，武勇者长，此天之道，人之情也。（《君臣下》）

《管子》以为，人之情都是“得所欲则乐，逢所恶则忧”；“见利莫能勿就，见害莫能勿避。”(《禁藏》)这是法家和墨家所共有的人性论观点。正是从这种人性论出发，《管子》认为，统治者要“得人之心”，就必须富国富民。但是，人们“好恶不同，各行所欲”(同上)，彼此的欲望往往互相冲突；并且“物有多寡，而情不能等”(同上)，物质财富也不能总和人的要求相一致。因此，需要有“法”来作权衡标准，以约束人们的行动。《管子》给“法”下定义说：

尺寸也，绳墨也，规矩也，衡石也，斗斛也，角量也，谓之法。(《七法》)

法者天下之仪也，所以决疑而明是非也，百姓所悬命也。(《禁藏》)

法是衡量一切的尺度，判断是非的准则，进行赏罚的标准，所以对百姓是生命攸关的东西。“夫法之制民也，犹陶之于埴，冶之于金也。故审利害之所在，民之去就，如火之于燥湿，水之于高下。”(《禁藏》)就像用黏土制作陶器、用金属进行冶炼一样，统治者根据人民的趋利避害的本性来制定法律，“圉之以害，牵之以利”(同上)，用害(即用刑罚)来制裁，用利(即用赏赐)来引诱，于是便可以使人民在法律面前就范。这就是《管子》所谓“牧民之道”。

对这种“牧民之道”，《管子》既给以天道观和人性论的根据，又对它作了认识论的论证。《管子》在认识论上说“心之在体，君之位也”(《心术上》)，把理性和感性的关系比喻为君和臣的关系。转过来，它又说：“君之在国都也，若心之在身体也。道德定于上，则百姓化于下矣。”(《君臣下》)在《管子》看来，老百姓为君主服役、劳力者为劳心者服役，同感性受理性指挥、肉体受心灵指挥，是同样的道理。它说：

> 是故以人役上，以力役明，以形役心，此物之理也。心道进退，而形道滔迁。进退者主制，滔迁者主劳。(《君臣下》)

这里，《管子》区别了“心道”和“形道”，以为心灵能掌握进退的尺度，处于控制地位；而肉体则屈伸俯仰，专门从事劳动。《管子》以为，统治者应掌握“心道”。“心术者，无为而制窍者也，故曰君。”(《心术上》)君主应处于“无为”的地位，“毋先物动，以观其则”(同上)，如果凭主观意志先物而动，那便看不清客观法则和正确的权衡标准了。《管子》说：“人之可杀，以其恶死也；其可不利，以其好利也。是以君子不怵乎好，不迫乎恶，恬愉无为，去智与故。……是故有道之君，其处也若无知，其应物也若偶之，静因之道也。”(同上)就是说，因为一般的人好利恶死，所以可以对他们施用刑罚的手段；而君子是要掌握权衡标准的，所以必须不受所爱好的东西的诱惑，不受所厌恶的事情的逼迫，恬静愉快地无为，去掉一切主观的图谋与巧诈。掌握了道的君主，虚静自处，好像无知无识，而对事情的反应若合符契，这就是“静因之道”在政治上的运用。《管子》又说：“是以圣人之治也，静身以待之，物至而名之[①]。正名自治，奇名自废[②]，名正法备，则圣人无事。”(《白心》)这里的“正名”是名当于实，“奇名”是名不当实。有道之君运用静因之道来对待

---

① 这句旧本作“物至而名自治之”，从陶鸿庆说删“自治”2字。——初版编者

② 这2句旧本作“正名自治之，奇身名废”，从王念孙说改。——初版编者

事物，使名实相当，法制完备，就可以无为而治了。这种政治学说包含着唯物主义精神，有其合理之处。但是，法家所说的“正名”，在政治上无非是要巩固封建等级制度的“名分”。所谓“君子食于道，小人食于力，分也”[①]（《君臣下》），就是让那掌握封建主义道理的地主阶级永远骑在劳动人民头上。而法家所说的“无为”，并不是什么事也不做，而是要君主处于“寂乎其无端也”（《九守》）的地位，不动一点声色，静以制动，阴以制阳，以阴谋术数驾驭臣下。这当然是反动的。

第二节　儒法之争与孟子性善说

一、儒法之争与子思、孟子

孔子死后，儒家发生了分化。子夏为魏文侯师，他的弟子李悝、吴起都成了著名的法家，领导了魏国和楚国的变法。然而，儒家中也有一部分人坚持礼治、复古的主张，成为战国初期和中期新兴地主阶级变法的阻力。

商鞅变法就曾遭到以甘龙、杜挚为代表的保守派的反对。甘龙说：“知者不变法而治。”杜挚说：“法古无过，循礼无邪。”（见《商君书·更法》）这种主张法古循礼，反对革新变法的论调确实是接近儒家的。当时商鞅批驳他们说：

> 前世不同教，何古之法？帝王不相复，何礼之循？（同上）

① “分也”，旧本作“分民”，从吴志忠、李哲明说改。——初版编者

即认为时代已经变化，政治制度也应随之而改变，历代帝王都是"各当时而立法，因事而制礼"。所以，他的结论是："治世不一道，便国不必法古。""反古者未必可非，循礼者未足多是也。"(《商君书·更法》)因此，从一定意义上说，"古今"、"礼法"之争最集中地表现在儒法两家的对立，而这种对立在一定阶段里反映了地主阶级要求变法和奴隶主阶级要维护周礼、反对变法的斗争。然而能否由此推广开去，说儒法之争始终是两个阶级、两条道路的斗争呢？显然不能。即使在战国时期也不能把这个问题简单化。

子思和孟子是战国初、中期的大儒。子思(公元前 483 年—前 402 年)，姓孔，名伋，孔子之孙，相传曾受业于曾子。"子思之儒"和"孟氏之儒"是比较接近的两派，都主张"法先王"。《中庸》是子思之儒的著作[①]。它说："仲尼祖述尧舜，宪章文武。"并称引孔子的话："吾学周礼，今用之。吾从周。"(《礼记·中庸》)就"古今"、"礼法"之争来说，《中庸》是明确地主张复古和礼治的。这是保守的观点。不过，它又说：

> 愚而好自用，贱而好自专，生乎今之世，反古之道，如此者，灾及其身者也。……虽有其位，苟无其德，不敢作礼乐焉。虽有其德，苟无其位，亦不敢作礼乐焉。

《中庸》作者自居于有德而无位，所以他不敢作礼乐。而且他认为

---

① 《史记·孔子世家》说子思"尝困于宋。子思作《中庸》"。虽然现存《中庸》中说："今天下车同轨，书同文，行同伦"，应是在秦统一以后的话，但《中庸》的主要思想是战国时期子思之儒的学说。

当时是“国无道”的时代，应该采取“既明且哲，以保其身”的态度；为了避免灾及其身，最好不要公开坚持复古之道。他又说：“君子依乎中庸，遁世不见知而不悔，唯圣者能之。”就是说，他遵循中庸之道，逃遁避世，不见知于世也无悔意。“中庸”本来是孔子提倡的道德。孔子说：“中庸之为德也，其至矣乎！民鲜久矣。”(《论语·雍也》)《中庸》也引了这句话。什么是“中庸”呢？“中”就是不偏不倚，无过与不及；“庸”就是平常的意思。“中庸之道”就是要求人们对矛盾采取调和、折衷的态度。在社会斗争非常剧烈的战国时期，子思之儒特别标榜“中庸”，以此作为处世哲学，要求君子“时中”，善于随条件变化而无时不“中庸”，说：

> 君子素其位而行，不愿乎其外：素富贵，行乎富贵；素贫贱，行乎贫贱；素夷狄，行乎夷狄；素患难，行乎患难。(《礼记·中庸》)

就是说，君子总是安于素常所处的地位而为其所当为，并不企慕自己本分外的事物。这种安分守己，庸言庸行的处世态度，名曰中庸，其实很近乎乡愿。这样的儒者，虽然保守，却是能顺应地主阶级的统治的。

至于孟子，那又是另一种情况。孟子(约公元前 372 年—前 289 年)名轲，字子舆，邹(今山东邹县东南)人，受业于子思的门人，一度任齐宣王的客卿。孟子生活于战国中期，他从事政治活动的主要场所是齐、梁。当时，齐、梁已经过变法，封建地主阶级统治很巩固。齐、梁的统治者采纳兵、法两家富国强兵的政策，而认为孟子的学说“迂远而阔于事情”[①]，都没有采用他的学说。孟子以后主要是从事教育实践，其思想主要保存在《孟子》一书中。[②]孟子虽然“言必称尧舜”（《孟子·滕文公上》，本节以下引《孟子》只注篇名），公开宣扬回到尧舜、三代去，但他并非是奴隶主阶级的代言人，而是新兴地主阶级的思想家。

马克思在《路易·波拿巴的雾月十八日》中说：“正如在日常生活中应当把一个人对自己的想法和品评同他的实际人品和实际行动区别开来一样，在历史的战斗中更应该把各个党派的言辞和幻想同它们的本来面目和实际利益区别开来，把它们对自己的看法同它们的真实本质区别开来。”[③]马克思曾讲到当时法国的奥尔良派和正统派都力求复辟自己的王朝，都这样自我标榜，而且，正统派还保持着封建门第的高傲的态度；但是他们实际上代表的是资产阶级的金融资本和地产两大集团。英国托利党人长期自认为热衷于王权、教会，直到危急关头才承认他们实际上仅仅热衷于地租。因此，我们判断历史人物，不能仅仅根据他们口头上讲什么，而应看他们实际上维护什么。

孟子受业于子思的门人，所受的教育和接受的传统大体上是从孔子经曾子、子思传下来的那一套。孟子口口声声要“法先王”，并在“先王之道”的旗号下提出他的“仁政”学说。但他的“仁政”学说，按其真实本质来说，是代表了地主阶级的利益。孟子实

---

① 司马迁：《孟子荀卿列传》，《史记》第7册，中华书局1959年版，第2343页。

② 《孟子》是研究孟子思想的主要资料，一般认为是他和其弟子万章等所著，注释主要有东汉赵岐的《孟子章句》、南宋朱熹的《孟子集注》、清焦循的《孟子正义》和近人杨伯峻的《孟子译注》等。

③ 马克思：《路易·波拿巴的雾月十八日》，《马克思恩格斯选集》第1卷，第611—612页。

际上是寄希望于齐、梁的封建统治者，希望他们能统一中国。他对齐宣王说：

> 闻诛一夫纣矣，未闻弑君也。(《梁惠王下》)

这话明显地是在为地主阶级作辩护，认为像田成子那样夺权是合理的。孟子认为行"仁政"就必须恢复井田制，然而这并不是要复活西周的井田制，而是主张给每个农户"五亩之宅，树之以桑"，"百亩之田，勿夺其时"①(《梁惠王上》)。以便使老百姓可以过温饱的生活。"黎民不饥不寒，然而不王者，未之有也。"(同上)他认为，"无恒产者无恒心"(《滕文公上》)，故"明君制民之产，必使仰足以事父母，俯足以畜妻子，乐岁终身饱，凶年免于死亡。然后驱而之善，故民之从之也轻"(《梁惠王上》)。就是说，如果给每个农民以土地，使他们安居乐业，当权者就容易统治了。

孟子所谓给农民以"恒产"，目的何在呢？列宁说："农民在自己的份地上经营的'自己的'经济，是地主经济存在的条件，其目的不是'保证'农民获得生活资料，而是'保证'地主获得劳动力。"②同样，孟子主张给农民以恒产的目的是要把农民束缚在土地上。他要农民"死徙无出乡"(《滕文公上》)，正是要保证地主有足够的劳动力。在封建社会中，小农经济是地主经济存在的条件，

---

① 根据洛阳金村战国铜尺和商鞅量来推算，当时 1 尺合今 0.23 公尺，6 尺为步，步百为亩，百亩合今 31.2 亩。详见杨宽的《试论中国古代的井田制度和村社组织》一文，收入杨著《古史新探》一书中，中华书局 1965 年版。

② 列宁：《地主从徭役经济到资本主义经济的过渡》，《列宁全集》第 3 卷，人民出版社 1984 年版，第 161 页。

所以，地主对农民处于矛盾的关系中：一方面要让农民经营小私有经济，保证地主有劳动力；另一方面，地主又必须拥有直接支配农民的个人权力，以实行超经济强制，地主如果没有这种权力，就无法强迫有小私有经济的农民为他劳动。这种两重性大体上决定了整个封建时代中地主阶级对农民的统治策略：既要运用暴力进行强制，又要施一点所谓的“仁政”，使农民不致离乡背井，脱离土地。农民脱离土地就不成为劳动力，也就使地主失去了剥削的对象。在中国历史上，在农村公社解体以后，小家庭农业（和家庭手工业相结合）是劳动力和劳动条件（土地）保持统一的主要形式。正是这种小农经济，成为地主经济存在的条件，成为封建统治的广阔基础。孟子提出给五口之家的农民以“百亩之田”、“五亩之宅”（《梁惠王上》），还可以养蚕、养家畜家禽等等，正是鉴于这一点。孟子说：

> 诸侯之宝三：土地、人民、政事。（《尽心下》）

就是说，首先要有土地，要有劳动力，并且让劳动力与土地相结合，然后才谈得上政治统治。孟子说的“保民而王”（《梁惠王上》）、“得乎丘民而为天子”（《尽心下》），都是强调政治统治以保住劳动力为前提。于是，他提出了著名的论题：

> 民为贵，社稷次之，君为轻。（同上）

当然孟子讲的“民贵君轻”并不等于民主主义思想，在当时的历史条件下，也不可能产生民主主义思想。但是，这一思想后来经常为宣传民主主义的人所引用，在历史上起了进步作用。孟子打着复古的旗号，在这一点上，他不及法家进步；但是孟子比较重视劳动力，看到小农经济是地主经济存在的条件，看到了农民的力量，这一点却比法家要看得远一些。

二、“王霸”、“义利”之辩

孟子不同于子思的“遁世”的态度，他好辩。在当时百家争鸣中，孟子用他的“仁政”即王道学说同许多家进行了辩论。他认为自己的使命是“距杨墨”。他骂杨墨：

> 杨氏为我，是无君也；墨氏兼爱，是无父也。无父无君，是禽兽也。(《滕文公下》)

杨朱是道家的一派，主张“为我”，“全性保真，不以物累形”(《淮南子·氾论训》)，代表不与当权者合作的破落的奴隶主阶层的利益，所以孟子骂他“无君”。墨子讲“兼爱”，反对爱有差等，在一定程度上批评了宗法观念，所以孟子骂他“无父”。中国的奴隶社会崩溃后，宗法制度并未遭到根本破坏，而地主经济和小农经济都要求维护宗法制度。杨、墨这两派是从奴隶社会传下来的学派，他们的这些思想不利于封建地主阶级的统治，所以孟子首先要“距杨墨”(《滕文公下》)。

孟子也批判了当时地主阶级中一些实际掌权者，他说：

> 善战者服上刑，连诸侯者次之，辟草莱任土地者次之。

(《离娄上》)

“善战者”指兵家，如孙膑；“连诸侯者”指主张合纵连横的纵横家，如张仪；“辟草莱者”指“任地力之教”的法家，如李悝、商鞅。孟子对法家的农战政策作了猛烈的抨击，但孟子与法家的争论是地主阶级内部两派的争论。归根到底，是前面说的地主阶级对农民的立场的两重性的反映。

“礼法”之争发展到孟子与法家之间的争论已成为“王霸”之辩，或“德力”之争。孟子说：

> 以力假仁者霸……以德行仁者王。(《公孙丑上》)

他认为有两种政治思想，有两条统一天下的道路：一叫王道，行仁政，以德服人；一叫霸道，假仁义之名，以力服人。孟子反对霸道，即反对法家的农战政策。他说：“保民而王，莫之能御也。”“不嗜杀人者能一之。”(《梁惠王上》)他反对当时诸侯国之间的兼并战争，以为只要行仁政教化，就能无敌于天下。这当然要被人认为是“迂远而阔于事情”。而法家则强调暴力。《商君书》说：

> 凡明君之治也，任其力，不任其德。(《错法》)
> 汤武致强而征诸侯，服其力也。(《算地》)

法家是公开主张通过兼并战争来统一中国的。《商君书》还说：“礼乐，淫佚之征也；慈仁，过之母也。”“刑生力，力生强，强生威，威生德，德生于刑。”(《说民》)认为像儒家那样讲仁义礼乐，只能造成淫佚，使人犯罪；只有用刑罚、暴力，实行农战政策才可使国家富强，人民服从统治者的权威，才能产生好的道德风尚。可见，当时在王与霸、德与力的关系问题上，儒法两家的观点是对立的。

与“王霸”之辩相联系，还有义和利的关系问题。孟子继承孔子的思想，反对功利主义。

> 孟子见梁惠王。王曰：“叟！不远千里而来，亦将有以利吾国乎？”孟子对曰：“王！何必曰利！亦有仁义而已矣。”(《梁惠王上》)

而法家公开讲功利主义，说：

> 仓廪实则知礼节，衣食足则知荣辱。(《管子·牧民》)

《管子》认为道德是在生活富足的基础上产生的，因此首先要发展生产。当然，孟子也主张发展生产，但他认为那是行仁政的自然结果。可见，对于仁义与功利何者放在首位的问题，儒法两家的观点也是对立的。

这一“王霸”、“义利”之辩，对后世有深远的影响。从当时的历史条件来看，孟子和法家各有片面的道理，但他们都把片面的道理夸大了，成了独断论。在我们无产阶级和马克思主义者看来，德和力、义和利是可以而且应该达到统一的。但是在历史上的剥削阶级那里，这实际上是无法解决的矛盾。因为剥削者手中的暴力，就是对劳动人民的压迫；而剥削者享有的功利，总是建筑在他人的痛苦和牺牲的基础上。所以他们讲力和利，必然包含非人道的或不道德的本质因素；而他们讲仁义道德，则必然包含掩盖残酷与剥削的伪装性质。当然，从地主阶级对农民的统治策略来说，暴力和德教两手都是必要的，所以秦汉以后儒法趋于合流。不过，儒法合流也并没有在理论上和实践上解决这个矛盾。

三、性善说与先验主义

"孟子道性善，言必称尧舜。"（《滕文公上》）"称尧舜"就是讲王道、仁政，这在上面已经说了。"道性善"则是孟子在哲学上的中心思想。

性善说是孟子的天道观、认识论和伦理学的根本主张。孟子发展了孔子的仁智统一学说，他的性善说是伦理学与认识论的统一、人道与天道的统一。关于人性，孔子讲得不多，不过他说的"性相近也，习相远也"（《论语·阳货》），已提出了性与习的关系问题。到了孟子的时代，人性问题成为"天人"之辩的一个重要方面，产生了各种学说，法家如《商君书·算地》中说：

> 民之性，饥而求食，劳而求佚，苦则索乐，辱则求荣，此民之情也。

认为人性就是趋乐避苦、好逸恶劳这样一些情欲。依据这一点，统治者就可以利用赏罚手段来实行统治。法家以为人生来并无道德，只有凭借政治权力和法权规范的强制，才能使人为善而不为恶。孟子与法家不同，认为人性是善的，人天生有“善端”。他说：

> 所以谓人皆有不忍人之心者，今人乍见孺子将入于井，皆有怵惕恻隐之心。非所以内交于孺子之父母也，非所以要誉于乡党朋友也，非恶其声而然也。由是观之，无恻隐之心，非人也；无羞恶之心，非人也；无辞让之心，非人也；无是非之心，非人也。恻隐之心，仁之端也；羞恶之心，义之端也；辞让之心，礼之端也；是非之心，智之端也。人之有是四端也，犹其有四体也。（《公孙丑上》）

孟子在这里诉诸每个人的直接经验：忽然看见小孩子要掉到井里去，人们确实会受惊而生恻隐（伤痛）之心，立刻奔过去救他。这时并没有想结交孩子的父母、要别人称誉、或厌恶孩子哭声之类的念头，而是直觉地产生这种反应。孟子以为这种恻隐之心就是仁之端（端倪、萌芽）。人人都有四端，把这四个善端扩大发展就是仁义礼智四种道德。所以这些道德是天赋的，“仁义礼智非由外铄我也，我固有之也”（《告子上》）。孟子认为，正因为人皆有“不忍人之心”，所以先王可以行“不忍人之政”（《公孙丑上》），即仁政。这样，他的性善说就为仁政的政治主张提供了哲学根据。法家说，“壹赏”、“壹刑”、“刑无等级”（《商君书·赏刑》），标榜在法律面前人人平等。孟子则以为人人有四端，所以“人皆可以为尧舜”（《告子下》），也就是说在道德面前人人平等。在封建制度下讲“刑无等级”（《商君书·赏刑》）、道德平等，固然有其欺骗人民的一面，不过在当时却有反对奴隶制下的等级制、世袭制的进步意义。

孟子上述关于乍见孺子入井的论证，从某种普遍存在的经验来推论出人人有天赋道德，实际上包含有逻辑上不能容许的跳跃（从“恻隐之心人皆有之”这个前提并不能推得“人性本善”的结论），这是一种先验主义的论证方法。孟子在认识论上是个先验论者。他说：“人之所不学而能者，其良能也；所不虑而知者，其良知也。”（《尽心上》）他认为人生下来有“良知”、“良能”，而这种知、能首先表现在“孩提之童，无不知爱其亲者；及其长也，无不知敬其兄也。亲亲，仁也；敬长，义也”（同上）。就是说，关于道德的知、能是“良知”、“良能”。知识、才能和德性都是先天就有的。这是在唯心主义立场上讲认识论和伦理学的统一。

那么，认识和伦理的关系又是怎样的呢？孟子说：

> 仁之实，事亲是也；义之实，从兄是也；智之实，知斯二者弗去是也。（《离娄上》）

意思是说，仁义就是体现于事亲、从兄等伦理关系中的道德准则，而智的任务就在于认识这些伦理的准则，并且把它们保存不失。孟子说“是非之心，智也”（《告子上》），这个“是非”主要指作道德的判断。在孟子看来，认识的能力（“良知”、“良能”）、认识的内容（仁义）以及判断是非的标准都是天赋的。

就认识能力说，孟子也区别了感性和理性。他把人的感性叫做“小体”，把理性叫做“大体”。耳目之官是“小体”，心是“大体”。他说：“从其大体为大人，从其小体为小人。”（同上）一个人如果能以“大体”支配“小体”，就是大人；如果从其“小体”，即听从耳目之欲，而不听从理性，那就是小人。“大体”、“小体”都是天赋的，但“耳目之官，不思而蔽于物，物交物，则引之而已矣”(《告子上》)。感官如不受思维的指导，在与外物接触时，就容易受蒙蔽而入迷途。而心的职能是思维，思维能够把握理义。孟子说：

> 口之于味也，有同耆焉；耳之于声也，有同听焉；目之于色也，有同美焉。至于心，独无所同然乎？心之所同然者何也？谓理也，义也。圣人先得我心之所同然耳。故理义之悦我心，犹刍豢之悦我口。(同上)

他用类比法进行论证，认为人的口都喜欢美味的饮食，耳朵都喜欢优美的音乐，眼睛都喜欢美丽的色彩，所以人心也应有共同喜欢的东西，那就是理和义。孟子在这里将理、义并举，理指客观规律，义指道德规范(准则)。但《孟子》书中所谓理或道(天道)，实际上不过是伦理准则的形而上学化罢了。孟子认为，理和义本是理性的天赋内容，“思则得之，不思则不得也”(同上)。所以思维等于反省，人类认识世界的过程就是一个“反求诸己”(《离娄上》)的过程。孟子说：“学问之道无他，求其放心而已矣。”(《告子上》)他以为，学习或求知的方法无非是把散失掉的理性的天赋找回来；只要收回了理性的天赋，那么“先立乎其大者，则其小者弗能夺也”(同上)。确立了理性的支配地位，感官就不会走入迷途了。“饮食之人无有失也，则口腹岂适为尺寸之肤哉？”(同上)在“大体”支配“小体”的前提下，饮食也就不只是为养尺寸之肤了。

在“心之官”和“耳目之官”的关系上，孟子与《管子》有共同点。《管子》用君和臣的关系比喻心和耳目的关系，认为理性应该支配感性；还用理性和感性的关系比喻劳心和劳力、君子和小人的关系，说：“君子食于道，小人食于力。”（《管子・君臣下》）孟子也说：

> 养其小者为小人，养其大者为大人。（《告子上》）
>
> 劳心者治人，劳力者治于人，……天下之通义也。（《滕文公上》）

把社会上劳心者支配劳力者的现象同人的理性支配感性进行比附，以论证剥削制度的合理，这是孟子与《管子》的共同观点。在哲学上，《管子》与孟子都是唯理论者，但《管子》认为理性认识的对象——道，是客观物质世界的规律；而孟子则以为理性认识的对象——理和义，是理性固有的天赋的内容。这就存在着唯物论与唯心论的根本区别。

就知和行的关系来说，孟子以为，人的一切善行都出于理性的自然要求，不过许多人并不认识到这一点。孟子说：

> 行之而不著焉，习矣而不察焉，终身由之而不知其道者，众也。（《尽心上》）

就是说，多数人行而不知，其行为和习惯自发地遵循着仁义之道，却并没有对于道的明白清楚的认识，因此就容易走入歧途。孟子说：

> 人之所以异于禽兽者几希！庶民去之，君子存之。舜明于庶物，察于人伦，由仁义行，非行仁义也。（《离娄下》）

他认为人和动物的差别就在于人有理性。“庶民去之，君子存之”，这话反映了他的剥削阶级的偏见。孟子认为圣人（舜）和我同类，只不过舜把理性充分发挥了，所以能明察万事万物的规律，明察人与人之间的应有的伦理关系，从而能自觉地“由仁义行”，而不是自发地“行仁义”。这里，孟子强调真正的道德行为是自觉的，是和理性认识相联系的，这是和孔子相一致的理性主义观点。按照这种观点，道德是可以通过教育培养成的，但他所谓的教育，无非是唤醒人的理性的自然要求，使之由自发变成自觉。孟子又说：

> 所恶于智者，为其凿也。如智者若禹之行水也，则无恶于智矣。禹之行水也，行其所无事也。如智者亦行其所无事，则智亦大矣。（同上）

孟子认为，知识如果是穿凿的，只能使行动造成祸害；大禹治水，完全是顺水之性，进行疏导，所以是“行其所无事”；真正有智慧（大智）的人就像大禹行水，行动完全顺物之自然，所以也是“行其所无事”。这使我们想起了黑格尔说的“理性的机巧”。黑格尔说，“这种理性的活动一方面让事物按照它们自己的本性，彼此互相影响，互相削弱，而它自己并不直接干预其过程，但同时却正好实现了它自己的目的。”[①]大禹行水正是这种体现理性机巧的自觉活动：理性“并不直接干预”客观过程，而“却正好实现了它自己的目的”。这里包含着深刻的合理的思想。不过，孟子由此引导到唯心主义去了，他认为理性是“天之所与我者”（《告子上》），“良知”、“良能”（《尽心上》）就已具备了理义，自觉地把它们保存和发展，这就是智慧。正如大禹治水是行其所无事，培养德性，同样也要顺着具有仁义之端的天性而不加以穿凿；智慧的作用，在于使人性的仁义由“自在”变为“自为”，以养成自觉的人格。这是先验主义关于人的自由学说的基本观点。

四、“养浩然之气”与天人合一论

那么，怎样通过教育来培养自觉的自由的人格呢？孟子和孔子一样，以为首先要立志。

> 王子垫问曰：“士何事？”孟子曰：“尚志。”曰：“何谓尚志？”曰：“仁义而已矣。……居恶在？仁是也。路恶在？义是也。居仁由义，大人之事备矣。”（同上）

就是说，一个读书人的志向就是要成为“大人”，而所谓“大人”，就是有理性认识而自觉地居仁由义的人。孟子以为，如果一个人不立志做一个仁义的人，那便是自暴自弃。

---

① 黑格尔著，贺麟译：《小逻辑》，第 394 页。

> 自暴者，不可与有言也；自弃者，不可与有为也。言非礼义，谓之自暴也；吾身不能居仁由义，谓之自弃也。(《离娄上》)

就是说，出口毁谤礼义，叫作自暴；自称不可能成为有仁义的人，叫作自弃。对于自暴自弃的人，那就无法用言语来规劝、用行为来引导了。孟子主张人不应自暴自弃，反过来正说明，人生道路是可以由自己选择的。自主地选择，这是意志的品格。

孔子讲自己为学的过程是“三十而立，四十而不惑”(《论语·为政》)。孟子也说“我四十不动心”(《公孙丑上》)。“不动心”就是“不惑”。怎样才能达到不动心呢？孟子讲了两点，即

> 我知言，我善养吾浩然之气。(同上)

什么是“浩然之气”呢？他说：

> 其为气也，至大至刚，以直养而无害，则塞于天地之间。其为气也，配义与道，无是馁也。(同上)

孟子所说的“气”，类似于我们通常讲的“勇气”或“理直气壮”之“气”，是指表现于肉体活动或实际行动中的精神力量。这种精神力量，一方面是靠理性认识掌握了道(理)与义而形成的，如果行为有过错，内心感到理屈，便气馁了。另一方面还要靠持久不懈的修养和锻炼，即所谓“以直养而无害”。孟子自己解释怎样“直

养”:“必有事焉而勿正[①],心勿忘,勿助长也。”(《公孙丑上》)就是说,要持续地以直道、正义来培养精神,不能中止,不能忘记或助长(譬如种田,不耘苗是“忘”,拔苗是“助长”)。孟子讲的“养气”,实际上也是意志的锻炼。他讨论了“志”和“气”的关系:一方面是“夫志,气之帅也;气,体之充也”(同上)。意志是统帅,坚强的意志能使人浑身充满勇气。另一方面,“志”与“气”又相互作用:“志壹则动气,气壹则动志也。今夫蹶者趋者,是气也,而反动其心。”(同上)虽然“志至焉,气次焉”(同上),但一个人跌倒或快跑,动了“气”,也会转过来影响“志”。所以孟子要求“持其志,无暴其气”(同上),既要坚持自己实行道义的志向,又不要损伤自己的勇气。孟子在这里讲了理性认识与修养的关系,又讲了意志与勇气的关系,要求人们在实际行动中不断提高认识(“配义与道”),不懈地注意修养(“必有事焉而勿正”),以锻炼坚强的意志,增强精神力量。这就是他所谓“善养吾浩然之气”。

孟子这一培养理想人格的理论,强调了意志的作用。不过他说:“羿之教人射,必志于彀,学者亦必志于彀;大匠诲人,必以规矩,学者亦必以规矩。”(《告子上》)“大匠不为拙工改废绳墨,羿不为拙射变其彀率。”(《尽心上》)就是说,羿教人射箭,弯弓要求达到弓满的标准;大匠教学徒,引绳墨要求合乎规矩;同样,学者也应以正道严格要求自己。标准、规矩、正道,就是理性认识的内容。孟子要学者“志于道”、“志于仁”,也就是认为意志应服从于理性。孟子以为,浩然之气是“集义所生”(《公孙丑上》),所以一个人应不断

① “而勿正”:焦循引《毛诗终风序笺》云:“正犹止也”,“而勿正”即“而勿止”。——初版编者

地提高认识，提高觉悟，就像“源泉混混”(《离娄下》)的流水，遇到坎穴，总是注满了才前进；“君子之志于道也，不成章不达”。(《尽心上》)就是说，对于道的学习，要求每一步都有显著成绩。这也就是我们现在说的一步一个脚印的意思。同时，要始终不渝地发挥意志力量，克服困难，把在艰苦的环境中“苦其心志，劳其筋骨，饿其体肤，空乏其身，行拂乱其所为”(《告子下》)，看作是锻炼自己的机会。通过这样持久不懈的努力，以求把自己培养成为“富贵不能淫，贫贱不能移，威武不能屈”的“大丈夫”(《滕文公下》)，甚至在必须作出牺牲时能自觉自愿地以身殉道，舍生取义。孟子这种高度推崇理性的自觉与意志的坚定的理论，对培养民族正气起了积极作用。

孟子还认为，一个具有高度觉悟的人也就是心安理得的人。他说：

> 君子深造之以道，欲其自得之也。自得之，则居之安；居之安，则资之深；资之深，则取之左右逢其原。(《离娄下》)

就是说，君子努力加深对道的认识(造诣)，是为了使之成为自己的德性。自得其性，那便感到如处于安宅，有深厚的凭借之资，而随时都可以从本原汲取到活力了。孟子要求由“造道”而达到“自得”，有其合理之处。但他以为德性无非是天性的恢复和扩充，所谓“自得”也就是得之于理性的自然本源。这是唯心主义的观点。

孟子把理性(心)看作是本原的、第一性的东西，并且极度夸大了精神力量，以至认为自己说“浩然之气”“塞于天地之间”(《公孙丑上》)，并不是一个诗的比喻，而是他在事实上已达到的“上下与天地同流”(《尽心上》)的境界。这就陷入神秘主义的幻觉了。孟子说：

> 尽其心者，知其性也；知其性，则知天矣。存其心，养其性，所以事天也。(同上)

就是说，一个人如果能充分发挥自己理性的作用，就能认识固有的本性，从而也就认识天道了。同时，要注意修养，保存本心不使散失，涵养善性不使受损，这就是事奉天了。这是神秘主义和主观唯心主义的天人合一论。孟子可能是继承了子思的观点，他说：

> 诚者，天之道也；思诚者，人之道也。[①] (《离娄上》)

从天道说，人性来自天命，人生来就具有真实的善性，天人本来(自在地)是合一的。从人道说，人的任务就在于通过理性思维(认识和修养)来唤醒善性，以达到与天道合一的自觉。孟子认为，一个人能够“尽心”、“思诚”，就可以达到“万物皆备于我矣。反身而诚，乐莫大焉”(《尽心上》)。这就成了荒谬的唯我论了。孟子以“先知先觉”自居，还声称：“天未欲平治天下也，如欲平治天下，当今之世，舍我其谁也?”(《公孙丑下》)在孟子身上我们可以看

---

① 《中庸》说：“诚者，天之道也；诚之者，人之道也。”——初版编者

到，唯心主义哲学是能使人变成非常狂妄的。

孟子同孔子、子思一样，最后导致天命论。孟子说：

莫之为而为者天也，莫之致而至者命也。（《万章上》）

他以为“天命”非人力所能为、所能致。但是又说：

口之于味也，目之于色也，耳之于声也，鼻之于臭也，四肢之于安佚也，性也，有命焉，君子不谓性也。仁之于父子也，义之于君臣也，礼之于宾主也，智之于贤者也，圣人之于天道也，命也，有性焉，君子不谓命也。（《尽心下》）

在孟子看来，一切莫非“性”，也莫非“命”，但对感性和理性，声色和理义应作区别。对感官和声色，君子不讲“性”，而只看作“命”，因为那不是人类的本质。对理性和仁义，君子不讲“命”，而只看作“性”，因为那是人类的本质。孟子以为，仁义礼智是“求则得之，舍则失之，是求有益于得也，求在我者也”；而声色货利是“求之有道，得之有命，是求无益于得也，求在外者也”（《尽心上》）。孟子对“性”与“命”作了区别，这与孔子说的“道之将行也与？命也；道之将废也与？命也”（《论语·宪问》）是不同的。孟子以为，圣人之于天道是“命也，有性焉，君子不谓命也”（《尽心下》），这显然比孔子具有更多的积极进取的精神，这也正是新兴地主阶级立场的表现。

五、“知言”

孟子说自己有两个优点：“我知言，我善养吾浩然之气。”（《公孙丑上》）“养浩然之气”是“天人”关系方面的问题，“知言”则是“名实”关系方面的问题。就“名实”关系说，孟子讲天赋观念，在认识论上主张先验主义，上面已经论述了。那么，什么是“知言”呢？孟子说：

> 诐辞知其所蔽，淫辞知其所陷，邪辞知其所离，遁辞知其所穷。生于其心，害于其政；发于其政，害于其事。（《公孙丑上》）

对统治者来说，心里如果有错误的思想，就一定会造成政治上的危害。所以必须破除各种邪说偏见。孟子认为，他很善于分析各种言论，对片面的言论能知道它蒙蔽了什么，对过头了的言论能知道它陷溺于什么，对邪辞能指出它如何背离正道，对遁辞能指出它如何理屈辞穷。他所谓“知言”，实质就是要对各种错误言论进行分析批判，指出它们犯了什么错误，是如何导致错误的。在百家争鸣中，这确实是一个很重要的问题。

如何才能真正做到“知言”？孟子在说诗时提出了两条原则：“以意逆志”和“知人论世”。他说：

> 故说诗者，不以文害辞，不以辞害志。以意逆志，是为得之。（《万章上》）

就是说，评论诗文时不能割裂文字、歪曲言论的实际含义，不能用对词句的表面解释来损害作者的本来意图，而要善于以自己的思想来推知作者的真实志趣，这才是正确的途径。这叫“以意逆志”。孟子又说：

> 颂其诗，读其书，不知其人可乎？是以论其世也，是尚友也。（《万章下》）

意思是：读书必须了解作者和他所处的时代，与古人交朋友。要真正做到“以意逆志”，探索作者本来的写作意图，就必须“知人论世”，对作者的生活、思想及其所处的时代条件进行具体分析。孟子在这里说的“以意逆志”和“知人论世”两条原则，对分析批判作品和各种学说有它的合理之处。当然，他自己不见得真正做到。孟子是一个历史唯心论者。在与别人的论战时，他实际上常常离开“知人论世”来“以意逆志”，批评就变成主观主义的。而要真正地做到“知人论世”，就必须掌握历史唯物论；只有用历史唯物论的观点来“知人论世”，才能做到“以意逆志”。

六、孟子对“性”（本质）范畴的考察

总起来看，孟子以性善说为核心的体系是唯理论的先验论的体系。他的天道观、认识论、伦理学都是唯心主义的。但是也不能否认其中有一些合理的见解。我们把握了他整个唯心主义的体系后，又把他的体系加以克服，就可以看到孟子的哲学是在什么环节上引导到唯心论去的；同时，由于他考察了这个环节，就给我们一些可借鉴的东西。孟子发展了孔子的仁智统一学说，他比

孔子更多地考察了理性的作用，特别是着重考察了“性”即本质这个范畴。理性要求把握事物的本质，是人类认识的必要环节。但孟子过于夸大了这个环节，从而滑到唯心论去了。

“性”这个范畴前人早已提出。孟子虽然主要考察了人性，但作为逻辑范畴，孟子的“性”大体相当于“本质”。孟子认为，人的认识不能停留在现象上，应该深入到事物的本质。“心之官则思”(《告子上》)，思维在于把握本质。“以意逆志”，“知人论世”，也是为了把握本质。与孟子同时，告子提出“性无善无不善”(同上)说，反对天赋道德论，有合理之处。《告子上》记载了孟子与告子的辩论：

> 告子曰：“生之谓性。”孟子曰：“生之谓性也，犹白之谓白与?”曰：“然”。“白羽之白也，犹白雪之白；白雪之白，犹白玉之白与?”曰：“然。”“然则犬之性，犹牛之性；牛之性，犹人之性与?”

告子以为人生来具有“食、色”等本能就是性，他看到人和动物有共同点。孟子反驳说：“生之谓性”，就像说“白之谓白”吗？他接着指出，白羽、白雪、白玉，就白色说彼此相似。“性”也有人之性、狗之性、牛之性，说“生之谓性”，难道人性就像狗性、牛性吗？孟子以为，讲“白”只注意白色东西的共同点，而讲“性”就要注意到人与动物的本质区别；性是一类事物的本质。他说：“故凡同类者，举相似也。”(同上)并以麦子的播种收获为例，说：“今夫麰麦，播种而耰之，其地同，树之时又同，浡然而生，至于日至之时，皆熟矣。虽有不同，则地有肥硗，雨露之养、人事之不齐也。”(《告子上》)麦子具有共同的本质，共同的生长发育规律。同样，人类也具有共同本质，那是人与动物的差别所在。孟子认为，“人之所以异于禽兽者”(《离娄下》)就在于理性，理性使人能明察而自觉，这是人区别于动物的根本特点。理性确实是人区别于动物的特征之一。孟子看到这一点，要求把握作为类的本质的性，这有合理的因素。不过孟子不懂得人区别于动物首先在于劳动，也不懂得理性依赖于人的社会实践。并且他认为，既然圣人也属人类，圣人能“由仁义行”(同上)，那就说明人人都有理性的天赋即仁义，这就滑到唯心论去了。

孟子说：

> 天下之言性也，则故而已矣。故者以利为本。……天之高也，星辰之远也，苟求其故，千岁之日至，可坐而致也。(《离娄下》)

就是说，讲性，是为了求所以然之“故”；而求故，则是为了把握变化发展的根据，以便因势利导(就像“禹之行水”那样)。如果真正认识了天体运动的因果律，那么千年前和千年后的历法都可推算而知，为人所利用。孟子与告子辩论时，用杞柳与桮棬的关系来比喻人性和仁义。告子认为孟子以人性为仁义，就如以杞柳为桮棬，把原材料和制成品看成一回事了。孟子反驳说：“子能顺杞柳之性而以为桮棬乎？将戕贼杞柳而后以为桮棬也？”(《告子上》)他认为，只有顺着自然本性，才能使杞柳成为桮棬；只有顺着人性，才可达到仁义。这一杞柳与桮棬的关系就是我们今天所讲“可能与现实”的关系。孟子称可能性为“才”。他说：

> 乃若其情，则可以为善矣，乃所谓善也。若夫为不善，非才之罪也。（《告子上》）

就是说，按照人性具有的材质，它可以发展为善。如果变为不善，不是才之罪，而是条件造成的。“富岁，子弟多赖，凶岁，子弟多暴，非天之降才尔殊也，其所以陷溺其心者然也。”（同上）可能要成为现实，也要看条件。年成好坏也会影响到人们的精神面貌。但孟子更强调人的主观努力，以为人如果失去本性，主要原因是自暴自弃。孟子提出性善说，意图在说明善的“所以然之故”，说明根据人性的自然趋势，人是可以为善的，要求人们发挥主观能动性以促使可能变为现实。这有鼓励人上进的作用。但是，他不可能懂得，作为社会意识的道德，其根据在于人们的社会存在。他从人可以为善而推论出人天性本善，这在逻辑上是错误的。

在孟子看来，人性的发展是有定向的，可能变为现实是合乎规律的发展过程。告子把人性比喻为回旋的水，说：“人性之无分于善不善也，犹水之无分于东西也。”孟子反驳说：

> 水信无分于东西，无分于上下乎？人性之善也，犹水之就下也。人无有不善，水无有不下。今夫水，搏而跃之，可使过颡，激而行之，可使在山，是岂水之性哉？其势则然也。人之可使为不善，其性亦犹是也。（同上）

他认为人之向善，就如水之就下，是必然的自己的运动。而击水跳过人的额角，或把水阻止在山上，那是由于外在条件造成的“势”，并非出于水的本性。同样，人之为不善，也并非出于人的本性。孟子引《诗》说：“天生蒸民，有物有则。民之秉彝，好是懿德。”(《告子上》)以为天赋予人类生活中一切事物以法则，人秉有善性，所以都自发地爱好美德。在他看来，人按其本性来说爱好理和义，因此要求在生活中遵循理和义，乃是必然的，只是很多人不自觉罢了。孟子区别了自发的道德行为(行仁义)和自觉的道德行为(由仁义行)，强调人应自觉地遵循规律(理)和规范(义)来行动，而不能停留在“行之不著，习矣不察”(《尽心上》)的状况，这是合理的见解。不过，他以为理和义是人的理性所固有的天赋的内容，而所谓自觉无非是把这种“天赋观念”唤醒而已，这就成了唯心论了。

总之，孟子运用“类”、“故”、“理”的逻辑范畴来揭示“性”，试图对人类区别于动物的本质、善的所以然之故以及人如何由自发而变为自觉几个方面进行了考察，这样，他就把人性问题的研究推进了一大步。虽然孟子“好辩”，他的“知类”、“求故”、“明理”的论证不见得都合乎逻辑，难免有强辞夺理之处；不过孟子很强调理性的明晰，说：

> 贤者以其昭昭，使人昭昭；今以其昏昏，使人昭昭。(《尽心下》)

这话是批判黄老的。《老子》说：“俗人昭昭，我独昏昏。”(《老子·二十章》)孟子反对这种推崇“昏昏”的理论,他认为应以“昭昭”代替“昏昏”,应从自发发展到自觉。他强调要用理性来把握事物的本质与所以然之故,并自觉地培养人的德性。这一点是孟子在中国哲学史上的有益贡献,但也正是由于把这一点绝对化而造成他的唯心主义。

恩格斯批评“玄想的或者也称为先验主义的方法”时说:“这一方法是:不是从对象本身去认识某一对象的特性,而是从对象的概念中逻辑地推论出这些特性。首先,从对象构成对象的概念;然后颠倒过来,用对象的映象即概念去衡量对象。这时,不是概念应当和对象相适应,而是对象应当和概念相适应了。”[①]这种方法包括两个要点:一是从对象构成了概念,随即把概念同对象割裂开来,加以形而上学化;二是从形而上学的概念逻辑地推论出对象,要求对象和概念相适应。孟子正是用这种先验主义方法来构造他的哲学体系的。他从对象(人及其社会生活)抽象出人性的概念(以为人的类的本质在于理性,理性能把握理义,使人成为自觉);随即把这一概念形而上学化,建立他的性善说和唯心主义的天人合一论;并进而用性善说和天人合一论来解释人类的一切活动,以为人的道德、知识、才能都是从天性中推演出来的,而人的最高使命就在于“反身而诚”,以求“知天”、“事天”。孟子的先验主义比孔子更为鲜明和系统化。在中国封建社会,这种先验主义得到长期发展并取得了越来越精致的形式(例如在程朱、陆王那里)。

---

① 恩格斯:《反杜林论》,《马克思恩格斯选集》第3卷,第437页。

第三节　庄子："万物一齐，孰短孰长"
——相对主义反对独断论

一、道家学派的分化与"避世之士"庄子

随着政治斗争的发展，由老子开创的道家学派发生了分化。一部分成为黄老之学，与法家结合，为新兴地主阶级的统治服务；另一部分继续做"隐士"，与当权的封建统治者采取不合作的态度。杨朱、庄子便是这后一派的代表。

《老子》说："名与身孰亲？身与货孰多？"（四十四章）认为若是比较名与身的亲疏、身与货的轻重，则最重要是自己的生命，而名与利（货）都是身外之物。这种思想的进一步发展，就成了杨朱的"为我"、"贵己"。孟子说："杨子取为我，拔一毛而利天下，不为也。"（《孟子·尽心上》）韩非说："今有人于此，义不入危城，不处军旅，不以天下大利易其胫一毛……轻物重生之士也。"（《韩非子·显学》）杨朱把"我"与"天下"、个人的生命与社会的利益绝对地对立起来，以至得出"身之一毛重于天下大利"的结论。这是"避世之士"的利己主义。

庄子也是"避世之士"。

庄子（约公元前369年—前286年[①]），姓庄，名周，宋国蒙（今河南商丘县东北）人。曾在家乡做过管理漆园的小官，可是没干多久，就归隐了。据《庄子·外物》及《列御寇》说："庄子家贫，故

① 关于庄子的生卒年月，学术界看法不同，这里采取的是马叙伦《庄子义证》中的说法。

往贷粟于监河侯”；“处穷闾阨巷，困窘织履，槁项黄馘。”是说，庄子家境贫困，曾向监河侯（小官名）借过米，有时还靠编草鞋过活。《史记》上载，楚威王闻知庄子很有才能，便以厚币礼聘，请他作相，却被拒绝了。庄子对楚国的使者说：千金、卿相，的确是重利尊位，但这好像祭祀用的牛，养了几年，便给它披上绣花衣裳送到太庙作祭品；到那时，它即使想做一只自由自在的小猪，也不可能了。你赶快走吧，不要玷污了我！我不要做官，我宁愿像一条鱼，在污泥浊水中自得其乐，图个精神愉快。[①] 关于庄子的哲学思想，见于《庄子》[②]一书中。

但是，庄子和杨朱不同。杨朱讲“贵己”、“重生”，庄子则说：

> 至人无己。（《庄子·逍遥游》，本节以下引《庄子》只注篇名）
>
> 汝身非汝有也，……是天地之委形也。生非汝有，是天地之委和也。（《知北游》）

就是说，一个人的生命无非是自然界（天地）给予了形体，又赋予了和谐。只有达到“无己”，而与自然为一，才是真正的“避世”。

就“古今”之争来说，庄子对现实政治抱悲观态度，说：

---

① 司马迁：《老子韩非列传》，《史记》第7册，第2145页。

② 《庄子》一书是庄子及其后学所著。《汉书·艺文志》著录《庄子》52篇，现仅存由郭象编辑注解的33篇。其中内篇一般被认定为庄子著，外篇和杂篇可能掺杂了其门人和后学的作品。但《庄子》书的内、外、杂篇中的大部分内容，包括有关庄子的故事，都反映了庄子的思想，是研究庄子的重要史料。

对《庄子》书的注释，以晋时郭象的《庄子注》最为有名。唐陆德明的《庄子释文》、成玄英的《庄子疏》，均是据郭象注写成的。以后较重要的有：明焦竑的《庄子翼》，清末王先谦的《庄子集解》，郭庆藩的《庄子集释》，以及近人马叙伦的《庄子义证》和王叔岷的《庄子校释》等。

方今之时，仅免刑焉。(《人间世》)

认为当今正值丧乱之时，危行言逊，已达到仅可免于刑戮的地步。他把《老子》的“无为而治”的思想推到极端，连《老子》所描绘的那种“小国寡民”的社会也不要，主张回到人类的远古蒙昧状态去，过人与禽兽不分的生活。他把传说中的原始社会理想化，说：

夫至德之世，同与禽兽居，族与万物并，恶乎知君子小人哉？(《马蹄》)

夫赫胥氏之时，民居不知所为，行不知所之，含哺而熙，鼓腹而游，民能以此矣。(同上)

庄子有见于社会产生君子与小人的对立而带来的祸害，但他想拉历史车轮倒退，当然是办不到的。庄子对人类文明采取全盘否定的态度，认为仁义礼乐都是人性的桎梏。他发挥了《老子》“绝圣弃智”的思想，说：

圣人不死，大盗不止。……绝圣弃智，大盗乃止。(《胠箧》)

并举田成子夺取齐国政权为例，说：

田成子一旦杀齐君而盗其国，所盗者岂独其国邪！并与其圣知之法而盗之。故田成子有乎盗贼之名，而身处尧舜之

安。（《胠箧》）

彼窃钩者诛，窃国者为诸侯。诸侯之门而仁义存焉！（同上）

庄子的这类愤激之辞，包含着对封建统治者的暴力与“仁政”的抨击，在后世的“异端”那里引起了共鸣，产生了积极影响。但是，庄子提不出切实可行的方案。他发了一通牢骚以后，就去作他的“逍遥游”，也就是到他自以为是绝对自由的境界中去生活了。这种逍遥自在的“隐者”，对于封建地主阶级来说，不仅是无害的，而且还有助于巩固他们的统治。

另外，庄子是个诗人、文学家，这也是我们研究庄子所必须把握的特点。庄子的文章“汪洋恣肆”，并多采用寓言故事形式，想象丰富，语言美妙，在中国文学史上有深远影响。《庄子》一书勾划了非常广阔的画面，对先秦时期人们的生活、思想、劳动各方面都作了生动的描绘，还包含不少自然科学资料。庄子凭诗人的敏感，提出的许多富有启发性的哲学问题，是后来的哲学家必须加以考虑的。

庄子也把“道”作为世界最高原理。他说：

万物一齐，孰短孰长？道无终始，物有死生。（《秋水》）

认为从天道的观点看，万物是平等的，一切差别是相对的；只有破除长短、生死、是非、彼我等种种界限，人才能回到自然，与天道为一。这就是庄子《齐物论》的中心思想。下面我们从“天人”之辩和“名实”之辩两个方面来论述他的这一中心思想，然后综合起来，对庄子的相对主义哲学体系作一评价。

二、具有泛神论色彩的天道观

在天道观上，庄子和《老子》一样讲天道自然无为。《大宗师》说的“夫道，有情有信，无为无形。……自本自根，未有天地自古以固存，神鬼神帝，生天生地”等等用语和《老子》相似。不过，在庄子那里，这个“自本自根”而又“生天生地”的道，具有明显的泛神论色彩。他说：

> 夫昭昭生于冥冥，有伦生于无形，精神生于道，形本生于精，而万物以形相生。（《知北游》）

这里，他指出了形体从精神产生，而个别精神生于绝对精神（道）。这显然是唯心主义观点。但他又称道为“一”，说“通天下一气耳”（《知北游》）。所以道即气，道作为世界统一原理，不是在天地万物之外的“造物者”，它是一切事物内在的原因。这就成了泛神论了。

> 东郭子问于庄子曰：“所谓道，恶乎在？”庄子曰：“无所不在。”（同上）

东郭子一定要庄子指明道在哪里，庄子就作了“每下愈况”的回答：“在蝼蚁”，“在稊稗”，“在瓦甓”，“在屎溺”。最后说：

周、遍、咸三者，异名同实，其指一也。（《知北游》）

他用“周”、“遍”、“咸”三个词形容道的无所不在，这与《老子》说“夷”“希”、“微”三者“混而为一”，意味颇有不同。

大约在《老子》之后，关于“道”和“物”的关系问题，发生了“或使”和“莫为”两种学说的争论，所以《庄子·则阳》提出了这样的问题：“季真之莫为，接子之或使，二家之议，孰正于其情？孰遍于其理？”季真与接子之说具体如何，现已不能知其详；但庄子的态度是既反对了“或使”说，也批评了“莫为”说。

所谓“或使”，是说有个超越万物的实体，它“有使物之功”，是万物生成、变化的原因。如宗教讲的“上帝创造世界”就是一种“或使”说。庄子以为，万物变化多端，“而不知其所为使。若有真宰，而特不得其朕”（《齐物论》）。庄子否定有“真宰”的朕兆，否认有造物主，所以称得上是无神论者。

不过，“或使”说也可以是唯物主义的。《管子·白心》：“天或维之，地或载之。天莫之维，则天以坠矣。地莫之载，则地以沈矣。……辟之若夫雷鼓之动也。夫不能自摇者，夫或摇之。夫或者何？若然者也。”《管子》以为维载天地、摇动万物的是精气，精气是超越于天地万物的质料因。庄子以提问题的方式对《管子》这类“或使”说表示怀疑，说：

天其运乎？地其处乎？日月其争于所乎？孰主张是？孰维纲是？孰居无事推而行是？意者其有机缄而不得已邪？意者其运转而不能自止邪？（《天运》）

意思是说，如果把天地万物比喻为一个大网，那么，哪里有什么张网、维纲的外力呢？一切都是自然而然地推行，运转和关闭（机缄）都遵循必然的规律。《管子》以为，雷鼓之鸣，草木摇动，都由于外力。而庄子却说：

> 夫天籁者，吹万不同，而使其自己也，成其自取，怒者其谁邪？（《齐物论》）

大块噫气，万窍怒号，而又自己中止，这都是自然而然的，并没有什么“怒者”使然。

那么，“莫为”说是不是就“正于其情，遍于其理”了呢？《老子》说“道常无为”，这是“莫为”说，庄子也应该是赞成的。但是《则阳》篇却说：

> 或之使，莫之为，未免于物，而终以为过。或使则实，莫为则虚。有名有实，是物之居；无名无实，在物之虚。……或之使，莫之为，疑之所假。

庄子以为，“莫为”说把道看作是在物之虚而莫为于物，把道和物、虚和实、无名与有名截然对立起来，这同样也是“未免于物”，成了一种使人疑惑的见解。可能季真之“莫为”说就是这样一种理论，因而在庄子看来，这和“或使”说同样是错误的。庄子又说：

> 吾观之本，其往无穷；吾求之末，其来无止。无穷、无止，

> 言之无也,与物同理。或使、莫为,言之本也,与物终始。……或使莫为,在物一曲,夫胡为于大方。(《则阳》)

意思是说,考察事物的本原,只见往者无穷;考察事物的末端,只见来者无止。既然宇宙是无限的,那么,讲到道之为"无",就只能是内在于物的理。而"或使"说与"莫为"说,都是寻求事物的本原而把本原和物对立起来,这种对立就表示道和物之间有界限、有终始关系,所以这两种说法都是"在物一曲",而没有认识无限的大道(大方)。以上说明,庄子用泛神论观点,以"周"、"遍"、"咸"来形容道,既强调了道和物没有界限:"物物者与物无际"(《知北游》),又着重指出了天道和宇宙是无限的、绝对的、无条件的。

这个无限的宇宙,就内容说是无限丰富的。"夫物,量无穷,时无止,分无常,终始无故。"(《秋水》)在这广延无穷、绵延无止的宇宙洪流中,具体事物变化无常,日新不已。庄子心目中的"天道"就是《齐物论》讲的"天籁"。自然界的运行就像"大块噫气"的交响乐,这种"天乐"或"至乐"瞬息万变,充满天地。庄子非常强调变化,他说:

> 物之生也,若骤若驰,无动而不变,无时而不移。(同上)
>
> 一虚一满,不位乎其形。(同上)
>
> 人生天地之间,若白驹之过郤(隙),忽然而已。(《知北游》)

这就是说,运动变化是绝对的、无条件的,事物无时无刻不在变移,瞬息即逝,一盈一虚,方生方死,决不会停留于某一形态。两个人“交臂失之”，彼此手臂碰一碰，你已失去原来的你，我也不是原来的我了。

庄子确实有见于绝对运动，但是他未免过分强调了这一点。因而导致了否定相对静止，否定事物的质的规定性的错误。他说：

> 为是举莛与楹，厉与西施，恢恑憰怪，道通为一。其分也成也，其成也毁也。凡物无成与毁，复通为一。（《齐物论》）

就是说，小草茎与大屋柱，丑人与西施，以及各种怪异、乖戾的现象，都是同一的、无差别的。事物因分化而生成，但生成即毁灭，成与毁是同一的、无差别的。他又说：

> 察乎盈虚，故得而不喜，失而不忧，知分之无常也。明乎坦途，故生而不说，死而不祸，知终始之不可故也。（《秋水》）

以为认识了绝对运动的道理，则知性分的得失无非是盈虚的变化，人和物的生死同属日新的坦途，所以得与失、生与死都失去了质的差别，也就无所谓喜悦与忧患了。这是庄子的相对主义理论。

三、用自然原则反对人为

庄子用这种相对主义的观点来看待人生，以为人不过是万物中之一物，“我”是在变化的洪流中遭遇了“人之形”，而“若人之形者，万化而未始有极也”（《大宗师》）。庄子说：

> 今大冶铸金，金踊跃曰：“我且必为镆铘！”大冶必以为不祥之金。今一犯人之形，而曰：“人耳！人耳！”夫造化者必以为不祥之人。（同上）

意思是，现在有一个冶金的工匠在铸造金属器物时，金属忽然从熔炉中跳起来说：“一定要把我铸成一把良剑。”那个铸工一定认为这是一块不祥的金属。而现在，一旦被铸造成人的形状，就说：“我是人！我是人！”那个造化者必定以为这是不祥之人。所以，庄子认为，没有理由去强调人的尊严，把人看作是万物之灵。可见庄子比《老子》更彻底地否定了儒墨的人道原则，他又说：

> 牛马四足，是谓天；落（络）马首，穿牛鼻，是谓人。故曰：无以人灭天，无以故灭命，无以得殉名。（《秋水》）

就是说，不要以人为去破坏自然，不要以人的有目的的活动去对抗自然命运，不要以得之自然的天性（德）去殉社会上的名分。在他看来，自然的一切都是美好的，人为的一切都是不好的。

孟子以为仁义是出于天性，而庄子正好相反，以为仁义是摧残天性，说：“意仁义其非人情乎！”“自虞氏招仁义以挠天下也，天下莫不奔命于仁义，是非以仁义易其性与？”（《骈拇》）孟子虽把感性称为“小体”，但认为这也是天性，大家都赞美“离娄之明，公输子之巧，师旷之聪”（《孟子·离娄上》）。而庄子却主张“塞瞽旷之耳”，

“胶离朱之目”，“擺工倕之指”(《胠箧》)，以为出于人为的声色巧利都只能起破坏天性的作用。他还说，世俗把殉仁义的叫作君子，把殉货财的叫作小人，其实，君子与小人、伯夷与盗跖，“其于残生伤性均也”(《骈拇》)。虽然两者所殉在名义上是不同的，但对人性的破坏却是相同的。

不过，这样彻底地否定人道原则，以至要求达到“有人之形，无人之情”(《德充符》)的境地，这本身也是一种人道观。这种人道观以自然为原则，以为真正的自由（自得、自适）在于任其自然（天性），具备了理想人格的人就是无条件地与自然为一的“至人”。

《逍遥游》中讲了“小大之辩”：小鸟翱翔于蓬蒿之间，大鹏抟扶摇而上者九万里，自北海徙于南冥；菌芝朝生暮死，寒蝉春生夏死、夏生秋死，而冥灵、大椿的年龄却以千百岁计算……自然界千差万别，都是各顺其性而又各有所待的条件的。人类也一样，有的人才智胜任为官，有的人品德合乎为君，宋荣子（宋钘）则“举世而誉之而不加劝，举世而非之而不加沮”，列子则能御风而行……所有这些人也都是各顺其性而又各有所待的条件，并且总自是而非彼，自贵而相贱，各受其狭隘眼界的限制，所以都不能说有绝对的逍遥。

> 若夫乘天地之正，而御六气之辩，以游无穷者，彼且恶乎待哉？故曰：至人无己，神人无功，圣人无名。(《逍遥游》)

这是说，那凭借天地的正道，驾御“六气”（阴、阳、风、雨、晦、明）的变化，以遨游于无穷者，是无所待的“至人”（神人、圣人）[①]；这样的“至人”是“无己”、“无功”、“无名”的。庄子认为，“至人”与天道一体，就可以不依赖任何条件而绝对逍遥，达到“与造物者为人（偶），而游乎天地之一气”（《大宗师》）的神秘境界，于是“天地与我并生，万物与我为一”（《齐物论》），“是非不得于身”（《德充符》），“死生无变于己”（《齐物论》），“不知悦生，不知恶死”（《大宗师》），也“不知利害”（《齐物论》）。总之，进入这样的境界，人就成为超脱是非、生死、利害的“真人”了。这当然是一种神秘主义的幻觉。

而且，庄子这种乐天安命的人生态度，无非是叫人顺从自然命运。他说：

> 死生，命也，其有夜旦之常，天也。（《大宗师》）
>
> 死生、存亡、穷达、贫富、贤与不肖、毁誉、饥渴、寒暑，是事之变、命之行也。（《德充符》）
>
> 知其不可奈何而安之若命，德之至也。（《人间世》）

这同儒家说的“死生有命，富贵在天”（《论语·颜渊》）没有什么差别。庄子认为，一切听从命运的安排，就不会有哀乐的干扰，这就叫做解脱。他说：

> 得者，时也；失者，顺也。安时而处顺，哀乐不能入也。此古之所谓悬解也。（《大宗师》）

---

① 唐成玄英《庄子疏》：“至言其体，神言其用，圣言其名。故就体语至，就用语神，就名语圣。其实一也。”

这样的“悬解”或“逍遥”，当然是自欺欺人。

但是，庄子的“逍遥游”也并不是没有一点道理。因为，人是自然的产物，人必须在与自然交互作用的过程中发展自己，只有达到与自然为一(遵循自然规律而活动)才会感到自由。所以，庄子要求“顺物自然而无容私”(《应帝王》)，也有其合理因素，这特别表现在审美活动的自由上(下面我们将说明这一点)。不过，他忽视了人决不能离开社会关系而达到与自然为一这一点，而且也不懂得人与自然的统一是一个不断地由“自在”而“自为”、由“自发”而“自觉”的辩证发展过程。

四、以相对主义作为认识论的基础

从“名实”之辩来说，庄子对于人的认识、概念能否如实地反映“芴漠无形，变化无常”(《天下》)的世界这样一个认识论的根本问题，作了相对主义和怀疑论的回答。

在哲学史上，相对主义通常是作为独断论的对立面而出现的。在庄子之前或与庄子同时的哲学家，如孔子、墨子、《管子》、商鞅、孟子等，大多有独断论的倾向。从认识论来说，独断论可以是经验论的，也可以是唯理论的。墨子对人的感性经验抱有非常天真的信赖，以为耳闻目见的就是“有”，无人看见听见的就是“无”。孟子则对人的理性思维抱有非常坚定的信赖，说“是非之心，人皆有之”(《孟子·告子上》)，以为理性本身具有天赋观念，人生来就能判断是非。但不论是哪种形式的独断论，庄子都表示反对。

庄子以为感觉和理性都不足以信赖。他说，人喜欢吃牛羊肉，鹿喜欢吃草，蜈蚣喜欢吃蛇，乌鸦喜欢吃老鼠。毛嫱、丽姬，人人说她们美，但鱼看见了她们就下沉，鸟见了她们就高飞，麋鹿见了她们就奔逃。人和这些动物到底谁的感觉正确，谁知道"正味"、"正色"呢（见《齐物论》）？这就是说，色、味的"正"与"邪"是依认识主体的感觉经验如何而决定的，但感觉经验是千差万别的，因而"正"、"邪"并无客观标准。感觉经验是相对的，理论思维更是如此。庄子指出："仁义之端，是非之途，樊然淆乱，吾恶能知其辩？"（同上）他以为，善和恶，是和非的界限是无法辩明的。假如我和你意见分歧，发生辩论，这在我们两个人之间是不能辩明谁是谁非的；那么，能不能找个第三者来作出正确的判断呢？也不能。庄子说：

> 吾谁使正之？使同乎若者正之，既与若同矣，恶能正之？使同乎我者正之，既同乎我矣，恶能正之？使异乎我与若者正之，既异乎我与若矣，恶能正之？使同乎我与若者正之，既同乎我与若矣，恶能正之？然则我与若与人俱不能相知也。（同上）

意思是说：请一个第三者来评判，或者与你观点相同，或者与我观点相同，或者与你我观点都不同，或者与你我观点都相同，不论哪一种情况，这个第三者都不能对你我的意见分歧作出正确评判。所以，我们俩究竟谁是谁非，你我他都是不能知道的。这是典型的相对主义的诡辩。它否定真理的客观标准，断定人与人之间"俱不能相知"，每个人的认识都成了把自己与客观世界隔绝的屏障，这当然是荒谬的。

然而庄子在这里提出的疑问，实际上包括“感觉能否给予客观实在”、“人类的思维（包括辩论、论证）能否达到科学真理”这样一些重大的认识论问题。从把哲学史作为人类认识史精华的观点来看，庄子对这些重大的认识论问题，提出各种各样的疑问、责难，于是促使人们去思考、探索，这也是他在哲学发展史上的一个贡献。《庄子》一书之所以引人入胜，一个重要的原因也在于此。

在百家争鸣的时代，如何对待百家的各种学说，是个很重要的问题。孟子反对“处士横议，杨朱墨翟之言盈天下”，说自己的任务是“闲先圣之道，距杨墨放淫辞”（《孟子·滕文公下》）。这当然是独断论的态度。商鞅提出“壹教”，主张用行政手段禁止各派学说，实行“燔诗书而明法令”（《韩非子·和氏》）。这不但是独断论，而且是君主专制主义。庄子则用相对主义反对独断论，走到了另一极端。他以为诸子百家“彼亦一是非，此亦一是非”（《齐物论》），他们之间的是非是无法辨明的，所以他说：

> 圣人和之以是非，而休乎天钧。（同上）
>
> 不谴是非，以与世俗处。（《天下》）
>
> 彼是莫得其偶，谓之道枢。（《齐物论》）

就是说，还不如采取和稀泥、齐是非的态度，让诸子百家各得其所而趋于自然均衡（“天钧”），这样就把握了道的枢要。这种无是无非的主张当然是错误的。

不过，当庄子在用相对主义反对独断论和论证无是无非的时候，还提出了一个很重要的问题，即：为什么会产生“此亦一是非，彼亦一是非”（《齐物论》）的现象？庄子在《齐物论》中说：

> 未成乎心，而有是非，是今日适越而昔至也，是以无有为有。

就是说，是非生于“成心”。如果说没有“成心”而有是非，那就同“今日适越而昔至”的话一样，是不可能的。庄子所谓的“成心”，就是指主观主义。他以为一切是非的差别都产生于“成心”，这个结论是不对的；因为，在现实中存在着没有“成心”却符合客观标准的是非。但庄子的这句话包含着要求克服主观片面性的意思，也就是反对独断论者“随其成心而师之”（同上）。

庄子对人们的观点进行了分析，他在《秋水》篇中区别了三种观点：

> 以道观之，物无贵贱。以物观之，自贵而相贱。以俗观之，贵贱不在己。

他认为，最要不得的是“以俗观之”，以为贵贱的原因不在己，而是由皇帝、上帝或金钱来决定的。其次是“以物观之”，儒墨各家都自以为是，以自己的学说为终极真理，认为别人讲的都不对，就像小鸟在蓬蒿之间自得其乐，不能了解大鹏一样。他们的观点都“囿于物”，都受自己存在条件的限制，所以是“以物观之”。在庄子看来，“以俗观之”和“以物观之”虽有差别，但都是“师其成心”

而有是非。真正从道的观点来看，就见到物无贵贱，就能破除一切束缚，齐是非，齐彼此，齐物我，齐死生。这种相对主义的“以道观之”当然也是片面的观点，即片面强调了“万物一齐”。不过这一理论对于破除“以俗观之”和“以物观之”的陋习与偏见也有一定的积极意义。

那么，独断论者的主观片面观点即“成心”又是怎么来的呢？庄子说：

> 井蛙不可以语于海者，拘于虚也；夏虫不可以语于冰者，笃于时也；曲士不可以语于道者，束于教也。(《秋水》)

“曲士”就是指有主观片面观点的人。庄子以为，诸子百家都同井蛙、夏虫一样，受了空间(虚)、时间(时)条件的限制和所接受的教育的束缚，因此认识上“蔽于一曲”，有片面性。他在这里实际上是说，人与人之间观点的差异是环境和教育造成的；而要认识“大道”，把握全面的真理，就必须首先打破“一曲”之蔽。庄子在《秋水》中有这样的论述：河伯(河神)原来以为“天下之美为尽在己”，到了北海，看见无边无际的海洋，才知自己的渺小，觉得过去的自满自大真是“见笑于大方之家”，因此感叹不已。海若(海神)便说：“今尔出于崖涘，观于大海，乃知尔丑，尔将可与语大理矣。”庄子之所以不止一次地讲“小大之辩”，就在于通过小和大的比较、有限和无限的比较，以克服主观片面性。

由于庄子注重观点的分析批判，所以他不同于独断论者和专制主义者。他对诸子百家采取了比较合理的宽容态度，这特别表现在《天下》篇中。《庄子·天下》可说是中国历史上第一篇哲学史论文，它提出了一种哲学史观，把诸子百家的形成看作是“道术将为天下裂”(《天下》)的过程。本来统一的没有分化的道术，后来分化为百家之学。庄子说：

> 天下大乱，贤圣不明，道德不一，天下多得一察焉以自好。譬如耳目鼻口，皆有所明，不能相通，犹百家众技也，皆有所长，时有所用。虽然，不该不遍，一曲之士也。

他以为，诸子百家都是“得一察焉以自好”(同上)，只察见一个片面，便自夸为“不可加”的终极真理，所以他们都是“一曲之士”。但是庄子同时又肯定，百家众技就像人身的五官一样，“皆有所长，时有所用”(同上)，所以不能采取独断论的态度，把它们一笔抹煞，甚至一律禁绝。《天下》篇在评论墨翟、禽滑釐，宋钘、尹文，彭蒙、田骈、慎到等学派时，都进行了尖锐的批评，同时又说“古之道术有在于是者”，分别对它们有所肯定。例如，他批评墨学是“乱之上也，治之下也”，却又说：“虽然，墨子真天下之好也”；他批评慎到之道“非生人之行，而至死人之理”，却又说：“虽然，概乎皆尝有闻者也。”庄子对诸子百家所作的批评和肯定，不见得都是正确的，他也有自己的主观片面性；不过这种宽容态度是可取的，它为辩证法所赞同。辩证法本来是在论辩中产生的，它要求辩论者放弃自以为是的态度，在论辩中要力求客观地考虑各方面的意见，要善于对不同观点进行分析批判(包括马克思主义的阶级分析)，从而引导出比较正确、比较全面的结论。这就是辩证论者的宽容态度。

庄子不是辩证论者，他以相对主义作为认识论的基础，引导到不可知论和神秘主义去了。他说：

> 古之人，其知有所至矣。恶乎至？有以为未始有物者，至矣，尽矣，不可以加矣。其次以为有物矣，而未始有封也。其次以为有封焉，而未始有是非也。(《齐物论》)

他以为认识的最高境界是"无"("未始有物")，其次是"有"而无差别，又次是有差别而无是非。倒过来说，应该忘掉一切是非，进而忘掉一切差别，以至达到虚无、混沌，才是"至矣，尽矣"。他以为凭一个"忘"字诀，经过所谓"坐忘"、"心斋"的修养工夫，就可以达到"同于大通"(《大宗师》)、绝对逍遥的精神境界，这不过是神秘主义的幻觉而已。

五、对言、意(逻辑思维)能否把握道(宇宙发展法则)所提出的责难

"名实"之辩也是关于逻辑学的问题。在逻辑思想的发展史上，不可能有相对主义的逻辑科学，然而相对主义却是不能被忽视的。这里，我们要着重谈一下庄子对"言"和"意"能否把握"道"(即逻辑思维能否把握世界统一原理和宇宙发展法则)这一问题所提出的责难。这个问题在中国哲学史上首先是由《老子》提出来的，不过《老子》说得很简单。庄子是个诗人，他最善于形象思维，所以很容易发现逻辑思维的不足之处。他从多方面对逻辑思

维提出责难，主要有三个：

第一个责难，庄子认为抽象的名言不能把握具体事物。他说：

> 道未始有封，言未始有常。（《齐物论》）

道不能分割，而人的概念、语言总是进行抽象，把具体事物分割开来把握；而一经分割，就有了界限，那就不是整体了。所以抽象概念无法把握具体的道。庄子写了“轮扁斲（斫）轮”的寓言，说：

> 斲轮徐则甘而不固，疾则苦而不入，不徐不疾，得之于手，而应于心，口不能言，有数存焉于其间。（《天道》）

他认为，这种不快不慢、得心应手的具体的斫轮技巧，是无法用言语说明的，父亲（“轮扁”）也无法讲给他儿子听。技巧（“数”）尚且不可以言传，道更是如此了。

第二个责难，庄子以为概念是静止的，无法表达变化。他说：

> 夫言非吹也，言者有言；其所言者，特未定也。（《齐物论》）
>
> 夫知有所待而后当，其所待者，特未定也。（《大宗师》）

言和吹风不同，言必有对象，有“所待”。人的认识只有与对象符合才是正确的，但对象是不确定的，瞬息万变的，所以在庄子看来，要用概念来表达事物是不可能的。“鸡鸣狗吠，是人之所知。

虽有大知，不能以言读其所自化，又不能以意其所将为。”（《则阳》）就是说，像鸡鸣狗吠这类普通的事情是人人知道的，但最有智慧的人也讲不清它是从哪里来的，也不知下一步它将怎样发展，所以言和意都不能反映事物。因为概念反映事物总要求有一一对应的相对静止关系，而事物的变化是绝对的，当你刚说“什么”（言），这个“什么”（所言）就已经变了。庄子常把道比做音乐，他以为对于所谓“消息盈虚，终则有始”，“若骤若驰，无动而不变，无时而不移”（《秋水》）的“天籁”，是无法用概念来把握的。

第三个责难，庄子以为有限的概念不能表达无限。他说：

> 夫精粗者，期于有形者也。无形者，数之所不能分也；不可围者，数之所不能穷也。可以言论者，物之粗也；可以意致者，物之精也。言之所不能论，意之所不能察致者，不期精粗焉。（同上）

意思是说，用言论可以表达物之粗略，用思想可以达到物之精微，但都限于有形的领域。可是道是无形的，无形即不能用名数分解、表达；道是无限（不可围）的，无限即没有数量可以穷尽。所以道是不能用语言表达，也不能用概念把握的。道是“大全”，是世界的全体，可以叫作“一”。

> 既已为一矣，且得有言乎？既已谓之一矣，且得无言乎？一与言为二，二与一为三。自此以往，巧历不能得，而况其凡乎！（《齐物论》）

如果用“一”之言来表达“一”（对象），就有名言与对象的对立，于是就需要用“二”来表示这个对立；这个对立和“一”（大全）又成了“三”；如此下去，无穷尽地递进，最好的历算家也计算不清了。这正说明要用语言来表达道是不可能的。庄子指出：

> 吾生也有涯，而知也无涯。以有涯随无涯，殆已。已而为知者，殆而已矣。（《养生主》）

他认为，以有限的生命去追求无限的知识是不可能达到的，企图用有限的概念去把握无限的道，只能造成“迷乱而不能自得”（《秋水》）。

总之，庄子尖锐地提出了人的概念、名言能否把握宇宙整体及其发展规律的问题，揭露出逻辑思维中的抽象和具体、静止和运动、有限和无限的矛盾。他由此得出怀疑论和不可知论的结论，这显然是错误的。但是庄子的责难，提出了问题，揭露了矛盾，也是了不起的贡献。有问题，有矛盾，才能推动人类思维的发展。事实上，后来的哲学家们都不能回避庄子所提出的问题。

不过，我们也可以反过来责问庄子：如果真的如你所说，名言、概念无法把握道，那么，岂非哲学不可能有了吗？为什么你还要写那么多哲学著作呢？对于这个问题，庄子也有他的问答：

> 以卮言为曼衍，以重言为真，以寓言为广。（《天下》）

庄子说他使用的是变动不居的“卮言”，借重古人、老人的“重言”以及寄托于故事的“寓言”，这些都不是普通的语言，而是“谬悠之说，荒唐之言，无端崖之辞”（《天下》）。但不论怎么说，即使是“荒唐之言”，也是言，庄子实际上也是在用名言表达道。

庄子是语言艺术的大师。他说：

> 寓言十九，重言十七。（《寓言》）

以为用寓言给人讲哲学道理，十之九能被人信；借重古人的话，十之七能被人信。这其实也就是说，用诗来表达哲理，把哲学思想体现于艺术形象之中，就容易为人们所接受。《庄子》一书，包含着许多脍炙人口的寓言故事，如“北冥有鱼”、“大块噫气”、“庖丁解牛”、“轮扁斫轮”、“河伯与海若对话”等等都是。举《至乐》篇的一个故事为例：颜渊到齐国去后，孔子担心颜渊去跟齐侯讲尧舜黄帝之道反而惹出祸来，于是给子贡讲了“鲁侯养鸟”的寓言：

> 昔者海鸟止于鲁郊，鲁侯御而觞之于庙，奏九韶以为乐，具太牢以为膳。鸟乃眩视忧悲，不敢食一脔，不敢饮一杯，三日而死。此以己养养鸟也，非以鸟养养鸟也。

这里讲的“以鸟养养鸟”，是说，应该让鸟栖息于深林，浮游于江湖，吃泥鳅和小鱼，跟着鸟的行列翔集，自在相处。而鲁侯则是“以己养养鸟”，把鸟供养在庙堂中，把宫廷中最美妙的音乐奏给鸟听，用最丰盛的筵席款待它，以致吓得鸟不饮不食，三日便死。庄子用这则寓言来说明物各有所适，不能主观臆断，而应顺其自然。在这里，哲学思想不再是抽象的概念，而是体现于具体生动和富于感情色彩的形象之中，接近于诗的意境了。庄子用诗的语言讲哲理，对后世有深远的影响。但是，哲学毕竟不能停留于诗的语言，它要求以理论思维的方式掌握世界，需要概括科学的成就，进行严密的逻辑论证。

在庄子那里，更重要的是“卮言”。他说：

> 卮言日出，和以天倪。（《寓言》）

“卮”是酒杯，满了就溢出来，空了又可装。满与不满是随酒变化的。以此来比喻，“卮言”就是如郭象所说：“因物随变，唯彼之从。”①人家怎么说，我就跟着怎么说，但这是为了利用人家的话来达到齐是非、均彼我。“付之于物而就用其言，则彼此是非，居然自齐。”②这就叫作“和以天倪”（天倪即自然的平衡）。

“卮言”究竟是什么语言呢？《秋水》篇说：

> 以差观之，因其所大而大之，则万物莫不大；因其所小而小之，则万物莫不小。知天地之为稊米也，知毫末之为丘山也，则差数等矣。以功观之，因其所有而有之，则万物莫不有；因其所无而无之，则万物莫不无。知东西之相反，而不可以相无，则功分定矣。以趣观之，因其所然而然之，则万物莫不然；因其所非而非之，则万物莫不非。知尧、桀之自然而相非，则趣操睹矣。

---

① 郭象：《庄子注》，郭庆藩著，王孝鱼点校：《庄子集释》，中华书局 2004 年版，第 939 页。
② 同上书，第 942 页。

庄子在这里说的“以差观之”、“以功观之”、“以趣观之”，三者都属于“以道观之”，但用了三个范畴（差异、功用、旨趣，实际上也是关于“类、故、理”的三个范畴）。首先，“差”，即各类事物之间的差别。一般人都认为天地大、稊米小，丘山大、毫末小。庄子也就用“大”、“小”之言，如郭象的注解所说：“所大者足也，所小者无余也。”那么，稊米、毫末也都“足”于其性，可称为大；而天地、丘山也都“无余”，可称为小。这样就可把天地与梯米、丘山与毫末等量齐观，抹煞了大和小的差别。其次，“功”，即事物的功能、作用。所谓“作用”无非是两方面：一、自为（自己运动），二、相因（互相依赖、互相作用）。如从每一事物都是自为来说，别的事物都对它无作用；如从彼此相因来说，则所有别的事物都对它有作用。一般人都认为东与西相反，互不影响；庄子却说“东西之相反而不可以相无”（《秋水》），说明万物之间无作用而又有作用。第三，“趣”，即活动的旨趣、趣向。讲到有意识、有旨趣的活动，一般人都认为可判别为是与非、然与否，而是非、然否的界限是不可逾越的。庄子则以为，万物莫不自贵而相贱，大家都断定自己正确而又彼此相非，尧和桀都自以为是而指斥对方不是；所以是非、然否没有绝对的界限，可以说万物莫不然，万物莫不非。在《庄子》书中，充满着这种相对主义的论辩，这就是他所谓“以卮言为曼衍”。

对庄子的“卮言”我们应该怎样评价呢？这样的语言能把握宇宙发展法则吗？

辩证唯物主义已经阐明，物质的运动、变化是绝对的，而具体事物又各有其相对的静止状态，客观现实是绝对运动与相对静止的统一。从逻辑思维说，人的概念要反映对象，必须和对象有一一对应关系，因而有相对静止的状态，但将概念的稳定状态绝对化，就要走到形而上学。为了把握宇宙发展规律，概念必须是经过琢磨的、灵活的、能动的、对立统一的。列宁说："概念的全面的、普遍的灵活性，达到了对立面同一的灵活性，——这就是实质所在。主观地运用的这种灵活性＝折中主义与诡辩。客观地运用的灵活性，即反映物质过程的全面性及其统一性的灵活性，就是辩证法，就是世界的永恒发展的正确反映。"①可见，辩证法是要求对事物客观地进行具体分析，不能抽象地谈概念间的转化，不能只是在概念中打转。庄子要求把握世界的永恒运动，强调概念的全面的灵活性。他"以卮言为曼衍"(《天下》)，像上面所说的那样论辩，概念确是流动的、灵活的，但问题在于庄子是主观地运用了这种灵活性，因而就成了主观主义、相对主义而陷入了诡辩。

六、庄子的相对主义是哲学发展的一个环节

列宁说："辩证法，正如黑格尔早已说明的那样，包含着相对主义、否定、怀疑论的因素，可是它并不归结为相对主义。马克思和恩格斯的唯物主义辩证法无疑地包含着相对主义，可是它并不归结为相对主义，这就是说，它不是在否定客观真理的意义上，而是在我们的知识向客观真理接近的界限受历史条件制约的意义上，承认我们一切知识的相对性。"②列宁讲得很清楚，对哲学史上的相对主义（指作为人类认识发展的必要环节的相对主义，而不

① 列宁：《哲学笔记》，《列宁全集》第 55 卷，第 91 页。
② 列宁：《唯物主义和经验批判主义》，《列宁选集》第 2 卷，第 97 页。

是指人云亦云、拾人牙慧的货色）应采取两点论的态度，既要看到相对主义在承认一切知识的相对性上有其合理因素，正是这点合理因素被包含在辩证法里面；也要看到若以相对主义作为认识论的基础，便不可避免地导致唯心主义。这就是我们在讨论庄子哲学时的基本观点，对此不应作片面的理解。

庄子没能解决绝对和相对的关系，他用相对主义反对独断论。他在天道观上反对静止地孤立地看问题，强调运动、变化是绝对的，但走到另一极端，否定了事物的质的规定性；在认识论上片面强调了认识的相对性，否认人能够把握绝对真理，因此否认人能够把握客观真理；在逻辑学上片面强调了概念的灵活性，从而导致否认概念有质的规定性，否认了概念与对象的一一对应关系，这样，人们之间要交流思想和表达意见就不可能了。庄子不懂得唯物主义辩证法，不可避免地从相对主义走到不可知论和唯心主义。这里包含着深刻的理论教训。

同时也应看到，正因为庄子哲学是相对主义和怀疑论，能够把人们从“独断的迷梦”中唤醒起来（我在这里借用了康德称道休谟的话），所以就构成了哲学发展的一个必要环节。庄子给人们提出了许多有启发性的问题，特别是揭露了逻辑思维的矛盾，这在哲学史上是一个重要贡献。与庄子同时或稍后，辩者惠施、公孙龙等人通过“坚白”、“同异”之辩，对这种矛盾又作了进一步考察。然后，《墨经》和荀子才有可能在批判前人的基础上，建立形式逻辑体系和提出辩证逻辑原理。庄子关于反对“成心”和批评“一曲”的思想，可以说是上承宋钘“别宥”而下启荀子“解蔽”。荀子《解蔽》篇开头便说：“凡人之患，蔽于一曲而闇于大理”，用的就是庄子的语言。不过荀子的《解蔽》有比较多的辩证法思想，它包含着相对主义因素，但并不归结为相对主义。这正好说明，庄子的相对主义是哲学向辩证法发展过程中的一个必要环节。

庄子的相对主义和他的自然原则密切相联系。他用相对主义和怀疑论来动摇、破坏一切人为，以求回到自然。就伦理学和道德领域来说，庄子对后世的影响也有其两重性。庄子对现实政治的批判以及对人生的达观态度有其可取之处，他以为人的自由在于与自然的必然性为一，这也包含着合理因素。但是，庄子自居于“上与造物者游，而下与外死生、无终始者为友”（《天下》）的地位，用相对主义的态度来对待人间的一切。他说：“与其誉尧而非桀也，不如两忘而化其道。”（《大宗师》）还说“不多辞让”，“不贱贪污”，“不多辟异”，“不贱佞谄，世之爵禄不足以为劝，戮耻不足以为辱”（《秋水》）。这种毫无原则性的人生观，可以为任何卑鄙行为和罪恶活动作辩护，是反动的。

但是，在庄子那里，哲学就是诗，自然就是美。他说：

> 天地有大美而不言。（《知北游》）

虽然庄子以否定人为的态度，讲了“灭文章，散五采”，“擢乱六律，铄绝竽瑟”（《胠箧》）之类的话，但他自己是诗人，以为天地之大美非名言、知识所能把握，却可以用诗、用寓言来暗示。以《养生主》中的“庖丁解牛”为例：庄子用十分生动的诗的话言形容庖了解牛时的一举一动：

> 手之所触，肩之所倚，足之所履，膝之所踦，砉然向然，奏刀騞然，莫不中音，合于桑林之舞，乃中经首之会。

就是说，庖丁解剖牛的熟练技巧已完全合乎舞蹈与音乐的节奏，他的劳动就是艺术。而庖丁之所以能做到这一点，是因为他经过长期实践，已深刻地认识了牛的生理结构，所以能“依乎天理”，“因其固然”，“恢恢乎其于游刃必有余地矣”(《养生主》)。

这个寓言，有两点值得我们注意：第一，哲学思想(人的自由就在于主观精神与自然规律相一致)体现于具体生动的艺术形象之中，成了诗的意境。第二，庄子在这里并不否定人为，而是要求由人为回到自然，由“技”进于“道”。必须经过长期的锻炼，达到“以神遇，而不以目视”(同上)的地步，才能与自然为一而获得自由。这里的自由不是道德上的自由，而是审美活动上的自由。这两点意思，也见于庄子的其他一些寓言，如“轮扁斫轮”、“佝偻者承蜩”、“津人操舟若神”、“吕梁丈夫蹈水”、“梓庆削鐻”等，都是讲劳动的技艺达到神化的境界，成了完全自由的劳动，成了美的享受。而这种自由之所以能获得，是由于长期“用志不分，乃凝于神”(《达生》)，达到了完全忘我而与自然为一。佝偻老人以竿取蜩(蝉)，他专心一志，“不以万物易蜩之翼”；梓庆削木为鐻(一种乐器)，他忘了自己的四肢形体，在山林中选材加工时，能够“以天合天”(以习惯成了自然的技艺与木材的天性相合)。这些寓言故事，一方面朴素地把“自由是对必然的认识”的哲学思想表现于艺术形象之中；另一方面也触及了艺术创造作为精神生产的规律性(由“技”进于“道”，由必然王国进于自由王国)。可以说，中国古典美学中关于艺术意境的理论，在庄子这里已有了萌芽。大体说来，庄子在美学和艺术领域中对后世的影响，积极方面是主要的。当然也有消极方面，因为用自然原则反对人道原则，就会出现使艺术脱离人生的错误倾向。

总之，对庄子的哲学应作具体的历史的分析。《庄子》一书几乎对古代所有的重要哲学问题都进行了探讨，达到了很高的思辨水平。特别是它深刻地揭露了逻辑思维的矛盾，考察了人在审美活动中的自由，给后世以深远的影响。不过庄子的怀疑一切的态度和无原则性的人生观，也产生了不可低估的消极作用，以后许多政治上失意的封建士大夫都从中寻找精神安慰，封建统治者也以此标榜清高和超脱，以麻痹人民。

第四节 名家“坚白”、“同异”之辩

随着百家争鸣的展开和科学的发展，在战国时期出现了“名辩”思潮。有一些思想家被称为“名家”、“辩者”，其主要代表是惠施和公孙龙。[①] 他们特别注意对逻辑问题的研究。

人们在研究逻辑问题之前，已经在运用逻辑了。人类的思维本来是一个自然的历史过程。可以说，人类的思维形式及其规律也是“自在之物”。哲学家在讨论各种哲学问题时，都要进行逻辑论证，都要运用逻辑思维规律和逻辑范畴，只是起初是自发地运用，后来才逐渐地趋于自觉，把逻辑思维本身作为对象来进行考

① 冯友兰先生旧著《中国哲学史》中把辩者分为“合同异”和“离坚白”两派，分别以惠施和公孙龙为主要代表。本书吸取了他的见解。

察(反思)。在先秦,墨子首先从逻辑学的角度来讨论名和实的关系问题,提出了"类"、"故"、"理"这些范畴,其他各家也都参与了"名实"之辩,而名家尤其注重考察逻辑学问题。惠施和公孙龙这些辩者所展开的"坚白"、"同异"之辩,主要在考察"类"的范畴,考察同和异、个别和一般的关系。这是关于逻辑思维形式的讨论。

惠施(约公元前370年—前310年),战国中期宋国人,是当时一个有名的政治家,曾当过魏国魏惠王的相,与庄子经常辩论问题。惠施的著作早已散失,现仅能根据《庄子·天下》以及《荀子》、《韩非子》、《吕氏春秋》中所保留着的一些资料,来对他的哲学思想进行分析研究。

公孙龙(约公元前325年—前250年),战国中期赵国人,曾做过赵国平原君的门客,主张"以正名实而化天下",宣传偃兵、兼爱。现存《公孙龙子》①一书,是我们研究其哲学思想的主要材料。

一、惠施:"合同异"

惠施主张"合同异"。《庄子·天下》讲惠施"历物十事"(十个论题),其中有一个论题是:

> 大同而与小同异,此之谓小同异;万物毕同毕异,此之谓

① 《公孙龙子》据《汉书艺文志》记载有14篇,但大部分早已失传,现仅存六篇。《公孙龙子》的注释,主要有宋人谢希深注、清末陈澧的《公孙龙子注》、孙诒让的《公孙龙子札记》、近人王绾的《公孙龙子悬解》、陈柱的《公孙龙子集解》以及谭戒甫的《公孙龙子形名发微》等。

大同异。

认为“大同”属于一大类，“小同”属于一小类，例如以动物为“大同”，兽类则为“小同”，这种从种属关系来考察事物之间的同异，叫做“小同异”。“毕同”、“毕异”，是说万物都有共同之点，都有彼此相异之处，这就叫“大同异”。惠施强调“大同异”，按共性说，万物都是“物”，故“毕同”；按个性说，每一物各具特性，故“毕异”。他揭示出事物同异关系的相对性，有其合理因素；但他夸大了这种相对性，抹煞了事物的质的差别，得出了“氾爱万物，天地一体也”（《庄子·天下》）的结论。意思是，要无差别地去爱一切东西，把天地万物和自己看成血肉相连的一个整体。这里，他把抽象的“毕同”说成是实在的一体，就混淆了“类同”和“体同”。

惠施和庄子是好朋友。他的一些论题和庄子很相似。惠施讲“毕同毕异”，“天地一体”。庄子也说过：“自其异者视之，肝胆楚越也；自其同者视之，万物皆一也。”（《庄子·德充符》）庄子说：“方生方死，方死方生。”（《庄子·齐物论》）惠施也讲：

日方中方睨，物方生方死。（《庄子·天下》）

意思是说：太阳刚升到正中就开始偏斜，事物刚产生就开始死亡，可见运动变化是绝对的。庄子说：“何以知毫末之足以定至细之倪？又何以知天地之足以穷至大之域？”（《庄子·秋水》）惠施也讲：

至大无外，谓之大一，至小无内，谓之小一。（《庄子·天下》）

所谓“大一”，就是指无限的宇宙，而所谓“小一”，则相当于几何学上的点。惠施的这些论点和庄子的共同之处是：都强调了变化的绝对性，认为宇宙是无限的；从“异”的观点来看，万物都有差异，从“同”的观点来看，万物齐一；等等。

但惠施和庄子也有不同。惠施认为“大一”、“小一”都可以用抽象思维来把握，可以“意致”；而庄子却认为人们不能停留在“言”和“意”上，而应达到“无言”、“无意”的境界。因此，庄子批评惠施是：“逐万物而不反”，“由天地之道，观惠施之能，其犹一蚊一虻之劳者也，其于物也何庸？”（《庄子·天下》）就是说，惠施的争辩，是追逐万物而不知道回头，就好像一只蚊子，一只牛虻那样费尽劳力，也无济于事。反过来，惠施则认为庄子的学说“大而无用，众所同去也”（《庄子·逍遥游》）。应当说，惠施是停留在抽象思维领域，不像庄子那样超脱，因之也比较接近科学。

惠施的一些命题是和当时的自然科学水平密切联系的。如“大一”、“小一”的命题，就和几何学的概念相联系。他说：“无厚，不可积也，其大千里。”（《庄子·天下》）这是讲几何学上的面积，由于没有厚度，因而就没有体积（“不可积”），但是从广度说，其大可至千里。“一尺之棰，日取其半，万世不竭。”（同上）这也可能是惠施一派的论题，讲几何学上线段可以无限分割，也揭示出任何事物都包含着无限和有限的矛盾。惠施的“日方中方睨，物方生方死”（同上）的论题，揭示了事物静止中的运动以及运动的连续性。另外的辩者提出“飞鸟之景（影）未尝动也”，“镞矢之疾，而有不行不止之时”（同上），则揭示了事物运动中的静止以及运动的间断性。惠施等辩者揭示了物体运动既是连续的（“日方中方睨”，同一时间在两个地方），又是间断的（“飞鸟之景〈影〉未尝动”，每一时间在一个地方）。列宁说：“运动是（时间和空间的）非间断性与（时间和空间的）间断性的统一。运动是矛盾，是矛盾的统一。”[①]可以说，惠施这类辩者的上述论点已接触到“运动本身就是矛盾”这一辩证法思想。当然，辩者的辩证法是偶然的，因为他们揭露了矛盾，却并不认识矛盾就是事物以及概念的本质。

二、公孙龙：“离坚白”

大约在惠施之前，已有一个叫兒说的辩者，提出了“白马非马”的命题（见《韩非子·外储说左上》）。比惠施稍后的公孙龙也反复论证“白马非马”，还提出了“离坚白”的学说。

关于“白马非马”，公孙龙是这样论证的：

> 马者所以命形也，白者所以命色也。命色者非所以命形也[②]，故曰：白马非马。（《公孙龙子·白马论》，本节以下引《公孙龙子》只注篇名）

他认为，从“名实”关系说，“马”之名用来表示形体，“白”之名用来表示颜色，“白马”包括了两个因素，而“马”却只指形体，所以说“白马”不是“马”。他又说：

> 求马，黄黑马皆可致；求白马，黄黑马不可致。……可与

---

① 列宁：《哲学笔记》，《列宁全集》第55卷，第217页。

② “命色者非所以命形也”一语是据道藏本。——初版编者

不可，其相非明。(《白马论》)

就是说，在实际生活中，当人们要马时，各种颜色的马都可以给，而当人们要白马时，黄马、黑马就不合要求了。可见，白马不是马。

其实，我们平常讲“白马是马”，这个简单命题就包含着个别和一般的互相联结而又互相排斥的辩证关系。列宁说：“任何个别(不论怎样)都是一般。任何一般都是个别的(一部分，或一方面，或本质)。任何一般只是大致地包括一切个别事物。任何个别都不能完全地包括在一般之中，如此等等。”[①]公孙龙强调“马”和“白马”这两个概念在内涵与外延上有区别，指出了个别和一般的互相排斥关系，这在逻辑发展史上是有贡献的。但他片面夸大了这一点，认为一般的抽象的马可以脱离具体的马而独立存在，就割裂了一般与个别的辩证关系，成了诡辩。

公孙龙的“离坚白”是认为“坚”与“白”这两种属性不能同时是石头的属性，“坚”和“白”是分离的。他说：

视不得其所坚而得其所白者，无坚也，拊不得其所白而得其所坚者，[②]无白也。(《坚白论》)

意思是，人们用眼看石头时，只能得到白的感觉而得不到坚硬的感觉，这时就没有“坚”；同样，当人们用手摸石头时，只能得到坚

---

① 列宁：《哲学笔记》，《列宁全集》第55卷，第307页。
② 道藏本下有“得其坚也”4字，此依谭戒甫说删。——初版编者

硬的感觉，而得不到白的感觉，这时就没有“白”。那么，当看不见坚，摸不到白时，坚与白到哪里去了呢？公孙龙说：

> 见与不见离。……离也者，藏也。（《坚白论》）

就是说，有见（白），有不见（坚），是彼此分离的；分离，就是自己藏起来了。他认为一般属性（坚、白）可以脱离具体事物（石）而独立存在，不仅坚、白这些属性是分离的，而且一切属性都是互相分离的。又说：

> 且犹白以目见，目以火见[①]，而火不见。则火与目不见，而神见。神不见，而见离[②]。（同上）

在这里，眼睛、光、精神和对白的视觉都被看作是互相分离的。

> 离也者，天下故独而正。（同上）

是说，天下的一切属性，各各相离，各自独立存在，各有其相当之名，这就是正名。

---

① “以火见”前加“见目”2 字，是根据孙诒让说，参照《墨子 · 经说下》：“智以目见，而目以火见，而火不见”增补。道藏本无“见目”2 字。据旧注（谢希深注）似应有。——初版编者

② 旧注曰：“人谓目能视物，而目以因火见，是目不能见，由火乃得见也。然火非见白之物，则目与火俱不见矣。然则见者谁乎？精神见矣。夫精冲之见物也，必因火以（与）目乃得见矣。火目犹且不能为见，安能与神而为见乎？则神亦不能见矣。推寻见者，竟不得其实，则不知见者谁也，故曰而见离。”——初版编者

公孙龙认为概念（一般属性或共相）都是独立自存的，这就是他所谓的“指”。他说：“物莫非指，而指非指。”（《指物论》）意思是，所谓“物”是“指”（共相）的表现，它的属性是可以指认的；而“指”（共相）本身却不能指认，它藏在另一个世界。“指”与“物”的关系，在公孙龙的哲学里，就是概念和实物、一般和个别的关系。他说：“天下无指，物无可以谓物。”（《指物论》）他认为事物是由概念（共相）产生的，如果没有概念，事物也就无法称其为事物了。这种唯心主义的观点，和西方哲学史上的柏拉图相似，即认为在具体的世界之外，还有个概念的世界，任何具体的事物，都是概念的表现。

三、相对主义和绝对主义的对立

在“坚白”、“同异”之辩中，惠施一派主张“合同异”，强调同异关系的相对性，认为一切概念都是可变的，灵活的，抹煞了概念的相对稳定状态，从而导致了相对主义；而公孙龙一派主张“离坚白”，则把概念之间的差异绝对化了，认为事物的属性都是彼此分离的，从而导致了绝对主义。

惠施有一个著名的论题：

> 天与地卑，山与泽平。（《庄子·天下》）

在一般人看来，天地、山泽有上下、高低之分，二者不可混淆；惠施却以为高低只有相对的意义，高的也可以说是低的，低的也可以说是高的。因为“地之上皆天也”，高山之上的天固然很高，而在那低洼的地方，天就很低，所以说：“天与地卑。”同时，他认为，不论高山与深泽，相对于覆盖于其上的天空来说，是平等的，所以说："山与泽平。"这里，惠施指出高和低的对立是相对的、可变的，这有合理因素，对"天尊地卑"之类的固定看法也是一个批评。但如果因此而断言：高和低、上和下、大和小、长和短、生和死、寿和夭等一切差别都可以抹煞，一切对立都可以无条件地转化，那便陷入相对主义的诡辩了。例如，惠施一派辩者提出"卵有毛"、"白狗黑"等论题，理由是：卵可以转化为有毛羽的禽类，所以毛羽是卵本来有的；人们把瞎了眼睛的狗叫瞎狗，那么白狗有黑眼珠，也可以把它叫作黑狗。诸如此类，都是夸大了白黑、有无等概念的灵活性、可变性，使它们失去了在一定论域中的确定意义，违背了形式逻辑的同一律。

公孙龙却是把形式逻辑的同一律绝对化了。他说：

> 故彼彼止于彼，此此止于此，可。彼此而彼且此，此彼而此且彼，不可。（《名实论》）

就是说，称彼为彼而限于彼，称此为此而限于此，这是对的。称此为彼而彼也成了此，称彼为此而此也成了彼，那是不对的。这里包含这样的意思：概念和对象之间要有一一对应的关系，而这种对应关系是形式逻辑同一律的基础，是逻辑思维的必要条件。后来，《墨经》和荀子也都表达了这样的思想。但是，公孙龙把"彼彼止于彼，此此止于此"（同上）绝对化了，以为既然称坚为坚限于坚，称白为白而止于白，那么坚和白是互相分离的，于是把坚、白和其他一切属性都割裂开来，并说它们可以脱离具体事物而独立自存，这便陷入了绝对主义和唯心主义，导致了诡辩。他还有“鸡三足”之类的怪论：

> 谓鸡足一，数足二，二而一故三。（《通变论》）

以为称谓鸡足（即“鸡足”概念）为一，而实际数鸡足为二，加起来就是三。这种说法显然是荒谬的。亚里士多德批评柏拉图的理念论时说，他设定一个独立自存的理念世界来解释我们周围的世界，“有如一个人要想计算事物，却认为事物太少就不能计算，于是把事物的数目扩大，然后才来计算一样”[①]。公孙龙说的“牛羊足五，鸡足三”（《名实论》），就是这种形而上学的荒唐计算的结果。

不过，我们在批判和克服了惠施的相对主义和公孙龙的绝对主义之后，却可以看到，辩者两派实际上揭露了逻辑思维的本质矛盾：一方面，逻辑思维有相对静止的状态，概念和对象之间必须有一一对应关系；并且在思维过程中，把具体事物分割开来考察，这是必要的，否认这一点，就是否认形式逻辑，否认表达和交流思想的可能性。但另一方面，为了把握事物之间的全面的活生生的联系和变化发展的法则，概念又必须是灵活的、能动的、在对立中统一的。

问题在于，惠施和公孙龙并不懂得绝对和相对、运动和静止的辩证法。他们各执一个片面，导致了相对主义和绝对主义。但把哲学史作为人类认识的辩证发展史来看，辩者两派分别考察了逻辑思维的矛盾的两个侧面，所以也都包含有认识发展的必要环节。

---

① 亚里士多德：《形而上学》，见北京大学哲学系外国哲学教研室编：《古希腊罗马哲学》，三联书店 1957 年版，第 284 页。

第五节　后期墨家论名实关系

墨子死后，墨家分成几个学派。《庄子·天下》说：

> 相里勤之弟子，五侯之徒，南方之墨者苦获、已齿、邓陵子之属，俱诵墨经而倍谲不同，相谓别墨。

由于文献不足，我们已无法了解这些墨者的生平事迹，而只能笼统地称战国中后期以《墨经》为代表的墨家学派为后期墨家。后期墨家就"坚白"、"同异"问题，同惠施、公孙龙两派展开了争论，他们同其他各家之间以及墨家各派之间也有争论，从而使墨子的理论在百家争鸣中得到了发展。后期墨家很重视手工业生产技术，研究了许多自然科学领域中的问题，特别是在几何学、光学、力学等方面作出了杰出的贡献。在此基础上，他们发展了朴素唯物主义的自然观和认识论，建立了科学的形式逻辑体系，因而在中国古代哲学史上占有重要的地位。

现存《墨子》一书中的《经上》、《经下》、《经说上》、《经说下》、《小取》、《大取》是后期墨家的六篇著作，统称《墨辩》，亦即广义的《墨经》（狭义的《墨经》指前四篇）①。

---

① 关于《墨经》的注释，最早有晋鲁胜的《墨辩注》，已佚。清代张惠言的《墨子经说解》、毕沅的《墨子注》、曹耀湘的《墨子笺》和孙诒让的《墨子间诂》，对《墨经》作了较详的考释。近人研究《墨经》者较多，重要的有梁启超的《墨经校释》、高亨的《墨经校诠》、谭戒甫的《墨辩发微》和沈有鼎的《墨经的逻辑学》等。

就“古今”之争来说，后期墨家反对儒家复古的主张。《经说下》中有两条说：

> 尧之义也，是声也于今，所义之实处于古。
>
> 尧善治，自今在诸古也。自古在之今，则尧不能治也。

意思是说，尧的仁义之名声流传至今，而尧行仁义的事实却是在古代。现在人们讲尧善于治理国家，这是循名责实，从现代考察到古代来说的；而如果按实际情况，从古代考察到现代，古今异时，则知尧是不可能治理今天的国家的。这显然是对儒家“言必称尧舜”的驳斥。

在这里，后期墨家有唯物主义的名实观来回答“古今”之争。《墨经》在哲学上的主要成就，正在于名实关系上的唯物主义，而这种唯物主义是和伦理学上的功利主义、自然观上的原子论思想相联系着的。

一、继承和发展墨子的功利主义

就“义利”之辩说，后期墨家继承、发展了墨子的功利主义。《墨辩》给“义”下定义说：

> 义，利也。(《经上》)
>
> 义：志以天下为芬(分)，而能能利之，不必用。(《经说上》)

类似的定义，还有“孝”：

孝，利亲也。（《经上》）

孝：以亲为芬，而能能利亲，不必得。（《经说上》）

在这里，后期墨家都是以“利人”作为道德的内容，认为“义”是以利天下为自己的职分，“孝”是以利亲为自己的职分，这是讲“志”。而在实际行动中，又有才能（能力）能作到利天下或利亲的事，这是讲“功”。墨子说过要“合其志功而观焉”（《鲁问》），即要求从志功统一（动机与效果统一）的观点来看人的行为。不过就“功”来说，我“能能利之”，却不一定能被对方了解。“义”（如墨家的“兼爱”、“非攻”）不一定见用于世，“孝”也不一定得亲之心。尽管如此，道德行为总是以利人之志功为本质特征，义与不义的区别就在于志与功是利人还是害人。所以《大取》说：

义，利；不义，害。之（志）[①]功为辩。

后期墨家把人看作是天生趋利避害的，并对利、害都下了定义：

利，所得而喜也。（《经上》）

利：得是而喜，则是利也。其害也，非是也。（《经说上》）

害，所得而恶也。（《经上》）

害：得是而恶，则是害也。其利也，非是也。（《经说上》）

① “之功”，孙诒让、谭戒甫均以为同“志功”。《墨子》书中凡言“天志”，多作“天之”，“之”、“志”古通用。——初版编者

这种把善恶归之于利害，而又把利害归之于喜悦与厌恶的感觉的学说，是对墨子的功利主义和感性原则的发展。

法家也以为人性是趋利避害的，正是以此为根据，他们主张用赏、罚“二柄”来使人们服从法律规范，以为用不着讲仁义。墨家虽然也讲赏罚，但强调的是道德规范，所以不同于法家。《墨辩》以为，人生来就有追求功利的欲望；获得利益就感到喜悦，这正是一切道德的基础。当然，要使人接受道德规范，还须进行教育，以提高理智的认识，使人们能对自己的行为正确地进行权衡。《大取》篇讲到理智对人的行为有两方面的权衡：一是权衡利害，二是权衡是非。

> 于所体之中而权轻重之谓权。权，非为是也，亦非[①]为非也。权，正也。

这里的“权”不是指权衡是非，而是指理智能对亲身感受到的利害进行权衡，以决定取舍。例如“遇盗人而断指以免身”，“断指”是“害之中取小”，而“免身”脱险则是“利之中取大”（《大取》）。

> 于事为之中而权轻重之谓求。求，为之(是)非也。（同上）

这里讲的“求”，则是指理智能对行为作道德评价而提出要求：求为是而不为非，求为义而不为非义。“为暴人语天之(志)，为是

---

① “亦非”，旧作“非非”，从孙诒让校改。——初版编者

也；而惟[①]为暴人歌天之（志），为非也。”（《大取》）就是说，对暴人宣传墨家的“天志”，劝其为善，这是对的；而替暴人歌颂，说他的行为如何合乎天意，则是错的。

然而，理智的认识有时而穷。《经上》说：

> 为，穷知而悬于欲也。

这是说，若理智不能权衡利害，那便容易受欲望的系缚了。可见后期墨家既指出了功利主义有其心理学的根据（喜、恶），又强调了理智对利害、是非的权衡作用。为了提高理智的认识，必须重视对人的教育。《经说下》说：

> 唱而不和，是不学也。智少而不学，功必寡[②]。和而不唱，是不教也。智多[③]而不教，功适息。

教者唱而学者和，不能教而不学，也不能学而不教。这里所说的，其实就是孔子说的“学不厌，教不倦”（《孟子·公孙丑上》）的意思，不过，这是用墨家的功利主义观点来论证的。

二、“以名举实”的认识论

在“名实”之辩上，后期墨家作出了很大的贡献。《墨辩》主张

① “而惟”，旧作“而性”，从曹耀湘校改。——初版编者
② “必寡”前原无“功”字，据杨保彝说增。——初版编者
③ 孙诒让云：“智”下当有一“多”字。此据孙说增补。——初版编者

"以名举实"。又说：

举，拟实也。(《经上》)

举：告以文名，举彼实也。(《经说上》)

意思是说，名是摹拟实在，概念是反映客观事物的。那么，人们是怎样"以名举实"、认识客观世界的呢？后期墨家提出了比较完整的唯物主义认识论学说。

《经上》及《经说上》中说：

知，材也。(《经上》)

知材：知也者，所以知也，而必知，若明。(《经说上》)

虑，求也。(《经上》)

虑：虑也者，以其知有求也，而不必得之，若睨。(《经说上》)

知，接也。(《经上》)

知：知也者，以其知遇物，而能貌之，若见。(《经说上》)

恕[①]，明也。(《经上》)

恕：恕也者，以其知论物，而其知之也著，若明。(《经说上》)

这里的"知材"，是指人的认识能力，所以知之具，如耳必聪目必明，感物必有见闻；若耳聋目盲，便不成其为知材了。"知虑"，是指人的主观能动性，即能有意识地寻求、思索事物。但主观的求

① "恕"，旧本为"恕"，顾广圻据道藏本校作"恕"，并改《经说》之2"恕"字作"恕"，孙诒让从之。"恕"古"智"字。——初版编者

索不一定获得客观事物，目有所寻视不一定见到所寻视之物。“知接”，是讲以人的官能接触外物，能把客观事物摹写下来，即感性认识。“恕明”，则指人的理性认识，人们能运用心知对事物进行分析、比较，以把握事物的伦理（规律），达到更为深切著名的认识。由此可见，后期墨家对认识的被动性和能动性、感性认识和理性认识的关系等都作了初步的阐明。

《经上》、《经说上》中还讲到：

> 知：闻[①]，说，亲，名，实，合，为。（《经上》）
>
> 知：传受之，闻也；方不庳[②]，说也；身观焉，亲也；所以谓，名也；所谓，实也；名实耦，合也；志行，为也。（《经说上》）

这里讲了人们获得知识的方式有三种：闻、说、亲。“闻知”，是指由别人传授给我的间接的知识。“说知”，是指由推理获得的知识。“方不庳”，是讲“说知”不受特殊时间、空间条件的限制。“亲知”，即亲身观察获得的知识。从内容与形式的关系来考察，“以名举实”的认识过程有四个环节：名、实、合、为。“名”是“所以谓”的形式，用来表述事物；而“实”则是“所谓”的客观内容、对象。“名实耦”，是指主观形式和客观对象的统一，即达到真理性的认识。“志行，为也”，是说认识变为意向，表现于行动。“为”，是主观见之于客观的活动，也是对名实是否符合的检验。在这里，“为”被看作是“知”即认识过程的一个必要环节，这是合理的见解。

---

① “闻”原误作“间”，据毕沅校改。——初版编者

② “庳”，孙诒让引《集韵》四十漾云：“障或作庳”。“庳”即“障”之异文。——初版编者

《墨经》还从交流思想的方式来谈名实关系，说：

> 或以名视（示）[1]人，或以实视人。举友富商也，是以名视人也。指是臛（霍）[2]也，是以实视人也。（《经说下》）

交流思想都是“以名举实”。不过，告诉人说：“友人某为富商”，侧重于“以名示人”；而用手指当前实物，说：“这是霍（鹤）”，侧重于“以实示人”。后期墨家讲“指”，就是指认实物的意思，他们根本不承认有藏在另一个形而上世界中的“指”。《墨经》中有好多条反对公孙龙的“离坚白”说，例如：

> 于一有知焉，有不知焉。说在存。（《经下》）
>
> 于石一也。坚白二也，而在石。故有智焉，有不智焉，可。（《经说下》）
>
> 坚白，不相外也。（《经上》）
>
> 无（抚）[3]坚得白，必相盈也。（《经说下》）

意思是说，坚白两属性同时存在于一块石头上，就知觉说，视而知白不知坚，抚而知坚不知白。但是在同一块石头上，坚白都是弥满的，所以摸到了坚石，同时也就得到了白石。这是朴素唯物主义的“坚白相盈”说。

---

① 孙诒让曰：“视”与“示”通。——初版编者
② 孙诒让曰：“臛”或当作“霍”。谭戒甫认为“霍”即“鹤”字。——初版编者
③ 谭戒甫曰：“无”，“抚”之省文，与“抚”通用。——初版编者

三、科学的形式逻辑学说

名实关系问题也是逻辑学问题。《小取》篇说：

> 夫辩者，将以明是非之分，审治乱之纪，明同异之处，察名实之理，处利害，决嫌疑。焉（乃）摹略万物之然，论求群言之比。以名举实，以辞抒意，以说出故。以类取，以类予。有诸己不非诸人，无诸己不求诸人。

这段话比较全面地论述了"辩"的任务和逻辑思维的形式和原则，指出辩说即进行逻辑的论证和驳斥的任务，是要分辨言论的是非，区别事物的同异，审察治乱之道和名实之理，正确处理各种利害关系和解决各种疑难问题。为了实现这些任务，就要客观地摹写、概括各种事物的真实情况，全面地对各种言论进行分析、比较。所谓"以名举实，以辞抒意，以说出故"，就是用概念摹写事物，用判断表达思想、意义，用推理、论证说出一定的理由。《小取》篇从名实关系对"名"、"辞"、"说"作了扼要的规定，并指出：人们运用概念、判断、推理这些思维形式时，要根据"以类取，以类予"的原则。在辩论时，还要有正确的态度，那就是，自己犯了某种错误，便不要非难别人也犯有这种错误；自己缺乏某种认识，便不要强求别人有这种认识。

《大取》篇则明确地提出了"类"、"故"、"理"三个范畴是逻辑思维所必具的学说，指出：

> 夫辞[①]，以故生，以理长，以类行也者。立辞而不明于其所生，妄也。今人非道无所行，唯(虽)有强股肱而不明于道，其困也可立而待也。夫辞以类行者也，立辞而不明于其类，则必困矣。

意思是说：在进行论辩时，提出一个论断一定要有根据、理由(故)，如果不能说明其所由以产生的根据，那便是立论虚妄而不能令人信服。在"以说出故"时，一定要遵循逻辑规律和规则进行推理，就好比人行走时一定要顺着道路前进，如果不认识道路，那便要迷失方向而困穷。而不论何种形式的推理(类推，归纳或演绎)，在古典的形式逻辑体系中，都是按"以类取，以类予"的原则，即按事物间的种属包含关系而进行的。所以说："立辞而不明于其类，则必困矣。"(《大取》)

运用"类"、"故"、"理"的范畴来揭示"性与天道"，是哲学家们在实际上进行着的逻辑思维。但只有对逻辑思维过程本身进行反思，把"类"、"故"、"理"这些范畴作为思维形式(概念、判断、推理以及方法)的基本范畴来进行考察，才有真正的逻辑学。在中国哲学史上，"类"、"故"、"理"三个范畴是墨子在不同地方分别提出来的，他讲的"察类"、"明故"、"出言谈之道"，已具有逻辑学意义。但只是到后期墨家，才第一次把"类"、"故"、"理"联系起来，明确地将它们作为逻辑思维形式的基本范畴来阐述，从而建立起形式逻辑的科学体系。下面我们分别就"类"、"故"、"理"三个方

---

① "夫辞"2字原在句末，据谭戒甫说移此。——初版编者

面来说明《墨经》的逻辑思想。

首先，《墨经》对于"类"的范畴，即同和异、个别和一般、部分和整体、质和量等都作了考察。《墨经》在分析同、异时说：

> 同，重、体、合、类。（《经上》）
>
> 同：二名一实，重同也。不外于兼，体同也。俱处于室，合同也。有以同，类同也。（《经说上》）
>
> 异，二、不体[①]、不合、不类。（《经上》）
>
> 异：二必[②]异，二也。不连属，不体也。不同所，不合也。不有同，不类也。（《经说上》）

《经上》和《经说上》的这两段话中讲了四种"同"（"重同"、"体同"、"合同"、"类同"）和四种"异"（"二"、"不体"、"不合"、"不类"）。《大取》篇还举出了其他几种同和异。但这里面最重要的是"类同"和"不类"、"体同"和"不体"。"类同"是指"有以同"。就是说，不同的个体，凡有相同的属性，即属同类；如果没有这种属性的个体，则与之"不类"。"体同"是指"不外于兼"。就是说，各部分（体）相连接而构成一个整体（兼），称为"体同"；如果没有这种连属关系，就叫"不体"。

后期墨家按类属关系把名（概念）分为三种，说：

> 名，达、类、私。（《经上》）

---

① 旧本"体"前无"不"字，据毕沅校补。孙诒让谓吴钞本亦不脱。——初版编者

② 孙诒让云："必"读为"毕"，古通用。——初版编者

> 名："物"，达也，有实必待之名[①]也命之。"马"，类也，若实也者必以是名也命之。"臧"，私也，是名也止于是实也。（《经说上》）

"达名"，是指最一般的类概念，如任何事物都可称为物；"类名"，是指按事物的类别命名；"私名"，是指个别事物的名称。这三种名，按外延大小划分，体现了事物间的种属包含关系。根据这种观点，从"达名"或最大类来说，万物"毕同"；从"私名"或各个体来说，万物"毕异"。所以，惠施的"万物毕同毕异"（《庄子·天下》），就类属关系来说，是有道理的，但"类同"不等于"体同"，故不能由此得出"氾爱万物，天地一体也"（同上）的泛神论的结论。

根据种属包含的关系，后期墨家还批判了公孙龙的"白马非马"的论点，指出：

> 白马，马也。乘白马，乘马也。骊马，马也，乘骊马，乘马也。（《小取》）

是说无论白马、黑马，都包含在"马"这个类概念中。按照这样的观点，公孙龙的"白马非马"的命题就说不通了。

《墨经》还提出"异类不比"（《经下》）的原则。指出，性质不同类的事物不好进行数量上的比较，并举例说：

---

① "之名"，旧作"文多"，从孙诒让校改。——初版编者

异：木与夜孰长？智与粟孰多？爵、亲、行、贾，四者孰贵？……（《经说下》）

认为木头和夜不能比长短，因为“木长”是空间的长度，而“夜长”是时间的长度；智慧和粮食不能比多少，因为“智”是精神财富，而“粟”是物质财富。同理，爵位和亲属关系，操行和商品价格，也不能比贵贱。这实际上是说，逻辑思维不能违背质决定量的原则，对事物的度量必须在同类事物之间进行，只有同类事物才有共同的度量标准。

不仅比较、度量要依据“类”，而且“类”概念还具有“法”的意义。《墨经》在解释“法”的范畴时说：

法，所若而然也。（《经上》）

法：意、规、员三也俱，可以为法。（《经说上》）

一法者之相与也尽类[①]，若方之相合[②]也，说在方。（《经下》）

一：方尽类，俱有法而异，或木或石，不害其方之相合[③]也。尽类犹方也，物俱然。（《经说下》）

这两段话的意思是，人们按照“一中同长”（《经上》）的圆概念，以圆规为工具，作成一个个圆形，这就是按圆的法式来制作圆形。人们按照“柱隅四讙”（同上）的方概念，以矩为工具，作成一个个方

① “尽”下原无“类”字，从孙诒让说增补。——初版编者

② “合”旧为“召”，从王念孙校改。——初版编者

③ “相合”原误作“相台”，据王念孙校改。——初版编者

形，不论是木制的还是石刻的，全部都合乎方的法式。可见，类概念是人们制作器物时的“法”。而从逻辑思维来说，演绎的推理和论证方式也可说是以类概念为“法”。《小取》篇说：

> 效者，为之法也。所效者，所以为之法也。故中效则是也，不中效则非也。

这里的“法”，也就是墨子讲的“言有三法”（《非命下》）之“法”，指立论的标准、法式。所谓“效”，就是指建立一个法式作为“所效”，符合法式的就是“是”（中效），不合法式的便是“非”（不中效）。可见“效”作为论证方式，其实就是科学研究中普遍运用的建立公式、模型以进行推导的演绎法；而所效之“法”，应是所考察的类的本质的反映。《墨经》虽然没有像亚里士多德那样仔细研究三段论的格式，但《小取》篇所讲的“效”，无疑已揭示了演绎推理的本质。

除“效”之外，《小取》篇还谈到了“或”、“假”、“辟”、“侔”、“援”、“推”等多种论辩方式。这里不作详述，仅举“推”来加以说明：

> 推也者，以其所不取之（者），同于其所取者予之也。是犹谓也者，同也；吾岂谓也者，异也。

这里主要是讲归谬式的类比推论，但同时也说明了“以类取，以类予”（《小取》）的一般的推理原则。《墨子·公孟》中有这样一段对话：

公孟子曰："国[①]乱则治之，国治则为礼乐。"子墨子曰："国之治，治之故治也[②]，治之废，则国之治亦废……今子曰'国治则为礼乐，乱则治之'，是譬犹噎[③]而穿井也，死而求医也。"

这里，"是譬犹"后面的"噎而穿井，死而求医"（形容为时太晚，无法补救了）是论战的对方（公孟子）也承认的，是"其所取者"。这两个事例属于一个类（"无法补救"之类），所以是"以类取"；但对方有"其所不取者"，即认为"乱则治之"并非太晚。于是墨子"以其所不取者，同于其所取者予之"（《小取》），驳斥了对方。这样的类比推论虽然是从个别到个别，实际上却是以一个"类"概念作为中介，"以类取"而又"以类予"，体现了归纳与演绎的统一。总之，"效"、"推"等推理形式，都是"以类行者也"（《大取》）。

其次，关于"故"。《墨经》第一条说：

故，所得而后成也。（《经上》）

故：小故，有之不必然，无之必不然，体也，若有端。大故，有之必然，无之必不然[④]，若见之成见也。（《经说上》）

从逻辑上讲，"故"是论断的根据。"所得而后成"，就是论断得以成立的根据或理由。"小故"指必要条件，但不充足。例如尺（直

① 旧本脱"国"字，此从孙诒让说补。——初版编者
② 旧本脱"治之故治也"，此采孙诒让说补。——初版编者
③ 毕沅云："噎"，当作"渴"，孙诒让亦称"毕说是也"。——初版编者
④ "有之必然，无之必不然"，旧本作"有之必无然"。此从孙诒让校改。——初版编者

线）必有两端，无端必无尺，但有端不必有尺。“小故”只是“故”的一部分，所以说“体也”。而“大故”则是指充足而必要的条件，例如“见之成见”的条件齐备（眼在有光的情况下接触外物），就一定见物。《墨经》说“以说出故”（《小取》），认为推理就是要提出“故”来作立论根据。《经下》每一条都讲“说在……”，而《经说下》便提出相应的“故”来作说明、论证。

例如，“异类不比，说在量”（《经下》）一条，《经说下》举出“木与夜孰长”、“智与粟孰多”等五个事例。这样的“说”（论证），实际是对这五个事例作归纳，说明量的比较必须是同类的，不同的“类”就不能作数量上的比较。这些事例，对“异类不比”的结论来说，只能说是“小故”。

又如，《经下》有“谓辩无胜，必不当，说在辩”一条，《经说下》说：

> 谓：所谓[①]，非同也，则异也。同则或谓之狗，其或谓之犬也；异则或谓之牛，其[②]或谓之马也。俱无胜，是不辩也。辩也者，或谓之是，或谓之非，当者胜也。

“辩无胜”是庄子的观点，后期墨家对此作了批判，说是“必不当”。《经说下》讲了“谓辩无胜，必不当”的理由。“所谓”即对象。对一个对象，两人或同谓，或异谓。如果当前对象是一只狗，甲说“这是狗”，乙说“这是犬”，两人同谓，这就没有“辩”。如果对这个对

① “所谓”旧本“所”字作“非”，孙诒让据道藏本、吴钞本正之，此采孙说。——初版编者

② “其”，旧本作“牛”，此从梁启雄说校改。——初版编者

象(狗),甲说"这是牛",乙说"这是马",两人异谓,但都不对,"俱无胜,是不辩也"。辩论如果不分是非胜败,就不叫"辩"。"辩"在于分清是非,对于当前对象,作一判断,如说"这是狗",对此判断或说是,或说非,二者必居其一,而当者必胜。这一条"经说"作为"谓辩无胜,必不当"的论证,是用严密的演绎推理说出的"故",是充足而又必要的条件。

再次,关于"理"。立论有根据("以故生"),而又按类属关系进行推理("以类行"),那就是"以理长",即按正确的推理的形式和逻辑规则来进行思维与辩论。后期墨家不仅探讨了许多推理形式,而且接触到了逻辑思维的基本规律。《墨经》说:

> 彼:正名者彼此。彼此可:彼彼止于彼,此此止于此。彼此不可:彼且此也,此亦可彼[①]。(《经说下》)

这就是说,正名就是要分彼此;以"彼"谓彼而止于彼,以"此"谓此而止于此,则彼此可以正名。如果"彼"将用来称此,"此"亦可以称彼,那便不是正名。这和公孙龙《名实篇》的说法是一致的,都认为名和实要有一一对应关系。这种对应关系正是形式逻辑的同一律的基础和实质。

与坚持同一律思想相联系,《墨经》反对"两可"之说。它提出:

---

① "此亦可彼",原作"彼此亦可",据梁启雄校改。——初版编者

彼[①]，不两[②]可两不可也。(《经上》)

辩，争彼也，辩胜，当也。(同上)

辩：或谓之牛，或[③]谓之非牛，是争彼也。是不俱当。不俱当，必[④]或不当。不当若[⑤]犬。(《经说上》)

“彼”是指第三者，是争论的一个命题。如对“这是牛”这个命题，有人肯定(“谓之牛”)，有人否定(“谓之非牛”)，二者矛盾，这就是“争彼”。在争辩时，对矛盾命题的双方不能“两可”，也不能“两不可”；在肯定与否定之中，两者必居其一。这包含着排中律的思想。而两个矛盾命题也不能“俱当”，这就又包含着矛盾律的思想。可见，《墨经》已接触到形式逻辑的基本思维规律：同一律、排中律和矛盾律。

总起来看，墨辩在朴素唯物主义的基础上，建立了中国古典的形式逻辑体系，达到了很高的水平。虽然《墨经》基本上是从形式逻辑的观点来考察“类”、“故”、“理”范畴的，但是也应看到在某些方面，已突破了形式逻辑的界限。例如《墨经》在“同”和“异”的关系问题上，指出：

同，异而俱于之一也。(《经上》)

---

① “彼”字原误作“攸”，据张惠言、孙诒让校改。——初版编者
② “两”字旧脱，从沈有鼎说增。——初版编者
③ 孙诒让本无“或”字，谭戒甫据明陆稳刊本增之，此从谭说。——初版编者
④ 毕沅本“必”上有一“不”字，孙诒让据道藏本、吴钞本删，此采孙说。——初版编者
⑤ “当若”两字原文倒，此从胡适改正。——初版编者

认为相异的事物在某一点上相共（俱），即称为“同”。这样用“异”来给“同”下定义，就包含着辩证法因素。《墨经》还提出“同异交得”（《经上》）的思想，并举很多例子来说明同与异互有联系，相得益彰。例如：“比度，多少也”；“处室子、子母、长少也”（《经说上》）。认为对事物进行比较度量，有多少之异，但“异类不比”，多与少是对同类事物比度的结果，可见是同中之异，异中有同。同一女子少时为处女，年长则为母亲；所以，“长”与“少”之异也是同中之异，异中有同。又如有与无、去与就、坚与柔、死与生、白与黑、是与非、存与亡、贵与贱等也都是如此。当然，《墨经》讲“同异交得”（《经上》），是要指出这些相异或相反的属性共具于同一类或同一个对象，乃是就不同的方面和不同的条件说的，所以并不违背形式逻辑的矛盾律。“同异交得”的思想虽不能说是辩证法的矛盾观，不过它确实向我们揭示了，在最普通的逻辑思维中已经含有辩证法因素。《墨经》还提出要全面看问题，说：

> 见，体、尽。（同上）
>
> 见：特[①]者，体也；二者，尽也。（《经说上》）

是说，见有“体、尽”两种，只看到一个方面的叫“体见”，看到两方面的叫“尽见”。“尽，莫不然也。”（《经上》）“尽见”即全面性的见解。“二者，尽也”，这话含有两点论思想的萌芽。

不过，《墨经》的形式逻辑也具有某些局限性。例如关于论式

① “特”，原作“时”，从孙诒让校改。——初版编者

方面，不免流于简略，还谈不上周密。还有个别论题，近乎诡辩，如“杀盗人非杀人”(《小取》)等，后来遭到了荀子的批评[①]。尽管有这些缺点，从整体上看，《墨经》的形式逻辑体系完全可以与古希腊的逻辑和印度的因明相媲美。

四、自然观上的原子论和经验论倾向

就“天人”之辩说，后期墨家没有像墨子那样大谈“天志”，也没有像儒家、道家和名家那样从思辨的高度来讨论天道观。不过同他们的朴素唯物主义的认识论以及在经验科学上的成就密切相联系，《墨经》在事实上有一个独特的朴素唯物主义的自然观。《墨经》的自然观具有原子论的色彩。它既不同于《管子》、荀子以及《内经》等所主张的气一元论，也不同于庄子、惠施等人的具有泛神论倾向的自然观。

《墨经》所说的“端”，就是极微的质点。它说：

> 端，体之无厚[②]而最前者也。(《经上》)

“厚”即体积，惠施说“无厚，不可积也，其大千里”(《庄子·天下》)，是讲几何学上的“面”。而《墨经》则以为把物体分割到“无厚”，便达到处于最前(即留到最后)的质点，即是“端”。按惠施一派的思辨，“一尺之棰，日取其半，万世不竭”(同上)。就是说，物体可以无限

---

① 《荀子·正名》作“杀盗非杀人”。——增订版编者

② “厚”原作“序”，王引之曰：“‘序’当为‘厚’。《经说上》云：‘端仳两有端而后可，次无厚而后可’，是其证也。……‘厚’与‘序’隶书相似而误。”此采王说。——初版编者

分割。而《墨经》则认为有不可分割的物质粒子，即“端”。它说：

> 非半弗斱则不动，说在端。（《经下》）
>
> 非：斱半，进前取也。前则中无为半，犹端也。前后取，则端中也。新必半，无①与非半，不可斱也。（《经说下》）

意思是说，如果斫一尺之棰，日取其半，不断地往前取，最终达到“中无为半”，那便是达到了“端”。如果是前后取，今天斫这边，明天斫那边，那么最终达到的“端”是原来在中间的质点。可斫者必可分为半，无半与非半则不可斫，即是不可再分割的质点。在《墨经》作者看来，端“无厚”，它是不能用“尺”来度量的，然而，“端”是“尺”的部分。《墨经》说：

> 体，分于兼也。（《经上》）
>
> 体：若二之一，尺之端也。（《经说上》）

“体”即部分，“兼”即整体。二由一构成，尺由端构成。《墨经》从经验科学的观点出发，以为具有一定特性的物质实体是由不可分割的粒子构成的。而惠施一派辩者认为物质实体可以无限分割，则是出于理性思辨的观点。这是两种不同的观点。

这两种观点的对立，最明显地表现在时空观上。《管子》说：“道在天地之间也，其大无外，其小无内。”（《管子·心术上》）惠施说：

---

① “无”，原作“毋”，此据孙诒让引吴钞本改。但“无”、“毋”2 字古通用。——初版编者

“至大无外，谓之大一；至小无内，谓之小一。”(《庄子·天下》)都是以“无外”来解释时空的无限，而无内的小一，是经无限分割达到的极限，等于几何学上的点。这是理性主义者的“无限”观念。而《墨经》则给时间、空间下定义说：

> 久，弥异时也。(《经上》)
> 久：合古今旦莫[①]。(《经说上》)
> 宇[②]，弥异所也。(《经上》)
> 宇：冡东西南北[③]。(《经说上》)

就是说，“久”是一切时间关系的总和，“宇”是一切空间关系的总和。这样的时、空范畴，是对经验中的时间、空间的概括，是可以度量的。《墨经》说：

> 穷，或[④]有前不容尺也。(《经上》)
> 穷：或不容尺，有穷。莫不容尺，无穷也。(《经说上》)

如果一个或(域)即具体空间，再往前不能用尺度量了，那便是有穷；而若度量了还可往前度量，永远达不到“不容尺”的地步，那便

---

① “合古今旦莫”，原文作“今久古今且莫”。胡适谓上“今”字是“合”之误，本在“久”字之下。王引之谓“且”为“旦”。此从胡、王校改。——初版编者

② “宇”，原作“守”，据王念孙校改。——初版编者

③ 原文作“宇东西家南北”，胡适谓“家”乃“冡”之误，“冡”即“蒙”字，此按胡校改。——初版编者

④ “或”即“域”字，谓区域也，此采梁启雄说。——初版编者

是无穷。这个“无穷”，是经验主义者的观念。17世纪英国经验论哲学家洛克说过：人们用尺、码、时、日等数目来计量时空，把这些数目无穷无尽地扩展和推进，却总达不到清晰的无限概念；这就好像一个水手测量海深，只看到测锤不断地往下沉，却老达不到海底。[①]《墨经》所谓的“莫不容尺”，接近洛克的这个观点。《墨经》还特别给“始”下了个定义，说：

> 始，当时也。（《经上》）
>
> 始：时，或有久，或无久。始当无久。（《经说上》）

“久”是时间的总和，亦即绵延，是有长度的；而当开始之时，却还没有绵延或时间长度，所以是“无久”；久和始的关系，类似于尺和端，不妨说始即久之端。这样讲“始”，是原子论的观点。

墨辩的这种经验主义和原子论的观点，也表现在对有和无、动和止等问题的讨论上。

自从《老子》以来，哲学家们对有无、动静等范畴已从不同的角度作了考察。《墨经》完全依据经验科学来讲有无，说：

> 无不必待有，说在所谓。（《经下》）
>
> 无：若无焉，则有之而后无。无天陷，则无之而无。（《经说下》）

就是说，从“名实”关系来看“无”之所谓，如说“无焉鸟（黄凤）”，那

① 参见洛克著，关文运译：《人类理解论》（上册），商务印书馆1959年版，第187页。

是古代曾有而后世无；至于说“无天陷”，则是从来都没有的事，所以说无不必待有而后无。《墨经》又说：

可无也，有之而不可去，说在尝然。（《经下》）

可无也，已然则尝然[①]，不可无也。（《经说下》）

这是说，曾经发生过的历史事实，现在已是“无”，然而既是“尝然”，便永远不可抹煞，所以说“不可无”。这样讲有无，完全是根据经验事实，并不违背形式逻辑的矛盾律，然而也揭示了过去的事实含有“可无”与“不可无”的两重性。

关于物质的运动，《墨经》在力学和光学等方面作了许多研究，也对辩者提出的一些论题作了探讨。辩者说：“飞鸟之景（影），未尝动也。”“镞矢之疾，而有不行不止之时。”（《庄子·天下》）后期墨家对这两个论题都是肯定的，说：

景（影）[②]不徙。（《经下》）

无久之不止……若矢[③]过楹。（《经说上》）

《墨经》认为，讲物体的行（运动）和止（静止）都要具有时间长度（久），而无时间长度的刹那间（如上面讲到的“始”是一例），便不

① “已然则尝然”中2“然”字旧本作“给”，“尝”旧作“当”。此从孙诒让校改。——初版编者

② “景”即“影”字，此采毕沅说。——初版编者

③ “矢”，旧本作“夫”，张惠言疑为“人”，王念孙云：“夫当作矢”。此据王说改。——初版编者

好说行与止了。所以飞鸟之影可以看作是每一刹那停留于一地而“不徙”；而飞矢穿过楹间这一刹那既无时间长度，又可说它不曾在楹间暂留即“不止”。可见《墨经》和辩者一样揭露了运动包含着矛盾，却并不认识矛盾是运动的本质。《墨经》只是描述了运动，而没有去探讨物质运动的源泉。

一般说来，后期墨家立足于经验事实，运用形式逻辑方法来讨论问题，而对思辨哲学不感兴趣，这是它的优点。例如，当时阴阳家有五行相胜之说，以为木胜土，金胜木，火胜金，水胜火，土胜水，五者循环，《墨经》驳斥了这种理论，说：

> 五行毋[①]常胜，说在宜。（《经下》）
>
> 五：金水土木火[②]。离然火烁金，火多也。金靡炭，金多也。……（《经说下》）

就是说，没有什么五行常胜的公式，而应看其中哪一个占优势。如明亮的炭火可以使金销熔，是因为火多；而以金压炭，可以灭火，则是因为金多。这种根据经验事实来驳斥玄学的思辨，是有力的。

但是，后期墨家似乎由于厌恶思辨而对阴阳学说和气一元论也不加理睬了，因而它忽视了当时同天文、历法、医学、农学等有密切联系的另一种朴素唯物主义自然观，也忽视了与阴阳学说有密切联系的朴素辩证法。这可以说是后期墨家自然观的弱点。

---

① 张惠言曰：“毋，无也。”——初版编者

② “金水土火木”，旧本为“合水土火火”。谭戒甫云：金与合，木与火，并形近而误。此从谭校改。——初版编者

第四章
先秦哲学的总结阶段

第一节　荀子对“天人”、“名实”之辩的总结
——朴素唯物主义与朴素辩证法的统一

战国后期，先秦哲学达到总结的阶段。

春秋战国时期是地主阶级革命的时代。地主阶级在夺取政权、变法和意识形态领域的斗争中，都取得了决定性的胜利。但到战国后期却出现了新的情况：地主与农民的矛盾逐步尖锐化了，诸侯割据称雄的局面，将由统一的封建国家所取代。这时，地主阶级还是生气勃勃的，但面对新的问题，它需要回顾过去；革命到了进行批判总结的阶段。从经济方面说，各诸侯国经过变法，巩固和发展了新的封建制度，促进了生产和交换，加强了各地区之间的联系，用荀子的话说，当时已达到“四海之内若一家”(《荀子·儒效》，本节以下引《荀子》只注篇名）的程度（当然，自然经济还是主要的）。同时，由于各诸侯国之间的分裂割据局面以及频繁的兼并战争，给人民带来了很大的苦难，给生产造成了极大的破坏。因此，结束割据状态，建立统一的中央集权封建国家，以使社会安

定，生产发展，乃是大势所趋，人心所向。当然在地主阶级看来，加强了中央集权，也就加强了对农民的统治。与这种政治经济上的要求统一的趋势相适应，学术上也要求统一。当时，生产的发展和科学的进步，为哲学的发展提供了丰富的思想资料。而通过百家争鸣，哲学本身在“天人”关系、“名实”关系和“古今”、“礼法”关系上的争论，经过不同方面的考察，也达到了可以进行批判总结的阶段。荀子担负起了这个批判总结的任务，他对“天人”、“名实”之辩作了比较全面的总结，达到了朴素唯物主义与朴素辩证法的统一。

荀子（约公元前 313 年—前 238 年）名况，字卿，又称孙卿，战国末期赵国人，他曾在齐国的文化中心稷下讲学，齐襄王时曾三次担任“祭酒”（学宫领袖），影响很大。后离齐去楚，做过楚国兰陵的地方官。晚年在兰陵著书。直至去世。著名法家李斯和韩非都是他的学生，其著作保存在《荀子》[①]一书中。

一、“古今”、“礼法”之争中的进步立场

荀子对“天人”、“名实”之辩所作的比较全面的总结，是同他在“古今”、“礼法”之争中的进步立场相联系的。对于“古今”之争，荀子提出“法后王”的口号来反对子思、孟子一派所谓的“法先王”。荀子以为，儒者有“俗儒”、“雅儒”、“大儒”之分。他批评当

① 《荀子》一书，据汉朝刘向所作《孙卿新书叙录》共 32 篇。现存《荀子》32 篇大多是荀子本人所作，有些篇是荀子的学生对他言行的杂记。关于《荀子》的注释，最早的有唐杨倞注，以后主要的有清代王先谦的《荀子集解》及近人梁启雄的《荀子简释》等。

时的“俗儒”:“略法先王而足乱世,术缪学杂[①],不知法后王而一制度,不知隆礼义而杀《诗》、《书》。”(《儒效》)就是说,“俗儒”只是粗略地效法先王,却足以给世人制造混乱;他们的道术是荒谬的,学问是驳杂的,不知道应该效法后王来建立统一的政治制度,不知道应把实行礼义放在首要地位,把诵读《诗》、《书》放在其次。与此相反,“雅儒”则知道应该“法后王而一制度,隆礼义而杀《诗》、《书》”,所以其言行有明确的准绳;而“大儒”则能全面、一贯地做到“法后王、统礼义、一制度”(同上)。

有人认为:荀子所谓“法后王”,其实就是孟子的“法先王”,因为荀子也说“儒者法先王,隆礼义”(同上),并反对那“不法先王,不是礼义”(《非十二子》)的惠施、邓析;他说过“道不过三代,法不贰后王”(《王制》),和孔孟一样,都拥护三代特别是周代的制度,只因为诸子托古,抬出越来越古的帝王,如墨子用夏政,孟子称尧舜,道家假托黄帝,农家假托神农等等,于是就把周文王、周武王说成是后王了,而其实则是先王。这种说法虽有一定的道理,但没有全面地把握荀子在“古今”之争中的立场。

荀子在“古今”之争中有一个根本的立足点,即:

> 善言古者必有节于今。(《性恶》)

就是说,要用当前的现实来检验古代传下来的道理。他又说:“以今持古”(《儒效》),“处于今而论久远”(《解蔽》)。强调要立足于现实

① “杂”字下原有“举”字,此据文义和《韩诗外传》校删。——初版编者

来判断历史上的政治得失，这是唯物主义的态度。荀子指出：越是久远的先王，人们知道的就越简略。如夏禹、商汤的政绩，传述下来的已不及周代详细；而夏商周三代以前的五帝有些什么“善政”，当今的人就已经说不清楚；至于五帝以前，那就连有些什么“贤人”也都不知道了。这是因为：

> 文久而息，节族久而绝，守法数之有司极[①]而褫。故曰：欲观圣王之迹，则于其粲然者矣，后王是也。（《非相》）

文礼久远了就消灭，音乐节奏久远了就失传，管法律的官吏见久远的法律条文就废弃。所以说，要看圣王的业绩，那粲然完备的，一定是后王。因此，像孟子那样“言必称尧舜”（《孟子·滕文公上》），断言先王之道是一切时代的“规矩”，那就只能是“案往旧造说”（《非十二子》），是强加于现实的唯心主义的捏造。

荀子从唯物主义的认识论出发来考察古和今的关系，他的基本态度是“以近知远”（《非相》）、“以今持古”（《儒效》）。他说：

> 君子审后王之道，而论于百王之前，若端拜而议。（《不苟》）
>
> 修百王之法若辨白黑，应当时之变若数一二。（《儒效》）

他以为弄清了后王之道，回头再去看百王之法，就可以拱起手来从容不迫地议论，把它们的是非、黑白辨别得一清二楚；而一旦把

---

① “极”字下原衍“礼”字，从俞樾校删。——初版编者

握了百王一贯的道理，那么应付当前的事变就像数一二那么容易了。虽然荀子说“百王之无变，足以为道贯”(《天论》)，表明他没有法家那样的历史进化观念。但应该说荀子这种“以今持古”的观点是进步的，反映了当时先进的地主阶级的要求。

在《荀子》一书中，讲得最多的是“礼”，认为礼者“强国[1]之本也”(《议兵》)，“人道之极也”(《礼论》)，“国之命在礼”(《天论》)。这表明他是个儒家。不过，荀子对“礼”作了新的解释，经常把“礼”与“法”连用。他说：

> 礼者，节之准也。……礼以定伦。(《致士》)
>
> 礼者，法之大分、类之纲纪也[2]。(《劝学》)

就是说，礼是法度(节)的标准，要按礼来规定人们之间的伦理关系，礼可说是法权关系和伦理关系的总纲。在荀子那里，礼和法是统一的。就用词来说，有时，荀子的“礼”与“法”含义是一致的。

> 礼义者，治之始也。(《王制》)
>
> 法者，治之端也。(《君道》)

这里，“礼”与“法”没有什么区别。有的地方，他又把“礼”与“法”

---

① “国”，旧作“固”，据王先谦校改。——初版编者

② 杨倞释“类”为“礼法所无，触类而长者，犹律条之比附”，恐非荀子原意。荀子常说“伦类”，如《劝学》：“伦类不通，仁义不一”；《臣道》：“礼义以为文，伦类以为理”。可见以礼为“类之纲纪”是指人伦之纲，与《致士》“礼以定伦”是一个意思。

加以区别。“由士以上则必以礼乐节之，众庶百姓则必以法数制之。”（《富国》）他主张把礼扩大到士，这与奴隶社会的“礼不下庶人”（《礼记·曲礼上》）是不同的。但他认为对老百姓必须用法律作强制手段，则反映了他的地主阶级立场。总起来看，荀子所谓“礼法”或“礼义法度”，就是指封建的等级制度和统治秩序。

“礼法”之争与“王霸”之辩相联系。在“王霸”问题上，荀子的主张与孟子不同。孟子是反对霸道而主张王道的，荀子则说：

> 隆礼尊贤而王，重法爱民而霸。（《强国》）
>
> 粹而王，驳[①]而霸，无一焉而亡。（同上）

完全地实行礼法就叫王，不完全地实行礼法叫霸，而完全地背弃礼法便要亡国。他并不把王霸对立起来，而主张由霸发展为王，由“重法”进而“隆礼”，把礼与法、德与力统一起来。荀子从当时齐、秦等国的兼并战争中得出结论：“兼并易能也，唯坚凝之难焉。”（《议兵》）就是说，用武力兼并是容易的，但困难的是在于巩固兼并的成果，形成国家坚强的统一。荀子认为，为了形成国家坚强的统一，要用两手：一手用礼，一手用刑法。他说：“凝士以礼，凝民以政。”（同上）又说：“治之经：礼与刑，君子以修百姓宁。明德、慎罚，国家既治，四海平。”（《成相》）可见，荀子已有礼法兼施、王霸统一的思想，开了汉代儒法合流、王霸道杂之先河。从理论的演变来看，“礼法”之争以及“王霸”、“德力”之争，由荀子作了批判的

① “驳”，原作“驳”，“驳”同“驳”。——初版编者

总结。不过，他的学生仍发生了分化，一部分如韩非、李斯成了法家，另一部分则继续讲儒家的礼，他们的著作被保存在《礼记》[①]中。

二、“明于天人之分”——天道观

荀子对“天人”之辩作了总结。他批判地审查了诸子关于天人关系的学说，提出了唯物主义的“明于天人之分”(《天论》)的论点。意思是说，自然界(天)和人各有不同的职分：自然规律不依人们意志为转移，因而不能用自然现象来解释社会的治乱；人的职分在于建立合理的社会秩序，利用规律以控制自然，获得自由。对于荀子的这一基本论点，我们可以从天道观和人道观两方面来加以阐述。

在天道观上，荀子的贡献在于：他在朴素唯物主义的基础上，比较辩证地阐明了自然界和人的精神之间的关系。在荀子之前，《管子》已把天解释为物质的自然界。荀子继承和发展了《管子》的气一元论。他所说的“天”，就是指“列星随旋，日月递炤，四时代御，阴阳大化，风雨博施”(同上)的自然界。在这个自然界中，由阴阳之气产生万物是自然而然的，并非出于上帝或某种精神力量的驱使。荀子说：

> 天地合而万物生，阴阳接而变化起。……天能生物，不能辨物也；地能载人，不能治人也。(《礼论》)

---

① 《礼记》成书于汉初，但非一人一时的所作，可看作是春秋战国至汉初儒家著作的汇编。

万物的生成和变化是天地合气、阴阳交接而引起的；“辨物”和“治人”这类意识活动只有人类才有。在他看来，自然界是离开人们的意识而独立存在的，天并不因为人们厌恶寒冷而取消冬季，地也并不因为人们厌恶遥远而缩小面积。“天行有常，不为尧存，不为桀亡。”(《天论》)自然界的运行有其恒常的规律，这是不依人们的主观意志为转移的。

荀子按当时的科学认识水平来区别物质运动的形态，说：

> 水火有气而无生，草木有生而无知，禽兽有知而无义；人有气、有生、有知亦且有义，故最为天下贵也。(《王制》)

自然界的各种物质形态，由无机物、植物、动物到人类，都是由气构成的；而在这多种物质形态中，只有一种特殊的物质形态即人类，才既有生命和知觉，又有道德。在荀子看来，知觉依存于某种有生命的物质(禽兽)，而道德、情感和“辨物”的智慧则依存于人的形体。他说：

> 形具而神生。(《天论》)

当人的形体具备了，精神才随之产生。这种形神关系上的朴素唯物主义观点，比《管子》更为明确了。

荀子吸取了道家“无为”说。他写道：

> 不为而成，不求而得，夫是之谓天职。如是者，虽深，其

人不加虑焉；虽大，不加能焉；虽精，不加察焉。[①] 夫是之谓不与天争职。(《天论》)

物质的自然界不是由于有意的作为和追求而造成的，万物都是自然成形，自然得性，这就叫做“天职”(自然的职分)。“天职”既是如此，所以那“明于天人之分”的“至人”虽然思虑深远，才能广大，观察精密，却不对自然界作任何主观的附加。这就叫做“不与天争职”。荀子说：“大巧在所不为，大智在所不虑。”(同上)真正有大才能和大智慧的人，就在于他决不主观地把自己的作为和思虑强加于自然界。这是坚决地、严肃地尊重客观现实的唯物主义精神。

正因为尊重客观现实，不与天争职，人们才能如实地反映自然，利用自然规律来为人类谋福利，这才是人的职分。荀子说：

所志于天者，已[②]其见象之可以期者矣。所志于地者，已其见宜之可以息者矣。所志于四时者，已其见数之可以事者矣。所志于阴阳者，已其见和[③]之可以治者矣。(同上)

我们认识了自然界，把合乎规律性的知识记录下来，就可以根据天象进行推测，因地制宜繁殖作物，按照季节安排农活，依据阴阳协调的道理进行管理。荀子强调人类具有掌握规律，改造自然的

① 陶鸿庆曰：“此言至人之虑虽深，能虽大，察虽精，不以加于天道也。”——初版编者

② 于省吾曰：“胡谓已本作己，己乃记之省，是。”此从胡、于说写作“己”。——初版编者

③ “和”，旧作“知”，从王念孙校改。——初版编者

主观能动性，反对在自然界面前无所作为的消极态度。他说：

> 大天而思之，孰与物畜而制之？从天而颂之，孰与制天命而用之？望时而待之，孰与应时而使之？因物而多之，孰与骋能而化之？思物而物之，孰与理物而勿失之也？愿于物之所以生，孰与有物之所以成？故错人而思天，则失万物之情。（《天论》）

这段充满激情的话，意思是说：把天看得非常伟大而思慕它，怎比得把天看作物来控制它？顺从天而颂扬它，怎比得掌握自然变化规律来利用它？与其空望天时而坐待恩赐，不如适应季节而使天时为生产服务。与其听任万物自然增多，不如发挥人的智能促使其变化繁殖。与其幻想役使万物，不如按规律来调理万物而不使丧失。与其指望万物自然发生，不如用人力来帮助它成长。所以，要是放弃人力而冥想天道，就不能获得万物的真实情况。

荀子把“天命”了解为自然规律，提出了著名的“制天命而用之”的论点，即“人定胜天”的思想。他正确地阐明了天和人、自然和人为的相互作用。一方面，只有遵循自然规律，才能事在人为；另一方面，只有通过人的作为，才能了解万物的真实情况。荀子说：

> 善言天者必有征于人。（《性恶》）

他强调要用人为来检验有关天道或自然界的各种理论，把那“错人而思天，则失万物之情”的种种谬说一脚踢开。在荀子以前，孟子片面夸大理性的能动作用，以为通过思维能唤醒天赋观念；“尽心、知性”，便可以“知天”，即认识天的伟大，意识到“万物皆备于我矣”(《孟子·尽心上》)。这样的“大天而思之”、“思物而物之”，不过是把主观思维无限制地夸大，把它说成是天地万物罢了。这哪里比得上荀子所说的“物畜而制之”、“理物而勿失之”呢？同时，庄子一味歌颂“天”而蔑视人，以为自然界无限丰富、十分完美，主张一切任其自然，不加一点人为，甚至把络马头、穿牛鼻看作是毁灭牛马的天性。荀子批评说：“庄子蔽于天而不知人。……由天谓之，道尽因矣。”(《解蔽》)“尽因”，就是一切听天由命。这样的“从天而颂之”，“因物而多之”，完全抹煞了人的能动作用，怎么比得上荀子所说的“制天命而用之”、“骋能而化之”呢？由此可见，荀子的“明于天人之分”和“制天命而用之”的思想，既反对了孟子片面夸大主观的唯心主义的天人合一论，也反对了庄子片面顺从自然、抹煞人的能动作用的宿命论。

荀子认为，人有能力成为自然界的主人。他说：

> 天有其时，地有其财，人有其治，夫是之谓能参。(《天论》)

天时的变化和土地的资源是客观存在的，但人能建立合理的社会秩序，依据天时的变化，利用地上的自然资源来进行物质生产，达到“制天命而用之”的目的。这就叫做善于与天、地配合。而真正“能与天地参”的即是圣人。荀子以为，圣人能够正确地运用自然赋予的官能（感性和理性），依据规律利用自然物来奉养自己，以充分发挥自然的功能（“全其天功”）。

> 如是，则知其所为，知其所不为矣，则天地官而万物役矣。其行曲治，其养曲适，其生不伤。夫是之谓知天。（《天论》）

这里的“其所不为”指“不与天争职”（同上），“其所为”指人的职分，即按规律来利用自然、控制自然。如果能做到知其所为而又知其所不为，那么，天地万物便听从人的役使了。圣人的行动完全是合理的，他利用自然物奉养自己完全是适当的，所以他的生命不会受伤害。这就叫做“知天”。显然，荀子所谓“知天”、“能参”、“理天地”（《王制》），用语虽和子思、孟子相似，却毫无神秘的意味。

总之，荀子在天道观上既唯物而又辩证地解决了天人关系的问题。这是古代哲学和科学长期发展的产物。荀子批判地吸取了前人在考察天人关系上的积极成果。他本人有丰富的天文、历法、农学、医学、生物学等方面的知识，使他清楚地看到了从生产中总结出来的知识，反过来又对生产起指导作用。“所志于天者，已其见象之可以期者矣。……官人守天，而自为守道也。”（《天论》）是说，为了根据天象进行推测，有一些专门人员管天（守天），而圣人自己则要掌握道。这话反映了当时人们运用科学知识于生产以及已有专人观察天象的情况。他同《管子》一样，看到了土地是“财之本”，农事不误季节是“货之源”（《富国》）。就是说，农民的劳动（人）与自然条件（天）相结合，是当时财富的主要来源。他对于“农分田而耕”（《王霸》）的封建经济形式将促进生产发展这一点，也抱有非常乐观的态度。正因为这样，就使得荀子能得出“明于天人之分”和“制天命而用之”的科学结论，对“天人”之辩作出比较正确的解答。

但是，当时的科学终究是幼稚的，如天文、历法，还只限于观测和记录日月星辰的周而复始的运行和一年四季循环变化的规律性。因此，荀子在天道观上虽然提出“阴阳接而变化起”(《礼论》)的命题，并指出人对自然有能动作用，具有朴素辩证法思想，但是他也不能克服循环论，说：

> 始则终，终则始，若环之无端也。(《王制》)
>
> 天地始者，今日是也。(《不苟》)

这当然是形而上学的观点。他虽提出“人定胜天”的光辉思想，但这毕竟不是指劳动人民的革命斗争。他认为只有“君子”、“圣人”才能“明于天人之分”，才能“理天地”。这反映了地主阶级思想家所不可避免的局限性。

三、“明于天人之分”——社会历史观

就人道观来讲，“明于天人之分”的论点就是说：自然和人类社会各有职分，不能用自然现象来解释社会的治乱；人的职分在于建立合理的社会秩序，以保障人类有力量去控制自然。

荀子以为，人类这种物质形态不仅是物质的、有生命和知觉的，而且还有礼义。正是用礼义维护社会秩序这一点，才构成了人类的特殊本质，从而同各种自然现象区别开来。荀子说：

治乱天邪？曰：日月、星辰、瑞历，是禹、桀之所同也；禹以治，桀以乱，治乱非天也。时邪？曰：繁启蕃长于春夏，畜积收藏于秋冬，是又禹、桀之所同也；禹以治，桀以乱，治乱非时也。地邪？曰：得地则生，失地则死，是又禹、桀之所同也；禹以治，桀以乱，治乱非地也。（《天论》）

总之，天象、历法有“常道”。作物赖土地而生长，春夏繁殖，秋冬收藏，也有其自然的规律。用这种自然规律是无法解释社会治乱的。

在古代，讲社会治乱和自然界的变异之间有因果联系，往往是所谓“天人感应”的迷信。例如，天上的星掉下来，树木发出怪声，会引起许多人的惊恐，以为天要降大祸了，国家要大乱了。荀子是个战斗的无神论者，他驳斥了这类迷信，说：

夫星之队（坠）[①]，木之鸣，是天地之变，阴阳之化，物之罕至者也。怪之，可也；而畏之，非也。（同上）

他还进一步指出：日蚀、月蚀，刮风下雨不合季节，怪星偶然出现，诸如此类所谓“妖怪”的自然现象，哪一个时代没有呢？如果君主贤明，政治清平，即使这些怪现象同时出现，也没有什么损害；反之，如果君主昏庸，政情险恶，虽然这些怪现象一种也不发生，也没有什么补益。荀子认为，真正可怕的倒不是日蚀、月蚀之类，而

① 梁启雄曰：“队”、“坠”古今字。——初版编者

是三种“人妖”，即田地荒芜、政令不明和礼义不修。有了这三种“人妖”，国家就不得安宁；这是显而易见的道理，而由此造成的灾祸却十分惨重。这样，荀子既说明了自然界的怪异现象无非是“天地之变、阴阳之化”，不能用它来解释社会的治乱；又论证了社会的治乱应从其本身来寻求原因，人的职分就在于消灭那些“人妖”，做到“人有其治”（见《天论》）。

荀子所谓“人有其治”，包含有两层意义：一是指人能按照自然规律以控制自然，他说：

> 天行有常，……应之以治则吉，应之以乱则凶。（同上）

二是指人能建立合理的制度即礼义，以保证人的物质生活，他说：

> 礼义之谓治，非礼义之谓乱。（《不苟》）

礼义是怎么产生的呢？荀子试图从物质生活来说明人类社会制度的起源。他写道：

> 人有气有生有知亦且有义，故最为天下贵也。力不若牛，走不若马，而牛马为用，何也？曰：人能群，彼不能群也。人何以能群？曰：分。分何以能行？曰：义。故义以分则和，和则一，一则多力，多力则强，强则胜物，故宫室可得而居也。故序四时，裁万物，兼利天下，无它故焉，得之分、义也。（《王制》）

荀子在这里提出互相联系的三个概念："群"、"分"、"义"。他指出，人类之所以能服牛乘马，按四时的秩序来裁成万物（进行物质生产），是因为人类"能群"（有社会组织）。人类要生活，就必须"财（裁）[①]非其类，以养其类"（《天论》），即利用和制裁自然物（非其类）来作为人类的物质生活资料。单个的人是无力的，人之所以能利用牛来耕田，利用马来跑路，造房子来居住，造车来旅行，造船来渡江河等等，都是靠集体的力量。"人能群"是人能"假物以为用"[②]的必要条件。

那么，人何以能结成社会组织呢？荀子说，这是因为人有"分"，即一定的分配制度和社会分工。而人之所以能实行"分"，是因为有"义"即一定的政治、法律和道德规范的保证和约束。荀子认为，礼义的产生是为了"明分使群"（《富国》），是为了解决人群当中由于追求物质财富而引起的矛盾。他说：

> 礼起于何也？曰：人生而有欲，欲而不得，则不能无求，求而无度量分界，则不能不争。争则乱，乱则穷。先王恶其乱也，故制礼义以分之，以养人之欲，给人之求，使欲必不穷乎物，物必不屈于欲，两者相持而长，是礼之所起也。（《礼论》）

就是说，人生来有种种欲望，有欲望就有物质要求。如果这种欲求没有一定的分寸、界限，就会发生争夺，产生混乱，这样，就必然使社会组织崩溃而造成穷困。所以，先王通过制定礼义，以规定

① 杨倞曰："财"同"裁"。——初版编者
② 柳宗元《封建论》："荀卿有言：假物以为用者也。"——增订版编者

人与人之间的“度量分界”，从而使人们的欲望和要求能得到适当的满足。这样使人的欲望不超过物资的供应，物质生产也不至于无法应付人的欲望，两者（物与欲）互为条件、互相促进。这就是礼义之所以产生的原因。荀子的这一理论，试图从物质财富的分配来说明政治、道德的起源，在当时的历史条件下是有进步意义的。

关于国家、法律和道德的起源问题，先秦诸子提出了不同的学说。

孔子说：“唯天为大，唯尧则之。”（《论语·泰伯》）认为国家制度是圣王根据天命制定出来的，具有无上的尊严。

《老子》说：“朴散则为器。圣人用之，则为官长。”（《老子·二十八章》）认为国家制度是在原始自然状态被破坏的基础上建立起来的，是人类堕落的结果。

墨子《尚同上》则说，上古未有刑政之时，各人有各人的意见，彼此“交相非”，造成“天下之乱若禽兽然”。为了制止这种混乱与祸害，于是就选天下之贤可者为统治者，由他们来决定是非，让老百姓服从。墨子认为，国家是由于社会需要而产生的，这一观点显然比孔子、《老子》合理些，它为法家所接受和发展。

《商君书·开塞》说，历史发展到一定阶段，“圣人”为了制止混乱，才“作为土地、货财、男女之分”，即规定土地和财产的分属并建立家长制。“分定而无制，不可，故立禁；禁立而莫之司，不可，故立官；官设而莫之一，不可，故立君。”就是说，为了保障“土地、货财、男女之分”，就必须设立法律禁令，而法律禁令必须由官吏来掌握，官吏又必须由国君来统一领导。

荀子讲“分”，和《商君书》相一致。不过荀子从“人有其治”立论，强调“明分”是为了使“群”巩固以便战胜自然；而且不只是法禁，全部礼义法度都是为了“明分使群”。所以荀子的理论具有更为深刻广泛的意义。

然而，荀子所谓制定礼义以“明分使群”，实际上是要建立一个等级制度的社会。他说：

> 有天有地而上下有差，明王始立而处国有制。夫两贵之不能相事，两贱之不能相使，是天数也。势位齐而欲恶同，物不能澹（赡）[①]则必争。争则必乱，乱则穷矣。先王恶其乱也，故制礼义以分之，使有贫、富、贵、贱之等，足以相兼临者，是养天下之本也。（《王制》）

他以为有差等是天经地义的事。两个人平等，就谁也不能指挥谁。彼此权势地位相等，而所欲所恶又相同，物资不能满足，就必然引起争乱。所以，必须制定礼义来规定贫富贵贱的等级，一层一层地监视着，这是养息天下人民的根本途径。在荀子看来，封建等级制度是天然合理的，如果没有这种等级制度，物质财富便无从分配，结果要造成天下大乱。虽然在生产力水平很低的情况下，这种情况是不可避免的，但是荀子把它说成是“天数”，是“养天下之本”，这就是剥削阶级的说教了。

---

① 杨倞曰：“澹”读为“赡”。——初版编者

四、“性伪之分”与“化性起伪”

荀子从“明于天人之分”引申出另一个论点，即“性伪之分”。他说：

> 凡性者，天之就也，不可学，不可事。礼义者，圣人之所生也，人之所学而能，所事而成者也。不可学、不可事而在人者，谓之性；可学而能、可事而成之在人者，谓之伪。是性伪之分也。（《性恶》）

“性”指自然的赋予，即人的自然本质。“伪”就是人为。自然的禀赋不是人们可以通过学习和作为得到的，而礼义则是人们可以通过学习和作为达到的。所以礼义出于人为，而非出于天性。这样，荀子便反对了天赋道德论，肯定人们的德性是后天养成的。荀子又说：

> 性者，本始材朴也；伪者，文理隆盛也。无性，则伪之无所加；无伪，则性不能自美。性伪合，然后成[①]圣人之名，一天下之功于是就也。故曰，天地合而万物生，阴阳接而变化起，性伪合而天下治。（《礼论》）

这是说，人的本性只是一种原始的质朴材料，而礼义法度却是人为的。没有这种原始的材料，礼义法度也就没有加工的对象；反之，没有礼义法度的加工，人的本性也不会自己变得美好。圣人

---

① “成”字旧脱，从王先谦增补。——初版编者

把“性”和“伪”很好的结合起来，就可以成就统一天下的大功。这里讲的“材料”和“加工”的关系，使我们很自然地联想起告子的杞柳与桮棬的比喻。不过，荀子并不以为“性无善无恶”，而是提出了性恶说来反对孟子的性善说。荀子说道：

今人之性，生而有好利焉，顺是，故争夺生而辞让亡焉；生而有疾（嫉）[①]恶焉，顺是，故残贼生而忠信亡焉；生而有耳目之欲，有（又）[②]好声色焉，顺是，故淫乱生而礼义文理亡焉。然则从（纵）[③]人之性，顺人之情，必出于争夺，合于犯分乱理而归于暴，故必将有师法之化，礼义之道，然后出于辞让，合于文理，而归于治。用此观之，然则人之性恶明矣，其善者伪也。（《性恶》）

这是说，人生来就好利、嫉妒、喜声色，如果纵人之性，任其发展，就会产生争夺、残杀、淫乱等恶行。这样，辞让、忠信、礼义等道德也就没有了。正因为人性是恶的，所以才需要圣人的教化，才需要用礼义法度和道德规范去引导人们向善。孟子说人必须“顺杞柳之性而以为桮棬”（《孟子·告子上》）。荀子却说：

工人斫木而成器，然则器生于工人之伪，非故生于人之性也。（《性恶》）

枸木必将待檃栝烝矫然后直。（同上）

① 王先谦《集解》：“疾”又作“嫉”。——初版编者
② 刘师培曰：“有”字读为“又”。——初版编者
③ 王先谦《集解》：“从”读曰“纵”。——初版编者

他以为斫木成器，器之所以能成的根据在于工人的作为；同样，礼义法度之所以能成的根据在于圣人的作为。就像弯曲的木头必须经过工人用檃栝来矫正才能变直一样，人生来性恶，所以必须用礼法来矫正。

如果说，孟子的性善说为他的仁政、王道学说提供了理论根据，那么，荀子的性恶说则为他的王霸统一、礼法兼施的学说提供了理论根据。荀子说：

> 故古者圣人以人之性恶，以为偏险而不正，悖乱而不治，故为之立君上之势以临之，明礼义以化之，起法正以治之，重刑罚以禁之，使天下皆出于治，合于善也。（《性恶》）

可见，性恶说实质上是为加强地主阶级专政作了论证，有其历史的意义。当然，这仍然是一种抽象的人性论。因为荀子不懂得善、恶作为道德评价，是一种社会意识，是社会关系的产物，是第二性的东西；人不可能一生下来就性善，同样也不可能一生下来就性恶。因此，"人之性恶"也是个唯心主义命题，它在荀子的朴素唯物主义哲学体系中终究是一个赘瘤。

不过，荀子的"化性起伪"说（它可以同性恶说分开来考察）却含有明显的合理因素。他说：

> 性也者，吾所不能为也，然而可化也。积[①]也者，非吾所

① "积"，原作"情"。王先谦《集解》："或曰，情亦当为积。"此从或说改。——初版编者

有也，然而可为也。注错习俗，所以化性也。并一而不二，所以成积也。（《儒效》）

就是说，天性不是出于人为，然而可以改造。后天的积习本来不是我所有，然而可以由人力获得。生活安排和习俗，可以使天性改变；专一而不分心，就可以把经验、学问积累起来。荀子和许多旧唯物主义者一样，认为人是环境和教育的产物。他说："蓬生麻中，不扶而直。"（《劝学》）越人安于越地，楚人安于楚地，君子安于中原，是适应不同的生活环境和习俗的缘故（见《荣辱》）。他又说，南方、东方和北方各族的孩子，初生时啼哭的声音是相同的，可是长大以后，习俗就不相同了，这是"教使之然也"（《劝学》）。他以为，就天性来说人人相同，但有的人成为工匠，有的人成为农夫；有的人成为圣贤，有的人成为恶人，这都是在一定环境和习俗中培养成的。

故人知谨注错，慎习俗，大积靡，则为君子矣；纵性情而不足问学，则为小人矣。（《儒效》）

就是说，知道在生活安排和习俗方面谨慎从事，不断地积累观摩切磋之所得，就成为君子；放纵情欲，不努力学习，就成为小人。所以荀子认为，重要的是要给人以学习的机会，加强对人的教育。道德是可以教育成的，这是孔、孟、荀的共同观点。不过孟子以为道德是天赋的，教育在于唤醒本心，把理性中自在的东西变为自觉，所以德性的形成即是复归于天性。而荀子以为道德出于人为，乃不断地积累观摩、学习之所得，教育在于“化性而起伪”(《性恶》)。正如“积土成山，积水成渊”，人“积善成德”(《劝学》)，所以德性的形成是“长迁而不反其初，则化矣”(《不苟》)。

荀子根据“化性起伪”、“性伪合而天下治”(《礼论》)的观点，讲义和利、理和欲的关系。他说：

> 义与利者，人之所两有也。虽尧舜不能去民之欲利，然而能使其欲利不克其好义也。(《大略》)

荀子以为，人“好利而恶害”(《非相》)的欲望出于天性，谁也不能把它去掉，只是应该由礼义来规定“度量分界”(《礼论》)，以避免人们相互之间的利益冲突，并积极地“养人之欲，给人之求”(同上)。荀子反对禁欲主义。他认为要把国家治理好，不能提倡“无欲”、“寡欲”，而是要用礼义去引导欲望、调节欲望。当然，人们相互之间的欲望有冲突，会造成争乱，但是理性能掌握“欲恶取舍之权”：

> 见其可欲也，则必前后虑其可恶也者；见其可利也，则必前后虑其可害也者；而兼权之，孰计之，然后定其欲恶取舍，如是则常不失陷矣。(《不苟》)

就是说，理性能够思前虑后，见到可欲的，就考虑它是否有可恶的一面；见到有利的，就考虑它是否有有害的一面。这样，经过全面地权衡和深思熟虑，就能正确地决定取舍而不致造成过失与陷入危险了。那么，理性用来权衡的标准是什么呢？荀子说：

道者，古今之正权也。(《正名》)

道者，非天之道，非地之道，人之所以道也，君子之所道也。(《儒效》)

就伦理学领域说，荀子关于"权"的理论，基本上与后期墨家相一致；不过荀子以为用作权衡标准的"人道"就是礼义，这是儒家的观点。

荀子从"明于天人之分"的论点来讲"性伪之分"，指出：不能用人的自然禀赋来说明道德，道德是后天培养成的；人的职分在于"化性起伪"，用理性来权衡欲恶，通过教育来培养德性。这些说法，有其合理之处。不过，荀子没有社会实践的观点。他不懂得人性是社会历史的产物，实际上是把人看作生物学意义上的类，以为人性这块自然的原始材料"古今一也"。就具体的个人来说，他认为可以"化性而起伪"，成为有礼义的人；而就整个人类说，人性的内容永远是"好利而恶害"(《荣辱》)。所以，按照他的性恶论，"人之生固小人"(同上)，世世代代的人们都逃不掉生来就是一个坏蛋的命运，"伪"对于人类作为类的本质是不发生影响的。荀子所谓"伪"只是个人的活动，特别是圣人的活动，说："礼义法度者，是生于圣人之伪。"(《性恶》)把世间的一切文明归功于圣人，这当然是唯心史观。

五、"制名以指实"——关于认识过程的理论

荀子对"名实"之辩也作了总结。

荀子提出了"制名以指实"(《正名》)的论点。它包含着两层意

思：从认识论来说，概念是实物的反映，名实相符有一个过程；从逻辑学来说，要达到“名足以指实”（《正名》），就必须符合逻辑，具有正确思维的必要条件。

这里先从认识论来分析。“制名以指实”的论点肯定了客观存在的事物是第一性的，而名称（概念）则是第二性的，是用来摹写和指称客观事物的。这是唯物主义的名实观。

荀子从唯物主义出发，认为世界是可以认识的。他说：

> 凡以知，人之性也；可以知，物之理也。（《解蔽》）

这是说，人生来具有官能，有认识世界的能力；而客观世界的规律是可以认识的。人类能够在关于现实世界的表象和概念中正确地反映现实，达到名实相符。

关于知识和才能的来源问题，荀子明确反对先验论。他说：

> 尧禹者，非生而具者也。（《荣辱》）

认为“生而知之”的圣人是没有的，一般人也并不具有像孟子所说的那种天赋的“良知良能”。荀子说：

> 所以知之在人者谓之知，知有所合谓之智。所[①]以能之在人者谓之能，能有所合谓之能。（《正名》）

① “所”字前原衍“智”字。此据卢文弨说删。——初版编者

就是说，虽然人作为主体，具有"所以知"、"所以能"的官能，但只有当人的认识能力与客观事物相接触，使主观认识符合于客观事物，这才叫做"智"即知识；只有当主体的能力适应于客观活动，这才是才能。光有"所以知"、"所以能"之具，还不等于有知识和才能。现实的知识是客观事物在头脑中的反映，现实的才能是人处理实际事务的能力，这些都是在主体与客体"有所合"的过程中形成的。所以，知识、才能（以及德性）都是后天获得的。

荀子又说：

> 故积土而为山，积水而为海，旦暮积谓之岁，……涂之人百姓，积善而全尽谓之圣人。彼求之而后得，为之而后成，积之而后高，尽之而后圣。故圣人也者，人之所积也。人积耨耕而为农夫，积斫削而为工匠，积反（贩）[①]货而为商贾，积礼义而为君子。（《儒效》）

我们知道，孟子说过"人皆可以为尧舜"（《孟子·告子下》），而荀子也说，路上的普通百姓都可以成为圣人。两人说法相似，但有根本差别。荀子认为，知识都是"求之而后得"，并无"不虑而知"（《孟子·尽心上》）的良知，才能都是"为之而后成"，并无"不学而能"（同上）的良能；人是环境和教育的产物，农夫、工匠、商人、君子都不是天生的，而是通过长期积累经验而成的。如果普通老百姓能把善积累到完全的地步，那就成为圣人了。这里，荀子把人的认识看作是

---

① 杨倞曰："反"读作"贩"。——初版编者

一个不断积累的过程和前进、上升的运动。

荀子还进一步分析了人的认识过程，对感性和理性、知和行的关系作了考察。他说：

> 形具而神生。……耳、目、鼻、口、形，能各有所接而不相能也，夫是之谓天官。心居中虚，以治五官，夫是之谓天君。（《天论》）

这是说，精神依存于形体：人有五种感官，所以有五种感觉，耳、目、口、鼻、身体各有其接触外物的官能而不能互相调换；人有心，所以能思维，并统治着五官。荀子的“天官”、“天君”的用语，显然是受了《管子》的影响；而把心脏当作思维器官，则是受了当时科学水平的限制。荀子还说：

> 心有征知。征知，则缘耳而知声可也，缘目而知形可也。然而征知必将待天官之当簿[①]其类然后可也。五官簿之而不知，心征之而无说，则人莫不然谓之不知。（《正名》）

“征”是检验的意思。理性能检验观念与事实是否符合，从而作出判断，这种作用叫“征知”。荀子所谓的“征知”，是指理性进行比较、分析、判断的活动。正因为心有“征知”，所以凭着耳朵可以识别声音，凭着眼睛可认知形状，能如实地把握关于声音、形状的概

---

① 梁启雄曰：簿，当读为《易・说卦》“雷风相薄”之“薄”。薄，接触也。见梁启雄《荀子简释》，中华书局 1983 年版，第 313 页。——增订版编者

念，作出正确的判断。但是，为了要检验，首先必须有感性经验，而那是靠各种感官接触相应的外物（“当簿其类”，如耳朵接触声音，眼睛接触形状、颜色等）获得的。如果五官接触外物却无感知，或者心进行检验（把概念与事实比较）却不能作出判断，那么大家便说这是不知。荀子在这里既强调心有“征知”作用，又指出理性思维依赖于感觉经验，比较正确地阐明了感性和理性的关系。

荀子反对轻视感觉经验的冥想主义者。他在《解蔽》篇中写了一则寓言来讽刺他们。说：有个人名叫觙。很善于猜谜而爱在这方面用心思。可是一接触耳目之所欲，思维便被败坏，甚至一听见蚊子嗡嗡叫，精神就受挫伤。所以他只好摒除耳目的爱好，远离蚊子的嗡嗡声，到石洞里闲居静思去猜谜语。这很可能是对“子思之儒”（子思名伋）的讽刺。子思大概是注重“内省”即闭门思维的。荀子说得很对，一个人完全脱离感性的东西来闭门思维，不管他说得多么玄妙，都不过是猜谜语罢了。

荀子也反对轻视理性思维的狭隘经验论者。他说：

> 吾虑不清，则未可定然否也。（《解蔽》）

如果我没有清明的思维，那便不能确定感受是否真实，也就不能区分真象与假象。而狭隘经验论者不懂得这个道理，不知发挥心的“征知”作用，对从感官得来的认识进行检验，因而会把错觉、幻觉当作真实的东西，甚至导致鬼神迷信。荀子在《解蔽》篇中也写了一则寓言来讽刺他们。说：夏首南边有一个人，名叫涓蜀梁。

这个人愚昧无知而又事事畏惧。他在一个月色明亮的夜晚走路，忽然低头看见自己的影子，以为是趴在地上的鬼；仰起头来瞥见自己的头发，又以为是遇到了直立的妖怪。他转身就逃，刚回到家，就断了气。荀子认为，这个涓蜀梁之所以见鬼，是由于被愚昧和畏惧心理蒙蔽了理性，在精神恍惚的时候作出错误的判断，认有为无，认无为有。所以鬼神迷信是由不能用理性思维来区分真象与假象而产生的。荀子在这里已经触及了迷信的认识论根源。

荀子对"知"和"行"的关系也作了比较正确的阐述。他说：

> 不闻不若闻之，闻之不若见之，见之不若知之，知之不若行之。学至于行之而止矣。行之，明也。明之为圣人。圣人也者，本仁义，当是非，齐言行，不失豪厘；无它道焉，已乎行之矣。故闻之而不见，虽博必谬；见之而不知，虽识必妄；知之而不行，虽敦必困。(《儒效》)

这段话讲了认识的几个层次：一无所闻，不如有所闻。仅有闻知(间接经验)，不如亲自经历；如果没有直接经验，所闻虽博也难免荒谬。仅有经验，不如对经验有所理解；如果没有理解(缺乏"征知")，感性认识虽多也难免虚妄。仅有理解，不如把所理解的付诸实行；如果不去实行，理论知识虽敦厚也难免困顿。只有实行了，一个学习(认识)过程才算完成；而能实行，又正是因为有透彻的理解。圣人以仁义为本，正确地判断是非，达到言与行的完全统一，这也无非是用行动完成了学习仁义的过程。荀子在这里比较完整地阐明了认识过程的理论，既指出了"知"指导"行"，又肯定了“行”高于“知”。这是朴素唯物主义的知行统一观，无疑含有真理的颗粒。不过，他所说的“行”只是指个人的行动，并非指社会实践；他也不懂得认识过程中包含能动的飞跃，而以为认识只是一个量的积累过程，积累到圣人的地步，就最终完成了。所以，荀子关于认识过程的理论也有其局限性。

在真理论上，荀子提出“当是非”的论点来反对庄子的“齐是非”和“无是非”。他说：

> 是是非非谓之知，非是是非谓之愚。（《修身》）

以是为是，以非为非，就是知识；以非为是，以是为非，就是愚昧。那么怎样来判别是非呢？荀子说：

> 是非疑则度之以远事，验之以近物，参之以平心。（《大略》）

就是说，对谁是谁非有疑问，就应该用历史的事实和当前的现实来进行检验，而在检验、比较的时候应该平心静气。这是鲜明的唯物主义客观真理论。

荀子所谓“平心”，也就是心达到“虚壹而静”。荀子说：

> 心何以知？曰：虚壹而静。心未尝不臧[①]也，然而有所谓虚；心未尝不两[②]也，然而有所谓一；心未尝不动也，然而有所

---

① 杨倞曰：“臧”，读为“藏”，古字通。——初版编者

② “两”，旧作“满”，从杨倞说校改。——初版编者

谓静。(《解蔽》)

他以为心是藏与虚、两与一、动与静的统一。心能把知识积累起来,就是“藏”;但同时必须虚心,不能以已经获得的知识为成见而妨碍接受新知识,这就是“虚”。心能辨别差异,同时兼知各种事物,就是“两”;但同时必须专一,不要因为见他物而分心,妨碍认识此物,这就是“壹”。心是一直在活动的,既可以有意识地进行思考,也可以放弛了而胡思乱想,甚至连睡着了也会做梦,这就是“动”;但必须安静,不要让胡思乱想来扰乱正常的思维活动,这就是“静”。荀子的这些说法不同于《管子》的“静因之道”(《管子·心术上》),含有辩证法因素。不过,也有其局限性。他认为若能做到“虚壹而静”的工夫,使理性达到“大清明”的状态,就能认识圣人的道,以之作为权衡标准,就“足以定是非、决嫌疑”(《解蔽》)了。这样,荀子就离开了实践来谈“定是非、决嫌疑”,以为人心譬如一盆水,当处于清明状态就能正确无误地照见事物,这仍是一种直观的反映论观点。

六、“制名”以“辨同异”——辩证法是普通逻辑思维所固有的

荀子通过对“名实”之辩的总结,在《正名》、《解蔽》等篇中阐述了他的独特的逻辑学说。荀子认为,当时的情况是“名实乱,是非之形不明”(《正名》),所以需要“正名”。但正名并不是“以名正实”,而是要使名称(概念)符合变化的现实。他说:

若有王者起,必将有循于旧名,有作于新名。然则所为

> 有名，与所缘以同异，与制名之枢要，不可不察也。(《正名》)

这里讲到，正名要注意三点：

(1)“所为有名”。为什么要制定名称、概念呢？荀子说：“制名以指实，上以明贵贱，下以辨同异。”(同上)“明贵贱”，是说正名的政治目的在于使封建等级制度得到明确的规定；“辨同异”，是讲正名的逻辑职能在于把客观事物间的同异关系辨别清楚。而一旦“贵贱明”、“同异别”，就可以使人们交流思想不会发生困难，而处理事情便比较顺利了。荀子说的正名作用，虽有其阶级的局限性，但他要求“辨同异”无疑是正确的，这和《墨辩》的逻辑学说相一致。

(2)“所缘以同异”。这是讲正名的认识论的基础，讲概念的同异是怎么得来的。荀子说：

> 凡同类同情者，其天官之意物也同；故比方之疑似而通，是所以共其约名以相期也。(同上)

是说，人类是同一个类，有同样情态，人类的感官对客观事物的反应也相同。人接触外物，就能凭感官掌握千差万别的现象事态，但异中有同，人可以运用理性思维(心)加以比较，把类似的东西放在一起，以一个概念去模拟它，共同约定一个名称来表达，这样就可以交流思想了。

(3)“制名之枢要”。荀子说：

然后随而命之：同则同之，异则异之。（《正名》）

这是讲，制定名称的原则，就是“同实”一定要“同名”，“异实”一定要“异名”，名和实要有一一对应的关系。这是形式逻辑的一个基本原则，和后期墨家的主张相同。如前所述，《墨经》根据事物之间的“类同”与“不类”而把名分为“达名”、“类名”、“私名”三种。荀子则进一步指出：

故万物虽众，有时而欲遍举之，故谓之物。物也者，大共名也。推而共之，共则有共，至于无共然后止。有时而欲偏[①]举之，故谓之鸟兽。鸟兽也者，大别名也。推而别之，别则有别，至于无别然后止。（同上）

荀子在这里阐明了概念的限定（“推而别之”）和概括（“推而共之”），指出了“别名”和“共名”，即种概念和属概念是相对的、互相推移的。正是根据这种个别和一般、同和异的推移、转化关系，荀子对物质的形态作了划分，说：“水火有气而无生，草木有生而无知，禽兽有知而无义，人有气有生有知亦且有义。”（《王制》）这是根据当时科学水平所作的概括，既对物作了正确的划分（把物分为有生命的和无生命的，把生物分为有感知的和无感知的，把动物分为有义的和无义的），又给无机物、植物、狭义的动物和人类下了定义。荀子说的“制名之枢要”，不仅肯定了形式逻辑的“同则

① “偏”，旧作“徧”，从俞樾说校改。——初版编者

同之，异则异之”的原则，而且实际上也从个别与一般、同和异的推移、转化关系，揭示了辩证法是普通逻辑思维所固有的。

根据上述观点，荀子的《正名》驳斥了三种诡辩。

第一，驳斥了“见侮不辱”（宋钘的学说），“圣人不爱己”，“杀盗非杀人也”（后期墨家的学说）等论题。荀子认为，这些都是“用名以乱名者也”，只要“验之所为有名而观其孰行”，即从名称（概念）的作用来考察一下，指出这些论题违反了正名在于“明贵贱、辨同异”的道理，就能把它们驳倒了。

第二，驳斥了“山渊平”（惠施的学说）等论题，指出这是利用现象之间同异的相对性，来否认概念应有确定意义，所以是“用实以乱名”。但只要“验之所缘以同异而观其孰调”，即考察一下如何以感性事实为基础而形成概念的过程，就能把它们驳倒了。

第三，驳斥了“白马非马”（公孙龙的学说）等论题，认为这是“用名以乱实”，把概念的差异绝对化，并强加于现实。只要“验之名约，以其所受悖其所辞”，即用人们共同约定的名的界说（概念的定义）来验证一下，指出其自相矛盾的逻辑错误，就能把它们驳倒了。

在“坚白”、“同异”之辩中，惠施揭示出事物同异关系的相对性（例如，高和低的对立是相对的、可变的），认为一切概念都是可变的、灵活的，这有其合理的一面，但他夸大了这一面，抹杀了概念的相对稳定状态，从而导致了相对主义。公孙龙则揭示出概念和对象之间要有一一对应关系：“故彼彼止于彼，此此止于此，可。彼此而彼且此，此彼而此且彼，不可。”（《公孙龙子·名实论》）这也有合理的一面，但他夸大了这一面，把概念之间的差异绝对化了，认为事物的属性是彼此分离的，从而导致了绝对主义。荀子批驳了惠施、公孙龙等人的诡辩，对逻辑思维的矛盾本质有了初步的正确认识。他指出，为要发挥名称（概念）的“辨同异”的职能，就须考察“所缘以同异，与制名之枢要”。在考察“所缘以同异”即正名的认识论基础时，他既指出形、色、声、臭等感性现象的千差万别，又指出人的理性能进行比较、概括，共同约定名称以交流思想。在考察“制名之枢要”即制定名称（概念）的主要原则时，他既指出要遵守“同则同之，异则异之”的形式逻辑原则，又指出共名与别名具有互相推移、转化的关系，并说：“名无固实，约之以命实，约定俗成谓之实名。”（《正名》）认为名与实的关系并非是固定不变的，名称（概念）要以实在为转移，名言作为社会现象，是历史地约定俗成的。可见，荀子既看到逻辑思维的“静”，也看到逻辑思维的“动”，这就在一定意义上突破形式逻辑的界限，有了辩证逻辑思想的萌芽。

《墨辩》在朴素唯物主义认识论的基础上，建立了一个基本上是形式逻辑的体系。《墨子·小取》说：“以名举实，以辞抒意，以说出故。”就是说，用名（概念）摹写实物，用辞（判断）表达思想、意义，用说（推理、论证）阐明理由。《墨辩》对名、辞、说作了正确的规定，并对这些逻辑思维的形式作了在当时可说是最详尽的探讨。荀子没有像《墨辩》那样去研究判断、推论的形式结构，而是注意到了要揭露逻辑思维的辩证因素。荀子说：

> 名也者，所以期累实也。辞也者，兼异实之名以论一意也。辨（辩）说也者，不异实名以喻动静之道也。（《正名》）

就是说，每一个概念都概括同类的许多实物，每一判断所包含的意思是不同概念的统一，而辩说（推理、论证）则是在“不异实名”即不偷换概念的条件下来说明“动静之道”。可见，名、辞、辩说都是同一之中包含差异，都具有矛盾。要做到“喻动静之道”，一方面不能偷换概念，要遵守形式逻辑同一律；另一方面概念又必须是灵活、生动的。就是说，思维形式本身应是动静的统一。荀子把逻辑思维中的“名”结合为“辞”、“辞”结合为“辩说”的“累而成文”的运动，看作是包含矛盾的、“不异实名以喻动静之道”的过程，这里也确实有了辩证逻辑思想的萌芽。

列宁说：“在任何一个命题中，很像在一个‘单位’（‘细胞’）中一样，都可以（而且应当）发现辩证法一切要素的胚芽，这就表明辩证法是人类的全部认识所固有的。”[①]当然，荀子不可能有真正自觉的辩证法，但是从他对名、辞和辩说的规定以及所提出的“制名”以“辨同异”的原则来看，他确实已多少意识到：“可以（而且应当）”从普通的逻辑思维形式中来揭露其矛盾的要素。荀子已在一定程度上为我们指明：辩证法是普通逻辑思维所固有的。

七、“符验”、“辨合”和“解蔽”——客观地全面地看问题

荀子说：

> 辨（辩）说也者，心之象道也。……心合于道，说合于心，辞合于说，正名而期，质请（情）[②]而喻。（《正名》）

① 列宁：《谈谈辩证法问题》，《列宁全集》第55卷，第308页。

② 王先谦曰：“请”读为“情”。此采王说。——初版编者

这是说，在进行辩论时，思维（心）要符合客观规律（道），推理、论证（说）要符合逻辑思维（心），判断（辞）要符合推理的形式（说），并要用正确的名称、概念来表示思想，根据实际情况来加以说明。这里讲到概念、判断与推理的关系，总的原则是要求在唯物主义的基础上达到名实相符，而要达到名实相符，就必须做到“辞合于说，说合于心，心合于道”。

怎样才能达到名实相符，“心合于道”呢？荀子在《性恶》篇中有一段著名的话：

> 故善言古者必有节于今，善言天者必有征于人。凡论者，贵其有辨合，有符验，故坐而言之，起而可设，张而可施行。

他对先秦哲学中三个主要问题（“古今”、“天人”和“名实”之辩）都作了总结：善于谈论古代的一定要在现今的事实上得到验证，善于谈论天道的一定要从人事上得到验证，这就是用唯物主义的名实观来解决“古今”、“天人”问题。而名实关系本身怎样解决呢？他说：一切言论，第一“贵有辨合”，即要经过正确的分析和综合；第二“贵有符验”，即理论要得到事实的验证。做到这两点，就可以“坐而言之，起而可设，张而可施行”，达到知和行、名和实的统一。荀子的这一段话提出了方法论的基本原理——分析和综合的统一，理论和事实的统一。这是达到名实相符、“心合于道”的基本途径。

“贵有符验”是朴素唯物主义观点，而“贵有辨合”则是朴素辩证法思想。在荀子看来，分析和综合的客观根据是事物的同异关系，要正确地进行“辨合”，就必须正确地运用“类”、“故”、“理”的范畴。后期墨家着重于从形式逻辑考察“类”、“故”、“理”，说：“夫辞以故生，以理长，以类行。”（《墨子·大取》）是说在论证和驳斥时，提出论断要有理由，要按照逻辑规则和依据类的包含关系进行推理。而荀子则是注意运用范畴作为辩说或辨合的方法。他说：

> 辨异而不过，推类而不悖；听则合文，辨（辩）则尽故；以正道而辨奸，犹引绳以持曲直；是故邪说不得乱，百家无所窜。（《正名》）

这段话的意思是说：第一，要辨别事物的差异而无过错，根据“类”的关系进行推理而不悖乱；第二，听别人的意见要善于吸取其中合理的东西，进行辩说要全面地阐明所以然之故（也即所谓“以学心听，以公心辨”（同上））；第三，要用“正道”来辨别奸言，就好像用绳墨来衡量曲直。做到这三条，一切邪说就不可能淆乱，诸子百家的谬论就无处逃窜了。

荀子以为“类”、“故”、“理”三个范畴是统一的。他说：

> 类不悖，虽久同理。（《非相》）

意思是说，只要种类关系不悖乱，同类事物总是有共同规律，所以真正把握类的本质，就是认识了理。他又说：

多言则文而类，终日议其所以，言之千举万变，其统类一也，是圣人之知也。(《性恶》)

这是说，圣人说许多话都有条有理，他终日发议论阐明所以然之故，虽然千举万变，却是一以贯之的。荀子把一贯的道理叫作“统类”。他讲“推类而不悖”(《正名》)，主要是指根据种属关系进行推理，不能违背形式逻辑。而他讲“壹统类”是圣人的智慧，则要求从全面的一贯的道理来看问题。他在《非十二子》中批评子思、孟轲“略法先王而不知其统”，就是说他们不知孔子的一贯的道理。他又批评他们“案往旧造说，谓之五行，甚僻违而无类，幽隐而无说，闭约而无解”(《非十二子》)。这可能指子思之儒在战国末期已与邹衍一派阴阳家合流，将仁义礼智信与木金火水土进行比附。这样的比附确实荒诞不经，无法类推(无类)，无法论证(无说)，无法理解(无解)。就是说，根本违反了形式逻辑。

荀子在《非相》篇说：

圣人何以不可欺？曰：圣人者，以己度者也。故以人度人，以情度情，以类度类，以说度功，以道观尽，古今一[①]也。

这段话很像是针对庄子的《秋水》篇而发的。庄子说：“以道观之，物无贵贱；以物观之，自贵而相贱。”荀子则认为，不能把“以物观之”和“以道观之”对立起来，“以道观之”也就能“以类度类”，“以

① 原为“古今一度也”，从王念孙说删“度”字。——初版编者

人度人”，“以物观物”。荀子常讲的“以一知万”(《非相》)、“以一行万”(《王制》)，包括两层意思：一方面，“壹于道而以赞稽物”(《解蔽》)。就是要从统一的正道来考察万事万物，这里讲的是从一般到特殊的演绎。另一方面，“欲观千岁，则数今日；欲知亿万，则审一二”(《非相》)。就是说，对一两个典型事物作了审察、研究，就可以从个别上升到一般，这里讲的是归纳。这两方面的统一就是“以道观之”和“以类度类”的统一，也就是演绎和归纳的统一。庄子《秋水》篇还以为，“以道观之”，那么类的差异、功分（作用）的有无、趣操的然否都是相对的。而荀子则以为要“以类度类”，类的差异不能悖乱；要“以说度功”，就是说功分（作用）的有无可以进行论证；所以，然否、是非不能混淆。而“道”就是全面的真理。真正掌握了道，“以道观尽”，也就能“辨则尽故”，即使是从来没有见到过、听到过的突然发生的怪事，也能“举统类而应之”(《儒效》)。当然，荀子说圣人把握了“古今一也”的终极真理，是形而上学观点；他也有把“类”看成凝固不变的倾向。但是“以道观尽”，“以一行万”，即要求从道的观点全面地看问题，要求个别与一般、归纳与演绎的统一，却是辩证逻辑的思想。

在荀子看来，当时许多学派虽然“持之有故，言之成理”(《非十二子》)，而实际上却违背了“辨则尽故”(《正名》)的原则，因为他们都是“蔽于一曲而闇于大理”(《解蔽》)，即被事物的一个片面所蒙蔽，而看不见全面的根本的道理。荀子认为，要正确进行辩说或辨合，就要“解蔽”，即破除人们思想上的主观片面性，以便能客观地全面地认识世界。荀子分析了产生片面性的原因。他说：

故为蔽：欲为蔽，恶为蔽；始为蔽，终为蔽；远为蔽，近为蔽；博为蔽，浅为蔽；古为蔽，今为蔽。凡万物异则莫不相为蔽，此心术之公患也。(《解蔽》)

这里的"心术"是指思想方法。客观上有欲与恶、始与终、远与近、博与浅、古与今的差异，亦即矛盾，因而容易使人只见一面而不见另一面。同时，就主观上说，人们又往往对自己的知识和经验的积累，有所偏爱，于是"私其所积，唯恐闻其恶也；倚其所私以观异术，唯恐闻其美也"(同上)。就是说，对自己所偏爱的，唯恐听到有人批评，又从主观的角度去看不同于己的见解，唯恐听到有人赞美。荀子看到了主观性、片面性是人们思想方法上容易犯的毛病，它使人"蔽于一曲而失正求"(同上)，所以提出了"解蔽"的口号。这一思想是从宋、尹"别囿"和庄子反对"曲士"发展而来的。

怎样才能"解蔽"呢？荀子说：

圣人知心术之患，见蔽塞之祸，故无欲、无恶，无始、无终，无近、无远，无博、无浅，无古、无今，兼陈万物而中悬衡焉，是故众异不得相蔽以乱其伦也。(同上)

由于心术上有主观偏见，人们往往对欲恶、始终、远近、博浅、古今等对立的东西只看见一面而看不见另一面。因此，荀子认为，必须全面把握各种事物，并以"道"作为衡量一切的标准，这样就能不受蔽塞，而认识事物的本来面貌。荀子还以两点论的方法，用他所谓的"正道"来衡量诸子百家，指出了他们是各有所蔽，各有所见：

> 墨子蔽于用而不知文，宋子蔽于欲而不知得，慎子蔽于法而不知贤，申子蔽于势而不知知，惠子蔽于辞而不知实，庄子蔽于天而不知人。（《解蔽》）
>
> 慎子有见于后，无见于先；老子有见于诎，无见于信；墨子有见于齐，无见于畸；宋子有见于少，无见于多。（《天论》）

荀子认为，诸子各自只看到矛盾的某一方面，即有所见，而恰恰就是这个“见”使他们蔽而不见矛盾的另一方面。见和蔽是联系在一起的。荀子的这种分析批判，确实是辩证逻辑的方法。

总之，荀子在逻辑学上的贡献是巨大的，但也有其局限性。他所谓的“解蔽”是以封建主义的“道”来批判各家学说，并把“道”说成是永恒的，以为真理到了圣人手里就可以一劳永逸了，这是形而上学的观点。荀子还说：

> 夫民易一以道而不可与共故，故明君临之以势，道之以道，申之以命，章之以论，禁之以刑，故其民之化道也如神，辨(辩)说[①]恶用矣哉！（《正名》）

他以为对老百姓易于用“道”来统一他们的思想，而难于用辩说来让大家了解所以然之故，所以贤明的君主依靠政治权力，运用行政命令和刑罚，引导大家走上正道，而用不着进行辩说。这是封建专制主义的观点。

① “说”，原作“势”，从王懋竑说校改。——初版编者

八、关于“成人”(培养理想人格)的学说

荀子作为儒家,他心目中最主要的问题也是如何培养理想人格。他对天人关系、名实关系的考察,归结到一点,就是如何“成人”,即如何造就完美的人格。《荀子》一书的第一篇是《劝学》,该篇最后写道:

> 君子知夫不全不粹之不足以为美也,故诵数以贯之,思索以通之,为其人以处之,除其害者以持养之,使目非是无欲见也,使耳非是无欲闻也,使口非是无欲言也,使心非是无欲虑也。及至其致好之也,目好之五色,耳好之五声,口好之五味,心利之有天下。是故权利不能倾也,群众不能移也,天下不能荡也。生乎由是,死乎由是,夫是之谓德操。德操然后能定,能定然后能应,能定能应,夫是之谓成人。天见其明,地见其光(广)[①],君子贵其全也。

这段话的意思是说:完全、纯粹的人格才是真正的美的人格。为此,就要读书、思考以求融会贯通、身体力行、以道自处,还要注意自我修养,排除那些有害于道的思想情感。这样日积月累地养成非道不欲见、非道不欲虑的习惯,经过持久不懈的努力,达到极致之时,好学乐道就像目好色、耳好声、口好味、心好利那样地出于自然,毫不勉强。于是就意志坚定,非威胁利诱所能动摇,非人多势众所能改移,终生由之,至死不变,这才是真正有德性、有操守。

---

① 刘台拱曰:“光”、“广”古通用。——初版编者

有德操，才能坚定，才能正确地应付事物；能定能应，才是真正造就了完美的人格。就像天表现高明，地表现广大一样，君子所贵重的就是完全、纯粹的人格。

荀子在这里所用的语言，似乎和孟子没有多少差别。但有一点根本不同：荀子讲的是“积善成德”（《劝学》）的过程，而孟子以为学习和修养在于恢复本性。荀子以为目好色、耳好声等等是自然的必然性（他撇开了他的性恶说），而道德则是后天培养起来的。人们通过学习、思索、力行和修养的途径，用“道”来培养自己，先要勉力养成“使目非是无欲见也，使耳非是无欲闻也”的习惯，习惯成自然（像目好色、耳好声那样自然），那便是“积善成德”，真正形成德性、造就人格了。这是个“锲而不舍”，要靠意志力来坚持的过程。荀子也很强调意志，他说：

> 是故无冥冥之志者，无昭昭之明。（同上）

一个人若无默默专一的意志，便不可能有昭晰清明的智慧。只有“专心一志”地学习、思索，“加日悬久，积善而不息”，才能“通于神明，参于天地”（《性恶》）。

荀子还特别考察了意志的特点，他说：

> 心者，形之君也而神明之主也，出令而无所受令。自禁也，自使也，自夺也，自取也，自行也，自止也。故口可劫而使墨（默）[①]

① 郝懿行曰：“墨”与“默”同。——初版编者

云，形可劫而使诎（屈）[1]申，心不可劫而使易意，是之则受，非之则辞。故曰：心容，其择也无禁，必自见；其物也杂博，其情（精）[2]之至也，不贰。（《解蔽》）

这里讲的作为“神明之主”的心，就是意志。意志具有自夺、自取的品格，外力可以迫使形体或屈或伸，迫使嘴巴或开或闭，而意志却不能由外力迫使改变，它以为“是”便接受，以为“非”便拒绝。所以说，心理状态是这样的：它自由选择而不受限禁，必定自主地表现；它应接事物既杂且博，但专精之至，就不分心了。荀子在这里讲到了意志的双重品格，即自主与专一。

荀子认为，正因为意志“其择也无禁”，所以一定要由理性来掌握“道”，以便能正确地权衡是非。

道者，古今之正权也；离道而内自择，则不知祸福之所托。（《正名》）

就是说，意志应根据对道的认识来进行选择，因此所谓“不贰”，也就是要求“壹于道”。荀子说：

壹于道[3]以赞稽之，万物可兼知也。身尽其故则美。类不可两也，故知者择一而壹焉。……故君子壹于道而以赞稽

① 梁启雄曰：“诎”即“屈”。——初版编者
② 梁启雄曰：“情”当读作“精”。——初版编者
③ “壹于道”三字，据陶鸿庆说增补。——初版编者

物，壹于道则正，以赞稽物则察，以正志行、察论，则万物官矣。（《解蔽》）

荀子在这里也运用了“类”、“故”、“道”三个范畴，意思是说：由于一个人不能同时从事两类事情，所以知者选择了“一”（正道），专心一志地去从事；那“精于道”的人能全面地把握事物的所以然之故，这就有了美德；这样从统一的正道来考察万事万物，既有志向端正的行为，又有明察的理论，人就成了万物的主人而获得自由了。所以在荀子看来，要“正志行”，就在于“壹于道”。意志应服从于理性，自由来自对必然（道）的认识。这是理性主义观点，是孔、孟、荀所共有的。

孔子讲培养人格，已经很注意礼乐的作用。他说：“若臧武仲之知，公绰之不欲，卞庄子之勇，冉求之艺，文之以礼乐，亦可以为成人矣。”（《论语·宪问》）这是说，有了智慧、廉洁、勇敢和才艺，还须加上礼乐的修饰，才可造就完美的人格。荀子比之孔、孟更为重视礼乐的作用，他专门写了《礼论》、《乐论》，他的后学又加以发挥，于是使儒家有了很完备也很繁琐的礼乐理论。这种礼乐理论在维护封建宗法制度中起了极大作用，当然含有许多糟粕。不过，荀子在考察礼乐的教育作用时，也提出了一些很好的见解。他说：

乐行而志清，礼修而行成。（《乐论》）

奏乐使人情志清明，修礼使人德行成就。所以他以为，为了“壹于道”以“正志行”，礼乐是必不可少的手段，他试图从哲学上（特别是从美学上）来阐明这一点。

《乐论》写道：

> 夫乐者，乐也，人情之所必不免也，故人不能无乐。乐则必发于声音，形于动静；而人之道，声音、动静、性术之变尽是矣。故人不能不乐，乐则不能无形，形而不为道，则不能无乱。先王恶其乱也，故制雅颂之声以道之，使其声足以乐而不流，使其文足以辨而不諰[①]，使其曲直、繁省、廉肉、节奏足以感动人之善心，使夫邪汙之气无由得接焉，是先王立乐之方也。

荀子以为，音乐表现人的哀乐之情，它对于满足人们感情的需要是不可缺少的。人心感于物而动。（《礼记·乐记》[②]说：“凡音之起，由人心生也。人心之动，物使之然也。感于物而动，故形于声……”）哀乐之情表现于人的声音和形体的动静（如手舞足蹈），性情、思想的变化完全可以用声音、举动来表现，这正是“人之道”的特点。但是，如果表现了而不加以引导，那就会产生混乱。所以先王制定雅颂之乐来引导感情，使声音足以令人喜乐而不放纵，使文辞足以辨明道理而不熄灭，使歌曲的曲折变化与节奏足以感动人的善心，而使邪恶之气无从和人接触。这就是制作音乐

① “辨而不諰”，《礼记·乐记》作“论而不息”。郑注：“息，犹销也。”——初版编者

② 《隋书·音乐志》引沈约《奏答》，谓：“《乐记》取《公孙尼子》。”但《礼记·乐记》中的很大一部分同于《荀子·乐论》，很像是对《乐论》的发挥。

的正确途径。

荀子在这里讲到了音乐（以及诗歌、舞蹈）所包含的要素：一是它表现人的情志；二是它的声音动静具有和谐的节奏；三是它体现了“道”，所以“足以感动人之善心”。人的情志表现于有节奏的声音、形象，体现了一定理想，这是美学上的“言志”说的基本论点。荀子说：

> 君子以钟鼓道志，以琴瑟乐心；动以干戚，饰以羽旄，从以磬管。故其清明象天，其广大象地，其俯仰周旋有似于四时。（《乐论》）

就是说，君子用钟鼓琴瑟演奏，以表现自己的情志；还用干戚作舞具，加上羽旄的装饰，用磬管伴奏，载歌载舞。这样的音乐与舞蹈，象征着天的清明和地的广大，俯仰回旋的舞姿有似于四时的变化。也就是说，天地之道作为理想体现于艺术中了。所以说：“舞意天道兼。”（同上）即舞蹈的理想（意）是合乎天道的。这里，荀子不仅给“乐”以道德的品格，而且使它具有天道观上的尊严。

荀子从“言志”来解释“乐”，又以“称情”来解释礼。他说：

> 三年之丧，何也？曰：称情而立文，因以饰群，别亲疏贵贱之节，而不可益损也。（《礼论》）

就是说，礼是和人情相称的“文”（如服饰、跪拜等），体现了一定道德规范（道德理想的具体化）。荀子讲“不可益损”，当然是形而上学观点。他说：

> 且乐也者，和之不可变者也；礼也者，理之不可易者也。乐合同，礼别异；礼乐之统，管乎人心矣。（《乐论》）

就天道说，礼乐体现了不变的自然之和与天地之理；就人道说，礼乐具有封建等级制度下的“合同”与“别异”的社会职能，这说明荀子的礼乐之道有其局限性。不过，他说礼乐统率人情，却有其合理之处。正因为此，礼乐一旦经人制作出来，便转过来具有培养人、教育人的重要作用。荀子说：

> 礼者养也。……雕琢刻镂黼黻文章，所以养目也；钟鼓管磬琴瑟竽笙，所以养耳也。（《礼论》）

这是讲对耳目等感官的培养。又说：

> 故听其雅颂之声，而志意得广焉；执其干戚，习其俯仰屈伸，而容貌得庄焉。（《乐论》）

这是讲对内心的志意与外貌的威仪的培养。又说：

> 故乐行而志清，礼修而行成，耳目聪明，血气和平，移风易俗，天下皆宁，美善相乐。（同上）

这是说，礼乐的教化使个人志清行成，使社会移风易俗，达到了美与善的统一。“美善相乐”，不仅是说雅颂之乐培养了人的志意，而且是说人的道德（善）由于陶冶而从习惯变成自然，成了美的对象，人格本身以及人的生活都给人以美感了。这就是美学上说的“自由”。

荀子关于“成人”即如何培养自由人格的学说，虽然有其历史的和阶级的局限性（他要培养的人格是地主阶级的君子），但它接触到了理性认识、意志与情感之间的关系，真、善、美之间的关系，这是富有启发意义的。所谓“不全不粹，不足以为美”（《劝学》），就是要求培养具有全面的认识（“壹于道”，即真）和纯粹的品德（“正志行”，即善）的完善人格，这种人格以雅颂之乐来培养自己的感情，达到了“美善相乐”。荀子朴素地表述了真、善、美统一的思想，同时还探讨了美学上的“言志”说，对后世起了积极影响。

总起来看，荀子对“天人”、“名实”之辩作了出色的总结，达到了朴素唯物论和朴素辩证法的统一，在天道观、认识论和逻辑学上都作出了杰出的贡献。在人道观上，他提出“明分使群”、“化性起伪”的学说，还朴素地表述了真、善、美统一的思想，这些也都含有合理因素。当然，也有其局限性，在某些问题上还掺杂有形而上学和唯心主义观点。特别是由于他所处的时代的条件，使得他比之孟子、庄子有了较多的专制主义色彩，他的《正名》主张对所谓的“奸言”，“临之以势，禁之以刑”，即用武力镇压，这为秦始皇的“焚书坑儒”作了舆论上的准备。荀子这种封建专制主义倾向，尔后由韩非进一步发展。

第二节　韩非："不相容之事不两立"

一、韩非反对"杂反之学"

先秦哲学发展到总结阶段时产生了杂家，其代表著作是《吕氏春秋》[①]这是一部先秦的百科全书，它"兼儒、墨，合名、法"[②]，包括了先秦各家的学说，以及天文、历法、医学等各方面的科学成就。杂是个缺点，又是个优点。缺点在于没有形成有机整体，理论上不成体系。但《吕氏春秋》作为先秦的杂家著作也提出了一套理论——折衷主义。一般说来，折衷主义缺乏独创性，但第一个折衷主义理论也可以说是一个创造，也给我们理论思维的教训。

《吕氏春秋》在政治上主张统一，说："一则治，异则乱；一则安，异则危。"(《不二》)可见，杂家理论也是为地主阶级要求统一中国制造舆论的。

《吕氏春秋》从哲学上讨论了一和二、一和异的关系。

> 一也者制令，两也者从听，先圣释[③]两法一，是以知万物之情。……故知一则明，明两则狂。(《大乐》)

---

① 《吕氏春秋》亦称《吕览》。战国末秦相吕不韦集合门客共同编写。全书共 26 卷，内分 12 纪、8 览、6 论，共 160 篇，是杂家的代表著作。内容以儒、道及阴阳家思想为主，兼及名、法、墨、农各家。关于《吕氏春秋》的注解，主要有汉高诱的《吕氏春秋注》、清毕沅的《吕氏春秋新校正》、近人许维遹的《吕氏春秋集释》、近人蒋维乔、杨宽、沈延国、赵善诒合著的《吕氏春秋汇校》。

② 班固撰，颜师古注：《艺文志》，《汉书》第 6 册，第 1742 页。

③ "释"，原作"择"，从俞樾说改。——初版编者

就是说，“一”处支配地位，“两”处服从地位。圣人撇开“两”而效法“一”，所以能认识万物的实际情况。认识“一”就有智慧；不认识“一”而去“明两”，就会导致狂乱。《吕氏春秋》把“一”和“两”（异、多）对立起来，强调必须“知一”，“法一”。而所谓“一”，它认为就是“多”的折衷。它以狐裘为例，说：

> 天下无粹白之狐，而有粹白之裘，取之众白也。夫取于众，此三皇五帝之所以立大功名也。（《用众》）
>
> 物固莫不有长，莫不有短；人亦然。故善学者假人之长，以补其短。（同上）

是说，虽然没有一只狐狸的皮毛是完全白的，但把许多白狐皮加以剪裁、拼接，就可以做成纯白的狐裘。古代圣王善于把众人的长处集中起来，所以建立了大功名。诸子百家也各有所长，各有所短。能够采众家之长，折衷起来（其实是拼凑起来），就成为最完美的著作了。一部《吕氏春秋》就是根据这一理论编撰的。它自认为对诸子百家一视同仁，不偏不倚，最公道，实际上则是比较接近儒家和阴阳家。

和《吕氏春秋》正相反对的是韩非的学说。

韩非（约公元前 280 年—前 233 年），荀子的学生，出身于韩国的一个没落贵族家庭。早年他曾向韩王建议变法而未被采纳，于是就“观往者得失之变”①，总结前期法家进行变法的经验

① 司马迁：《老子韩非列传》，《史记》第 7 册，第 2147 页。

教训，从事著述。当秦始皇看到韩非的著作时，十分赏识，将他招到秦国。但不久韩非被李斯等陷害入狱，被迫自杀。现存《韩非子》[①]一书是研究韩非思想的主要资料。

在韩非看来，治理国家只能依靠法术之士，而决不能对诸子百家采取兼收并蓄的态度。他以为法家与其他各家是势不两立的。他把儒墨各派一概斥之为"愚诬之学、杂反之辞"，说：

> 夫冰炭不同器而久，寒暑不兼时而至，杂反之学不两立而治。今兼听杂学缪行同异之辞，安得无乱乎？(《韩非子·显学》，本节以下引《韩非子》只注篇名)

是说，就像冰炭不相容、寒暑不同时一样，法家和那些驳杂而悖乱的诸子之学是不可共存的。如果君主同时听取杂乱之学、背谬之行、矛盾之说，那么国家怎么能不乱呢？韩非以为，百家争鸣是造成祸乱的原因，故各种"杂学"应一律加以取缔。他主张"以法为教"、"以吏为师"(《五蠹》)，用法家的政策法令来统一人们的思想，"言行而不轨于法令者必禁"(《问辩》)。对儒墨等学派，他直截了当地主张"破其群以散其党"，"禁其欲，灭其迹"(《诡使》)。把这种主张付诸实践，就是后来秦始皇的焚书坑儒。

在政治上，秦国发生秦始皇与吕不韦的冲突，秦始皇取得了胜利，韩非的法家思想成了秦王朝的指导思想，从哲学理论来说，

---

① 现存的《韩非子》55篇，与汉朝的本子大致相同。其中绝大多数可信是韩非所作。《韩非子》的注释比较重要的有：清末王先慎的《韩非子集解》，近人陈奇猷的《韩非子集释》、梁启雄的《韩子浅解》等。

韩非是反对折衷主义的。他说：

> 不相容之事不两立也。（《五蠹》）

以为彼此排斥、互不相容的双方是不可调和、不可折衷的。在《韩非子》书中，充满着“势不两立”（《人主》）、“不可两存之仇”（《孤愤》）、“上下一日百战”（《扬权》）、“当今争于气力”（《五蠹》）之类的语言，可见韩非确是个非常强调“斗争”的哲学家。对矛盾双方，如强调统一而忽视对立，可导致折衷主义；如强调排斥而忽视统一，也会陷入形而上学。《吕氏春秋》属于前者，韩非则属于后者。韩非反对“杂反之学”（《显学》），实际上是用一种强调斗争、暴力的独断论来反对折衷主义。

二、法治思想与历史进化观念

韩非系统地总结了先秦法家的政治思想，提出了一套以法治为中心、“法”“术”“势”相结合的理论。所谓“法”，指由君主统一公布施行的政策、法令；所谓“术”，指君主的统治术；所谓“势”，指君主的权势。在这以前，商鞅重“法”，申不害重“术”，慎到重“势”。韩非作了批判的总结，以为这三者缺一不可，但其中最根本的是“法”，君主“抱法处势”（《难势》），用“术”以驾驭群臣，就能把国家治理好。

此时，“礼法”之争已发展为“王霸”、“德力”之争。荀子主张德教与法治、仁义与暴力两手并用，韩非却把二者割裂开来。他指斥儒者，说：“儒以文乱法。”“是故乱国之俗，其学者则称先王之道以籍[①]仁义，盛容服而饰辩说，以疑当世之法而贰人主之心。”（《五蠹》）就是说，儒者称述先王之道，凭借仁义之说，盛饰容貌衣冠而又花言巧语，用以惑乱当今的法治和动摇君主的决心，这正是乱国之俗。韩非把儒家列为“五蠹”之首，并说儒者就像巫觋一样令人鄙视。巫觋对人说：“祝你千秋万岁！”说得很动听，却不能使人增加一日之寿。儒者不讲当今如何进行法治，却老是称道先王行仁义如何成功，还骗人说：“听吾言则可以霸王。”（《显学》）韩非以为，这种同巫祝一样的说教，是讲法度的君主所决不能接受的。

韩非以为，德教与法治的对立亦即德教与暴力（威势）的不可调和。他说：“夫严家无悍虏，而慈母有败子，吾以此知威势之可以禁暴，而德厚之不足以止乱也。”（同上）家规严就没有凶悍的奴隶，而慈母却养育出败子，所以禁止暴乱要靠统治者的权势，而不能依赖德教。他说：

> 且民者固服于势，寡能怀于义。……故以义则仲尼不服于哀公，乘势则哀公臣仲尼。今学者之说人主也：不乘必胜之势，而务行仁义，则可以王。是求人主之必及仲尼，而以世之凡民皆如列徒，此必不得之数也。（《五蠹》）

就是说，人们本来是屈服于权势，而很少心服于仁义的。讲仁义，则孔子不该臣服于鲁哀公；而依仗权势，鲁哀公可以叫孔子臣服。

---

① 梁启雄曰：“籍”借为“藉”。《小尔雅・广言》曰：“藉，借也。”——初版编者

现在儒者游说君主，不叫他“乘必胜之势”，而说努力行仁义则可以王天下，这是要求君主成为孔子，而老百姓都像孔子的弟子，这种要求是必定不能达到的。韩非这里所说，显然是针对孟子的。孟子说：“以德服人者，中心悦而诚服也，如七十二子之服孔子也。”（《孟子·公孙丑上》）韩非以为，这种所谓“以德服人”的王道是“必不得之数”，因为它违背了“当今争于气力”、“民固服于势”的必然性。

关于“古今”之争，荀子提出“善言古者必有节于今”（《荀子·性恶》）的论题，是从认识论说的。荀子没有历史进化的观点，他说“古今一也”，并且批评那以为“古今异情，其所以治乱者异道”为“妄人”之说（见《荀子·非相》）。历史进化观首先是由法家明确提出来的。《商君书·开塞》以为历史演变可以分为不同阶段：“上世亲亲而爱私，中世上贤而说仁，下世贵贵而尊官。”《商君书·画策》则说：在太古时代的“昊英之世”，“人民少而木兽多”，所以人们只是“伐木杀兽”，就可以维持生活，到了神农之世，“男耕而食，妇织而衣。刑政不用而治，甲兵不起而王”。这是说的还没有出现阶级压迫的原始社会的情形。在这以后，就出现了“以强胜弱，以众暴寡”，即人压迫人的现象，于是黄帝“作为君臣上下之义，父子兄弟之礼，夫妇妃匹之合，内行刀锯，外用甲兵”，这就是说，建立起等级制度和国家机器，用暴力来实行统治了。

韩非继承和发展了前期法家的历史进化观点，他描述历史的演变过程说：

> 上古之世，人民少而禽兽众，人民不胜禽兽虫蛇；有圣人

作，构木为巢以避群害，而民悦之，使王天下，号之曰有巢氏。民食果蓏蚌蛤，腥臊恶臭而伤害腹胃，民多疾病；有圣人作，钻燧取火，以化腥臊，而民悦之，使王天下，号之曰燧人氏。中古之世，天下大水，而鲧禹决渎。近古之世，桀纣暴乱，而汤武征伐。今有构木钻燧于夏后氏之世者，必为鲧禹笑矣；有决渎于殷周之世者，必为汤武笑矣。然则今有美尧舜汤武禹之道于当今之世者，必为新圣笑矣。(《五蠹》)

以为人类历史已经经历了上古(有巢氏、燧人氏)、中古(尧、舜、鲧、禹)、近古(三化)以至当今之世(战国)几个阶段，大体上是正确的。所以，韩非以为，那种把社会看作一成不变的思想是错误的。现在还有人赞美尧、舜、禹、汤、武的政治，必然要被当今的“新圣”所耻笑。

那么，社会演变的原因是什么呢？韩非试图用人口增殖和生活资料之间的矛盾来解释。他说：古代人很少，生活资料充足，“丈夫不耕，草木之实足食也；妇人不织，禽兽之皮足衣也。……人民少而财有余，故民不争”。所以古代用不着“厚赏”、“重罚”，人民能自治。而现在，一个人生了五个儿子不算多，每个儿子又各生五个儿子，祖父未死时就有了二十五个孙子。这样，就造成了“人民众而货财寡，事力劳而供养薄，故民争。”所以现在“倍赏累罚”，也还不易制止争乱。(见《五蠹》)韩非说：

古之易财，非仁也，财多也；今之争夺，非鄙也，财寡也。(同上)

> 古者人寡而相亲，物多而轻利易让，故有揖让而传天下者……当大争之世，而循揖让之轨，非圣人之治也。（《八说》）

就是说，古代人少财多，相亲不争，所以能禅让天下，当今为大争之世，就不能循揖让之道了。他还说，古代生产不发达，尧舜当帝王也很清苦，住的是茅草屋，吃的是野菜汤和糙粮，穿的是麻布衣和兽皮，比不上现在看门人的生活水平；而现在，一个小小的县令就能弄到很多钱财，他死后，他的子孙好几代还有车坐。所以，“轻辞天子，非高也，势薄也。重争土橐[①]，啡下也，权重也”（《五蠹》）。古代尧舜让天下，并非品德高尚，而是因为天子的权势很小，而现在人们争着要做官和托身于诸侯，并非品德卑下，只是因为统治者的权势重了。

韩非这种说法，自然是不科学的。不过他从“议多少，论厚薄”（同上）（财富之多少，与权势之厚薄）来解释历史演变，用客观的物质生活条件来解释政治、道德现象，在当时，比诸儒家的天命史观、道家的历史倒退论、阴阳家的历史循环论等，无疑是进步的。他由此概括出“上古竞于道德，中世逐于智谋，当今争于气力”（同上）的结论，以为这是历史演变的客观规律；“世异则事异”，“事异则备变”，所以“仁义用于古而不用今”（同上），当今之世，统治者只能讲法治、用暴力。这样，他就为自己的“抱法处势则治”（《难势》）的政治学说提供了历史观的根据。

---

① 王先慎曰：“土”当作“士”，“士”与“仕”同；“橐”与“托”通。——初版编者

当然，他片面强调法治，完全否定德教，认为暴力决定一切，君主只须“执柄以处势”（《八经》），凭权势操杀生之柄统治人民。这种历史观实质上已陷入唯心主义的暴力论。

三、“缘道理以从事”与“因人情”

韩非在“天人”之辩上继承了《管子》与荀子的朴素唯物主义路线。他说：

> 若地若天，孰疏孰亲；能象天地，是谓圣人。（《扬权》）

认为物质的自然界（天地）对人和万物不分亲疏；能像天地一样无私，就是圣人。韩非强调人应“守成理，因自然”（《大体》），即要求人按自然规律办事。他写了一则寓言来说明“人为”不及“自然”：有个宋人为国君用象牙雕刻楮树叶子，三年雕成了一片。那叶脉的肥瘦，毫芒的色泽，都是逼真的。把它混杂在楮叶之中，不能分辨真假。为此这个宋人得到了优厚的俸禄。列子听到后便说：假使大自然也要三年才长成一片叶子，那么有叶子的东西就很少了。韩非接着写道：

> 故不乘天地之资而载一人之身，不随道理之数而学一人之[1]智，此皆一叶之行也。故冬耕之稼，后稷不能羡也；丰年大禾，臧获不能恶也。以一人力，则后稷不足；随自然，则臧

① “之”，旧本脱，此据明赵用贤刊本校补。——初版编者

> 获有余。(《喻老》)

就是说，如果不依赖自然的资材而凭个人的体力，不依赖必然的规律而学个人的智巧，那都是雕刻楮叶之类的行动。在冬天种庄稼，即使是后稷也不能获得丰收；丰年能长出壮苗，即使是奴隶也不致减产。所以不能全凭人力，而要善于依据自然规律来行动。这是鲜明的唯物主义观点，但他过分强调"随自然"、"因自然"、"因事之理则不劳而成"(《外储说右下》)等等，比起荀子来，辩证法思想少了。

韩非在《解老》中说："缘道理以从事者，无不能成。"他提出了"道"和"理"，即一般规律和特殊规律的关系问题。他说：

> 道者，万物之所然也，万理之所稽也。理者，成物之文也；道者，万物之所以成也。故曰："道，理之者也。"物有理，不可以相薄。物有理不可以相薄，故理之为物之制，万物各异理。万物各异理，而道尽稽万物之理，故不得不化。不得不化，故无常操。无常操，是以死生气禀焉，万智斟酌焉，万事废兴焉。(《解老》)

意思是说，各种具体事物都有其特殊规律，即文理或条理。"道"则是万物之所以是这样或那样的总根源，它总括万物之理，是万物的总规律。万物各有理，不会互相侵入，这说明理对事物具有制约作用。理各有其一定的制约范围，所以韩非把它们叫做"定理"。事物的一存一亡、乍死乍生、初盛后衰，都有其定理，这是不能叫作“常”的。只有“与天地之剖判也俱生，至天地之消散也不死不衰者”(《难势》)的“道”，才可叫作“常”。“而常者，无攸易，无定理”(同上)，常道是超越于变易、超越于定理的。不过韩非又认为，常道即内在于万物的变化之中，它“柔弱随时，与理相应”(同上)。就是说，道不是僵硬的形式，而是随着时间、条件的推移，总是和具体事物的规律相适应的。所以又可以说道“无常操”，它并非是固执常规而不变的。正因为道“无常操”，所以它是自然界万物生死变化的总原因，也是人类汲取智慧的总源泉和社会中万事所由兴废的总原则。

韩非以为事物的具体矛盾就是事物的定理。他说：

> 凡物之有形者易裁也，易割也。……短长、大小、方圆、坚脆、轻重、白黑之谓理。理定而物易割也。(《解老》)
>
> 凡理者，方圆、短长、粗靡、坚脆之分也。故理定而后物[①]可得道也。(同上)

事物有形体，就有短长、大小等等对立面。这些对立面的区分、界限就是理(文理、条理)。正是依据这种区分、界限，一切事物都可进行分析，都可以用概念来表达。概念总是把事物分割开来进行把握，而道则超越于定理，不可分割，所以是“不可道”的。不过，韩非说：“圣人观其玄虚，用其周行，强字之曰道，然而可论。”(同上)虽然“不可道”，仍然可以用名言进行论述。如说“道者，万物之所

① “物”，旧本脱，卢文弨曰：“张(榜)、凌(瀛初)本后下有物字”，今据补。——初版编者

然也，万理之所稽也”(《解老》)等等。

韩非讲“定理”，不仅有见于对立面的区分，还有见于对立面的转化。他说：

> 定理有存亡，有死生，有盛衰。(同上)
>
> 周公曰：“冬日之闭冻也不固，则春夏之长草木也不茂。”天地不能常侈常费，而况于人乎？故万物必有盛衰，万事必有弛张，国家必有文武，官治必有赏罚。(同上)

这说明，存与亡、死与生、盛与衰、弛与张，以及冬日之闭冻与春夏之繁茂等等对立面都是互相联系、互相转化的，而且这种联系和转化具有必然性。韩非在解释《老子》的“祸兮福之所倚，福兮祸之所伏”(同上)时指出：人有了祸，人就容易畏惧；心畏惧，行动就谨慎；行动谨慎，考虑问题就深思熟虑；深思熟虑，则得事理，“得事理则必成功”(同上)，于是福就来了。相反，人有了福，就容易骄傲，忘乎所以，这样就会走向反面，“动弃理则无成功”(同上)，福就转化为祸了。在这里，韩非具体分析了祸福转化的条件，强调“得事理”是成功的关键，是有说服力的。

韩非关于“道”和“理”的考察是他在天道观上的重要贡献。至于“道”和“德”的关系，他的说法大体同于《管子》。他说：“夫道者弘大而无形，德者覈理而普至。”(《扬权》)这和《管子·心术上》讲“虚无无形谓之道，化育万物谓之德”是一个意思。“覈”，实也。万物普遍地实得道理就是德，德即事物固有的内在本质。《管子·心术上》说：“德者道之舍，物得以生生，知得以职(识)道之精。”韩非也说："凡[1]德者，以无为集，以无欲成，以不思安，以不用固。为之欲之，则德无舍；德无舍则不全。"又说："德也者，人之所以建生也。""身以积精为德。"(《解老》)用词和《管子》是相似的。所谓德，就是道理之寓（舍）于具体事物者。就人来说，只有无欲、无为、不思、不用（不掺杂任何主观的作为、欲望、思考、应用），才能"从于道而服于理"(《解老》)，顺从自然规律行动，从而使"德"在自己身体中集积起来、稳固下来。如果有为、有欲，"德"便失去寓居之所了。而在韩非看来，"德"就是人身中积聚的"精气"，"德"是由精微的物质组成的。他说：

> 知治人者，其思虑静；知事天者，其孔窍虚。思虑静，故德不去；孔窍虚，则和气日入。故曰："重积德。"夫能令故德不去，新和气日至者，早[2]服者也。故曰："早服是谓重积德。"（同上）

这是对《老子·五十九章》中一段话的解释。韩非认为，那些懂得治人事天的圣人，理性安安静静，感官虚以待物。所以，他们已获得的"德"能保持不失，而自然界的和气又不断地进入体内。这种能不断地"积德"的人，就是"早服者"。"圣人虽未见祸患之形，虚无服从于道理以称早服。"(同上)"早服"就是服从于客观规律而具有预见的意思。这种说法，把人的认识提高与德性形成看作是人与外界进行物质交换的结果，是一种朴素唯物主义的观点。

---

① "凡"，宋乾道本作"几"，今据黄丕烈校改。——初版编者
② "早"，旧作"蚤"，"蚤"、"早"古通用。——初版编者

在《韩非子》书中，“治人”和“事天”、“循天”与“顺人”常常连在一起。他所谓“因自然”，包括“不逆天理，不伤情性”（《大体》）两个方面。他说：

> 明君之所以立功成名者四：一曰天时，二曰人心，……非天时，虽十尧不能冬生一穗；逆人心，虽贲、育不能尽人力。（《功名》）

意思是说，违背自然规律，即使有十个圣人也不能使庄稼在冬天长出穗来；违背人心，即使有大力士也不能促使人尽力。得天时而又顺人心，这才是所谓“守自然之道”（同上）。那么，什么是人的情性呢？韩非说：

> 夫安利者就之，危害者去之，此人之情也。（《奸劫弑臣》）
>
> 凡治天下，必因人情。人情者有好恶，故赏罚可用，赏罚可用则禁令可立，而治道具矣。（《八经》）

以为“好利而恶害”是人的天性，因此君主可“因人情”，运用赏罚二柄进行统治，这是法家的共同主张。慎到已经说过：“因也者，因人之情也。人莫不自为也，化而使之为我，则莫可得而用矣。……用人之自为，不用人之为我，则莫不可得而用矣。此之谓因。”（《慎子·因循篇》）是说，人没有不替自己打算的，这叫“自为”；要求改变人性而使他替我作好事，这叫“为我”。统治者只能“因人情”，利用人之“自为”，而不要求人之“为我”。韩非接受了这种看法，他在《外储说左上》举例说：父母养育婴儿衣食不丰富，儿子长大了便抱怨；儿子成人后对父母供养较薄，父母便怒骂。父子是至亲，而发生怨骂，这是因为“挟相为而不周于为己也”（抱着“相为”之心而觉得对方不合乎“为我”）。雇庸客（佣工）种田，主人准备美食，给他工钱，这不是爱庸客，是因为这样能使庸客深耕细作。那庸客也努力耕耘，干活很细致，这不是爱主人，是因为这样可以得到美食、工钱。主人和庸客之间简直像有父子般的恩泽，其实是互相利用，“皆挟自为心也”。在韩非看来，人都是自私自利，只替自己打算的，人们只能“自为”而不能“相为”，这就是人的“自然”或本性。这种抽象的人性论，显然是地主阶级的贪婪本性的理论表现。

韩非从人人“自为”的观点来描绘人们之间的关系说：

> 医善吮人之伤，含人之血，非骨肉之亲也，利所加也。故舆人成舆，则欲人之富贵；匠人成棺，则欲人之夭死也。非舆人仁而匠人贼也，人不贵则舆不售，人不死则棺不买，情非憎人也，利在人之死也。故后妃、夫人、太子之党成而欲君之死也，君不死则势不重，情非憎君也，利在君之死也。故人主不可以不加心于利己死者。（《备内》）

在韩非看来，医生治病，吮吸病人的脓血，不是出于人道主义，而是为了赚钱。舆人造车，就希望人富贵，这样，车子可以有买主；匠人造棺，就希望人早死，这样棺材可以有销路。后妃、夫人、太子等结成了党，就都希望君主早日死去。韩非认为，君臣、父子间都在用心计，互相谋算。“君臣之交，计也。”（《饰邪》）“父母之于子也，犹用计算之心以相待也。”（《六反》）总之，人是最自私自利的动物。人和人之间的一切关系都是以利己主义为基础的交易关系。所以韩非认为，君主治国，不能靠德教，而必须凭借威势实行法治，并用“术”来“潜御群臣”（《难三》）。他说：

> 黄帝有言曰：“上下一日百战。”下匿其私，用试其上；上操度量，以割其下。故度量之立，主之宝也；党与之具，臣之宝也。臣之所不弑其君者，党与不具也。（《扬权》）

就是说，君主（上）与臣子（下）之间斗争不休，臣子隐藏着奸私来试探君主，君主掌握着法度来制裁臣下。在这“上下一日百战”的时代中，君主必须时刻提高警惕，防止臣下结成党与来谋害自己。这实际是反映了处于绝对孤立状态的专制主义者的病态心理。

在这种专制主义者心目中，权力就是一切。“威势者，人主之筋力也。”（《人主》）“虎之所以能服狗者，爪牙也。”（《二柄》）所有的人都应像狗之屈服于虎一样，屈服于君主的威势。君主对任何人都不应信任。“人主之患在于信人，信人则制于人。”（《备内》）对人尊重、信任，这是孔墨所倡导的人道（仁爱）原则的根本精神，它先是遭到老子和庄子的批判，最后又被韩非站在专制主义的立场加以彻底摒弃。虽然封建专制主义的产生有其历史的原因，韩非的政治理论在秦王朝建立统一的中央集权国家过程中也曾起了历史的作用，但他从根本上抛弃人道原则，则是反动的。

而就“天人”关系来说，正是由于韩非偏激地用专制主义否定了人道原则，就使他的唯物主义观点有了较严重的独断论倾向。这表现在：

第一，虽然韩非也讲到了道内在于万物，但他实际上片面强调了道超越于万物。他说：

> 道不同于万物，德不同于阴阳，……君不同于群臣。……道无双，故曰一。是故明君贵独道之容。（《扬权》）

就像专制君主超越于群臣一样，道是独一无二的，它超越万物，超越于阴阳。反过来说，也只有那些有“德”的圣君，才掌握独一无二的道，“以道为常，以法为本”（《饰邪》）；他手中的法度就是衡量一切的标准。这样，韩非就为专制主义提供了形而上学的根据。

第二，虽然韩非在讲“定理”时，也讲了对立面的联系和转化，但他实际上片面强调了对立面的区分和排斥。他说：

> 冰炭不同器而久，寒暑不兼时而至。（《显学》）
>
> 凡物不并盛，阴阳是也；理相予夺，威德是也。（《解老》）

这都是用“非此即彼”的语句来强调对立面的不可并存。当然，在自然界中，阴阳是处于不平衡状态的，阴盛则阳衰，阳盛则阴衰，这是对的。但是，不能把“不并盛”（不平衡发展）看作“或夺或予”（不可并存：有阴则无阳，有阳则无阴）。韩非讲“不相容之事不两立”（《五蠹》），以为冰与炭、寒与暑、阴与阳、威与德都是“或夺或予”的关系；在“上下一日百战”（《扬权》）的世界中，统治者只能用威势禁暴，而不能用德教止乱。显然，他是把对立面的"斗争"形而上学化了。

第三，韩非讲的"虚静无为"而"重积德"的圣人是指明君或明主。孟子说"人皆可以为尧舜"（《孟子·告子下》），荀子说"涂之人可以为禹"（《荀子·性恶》），庄子以为那些弯腰曲背的"畸人"也可以成为"真人"（见《庄子·大宗师》）。韩非没有这种观点。他说：

> 事在四方，要在中央。圣人执要，四方来效。（《扬权》）

这个圣人就是实行中央集权的专制君主，他执着要妙之道，虚静无为。"虚则德盛，德盛之谓上德。"（《解老》）这个"上德"之君，"掩其迹，匿其端"（《主道》），令众人莫测高深。他说：

> 故曰：寂乎其无位而处，漻[①]乎莫得其所。明君无为于上，群臣竦惧于[②]下。（同上）

我们知道，老子说过"圣人不仁"（《老子·第五章》）。韩非更把这个"不仁"推到极端，他所谓的"圣人"已成了令全体臣民恐惧、战栗的独裁者。

四、"因参验而审言辞"

就"名实"之辩说，韩非也具有鲜明的唯物主义观点。他反对

---

① 顾广圻曰："漻"读作"寥"。——初版编者

② "于"，旧作"乎"。卢文弨曰："乎"，道藏本作"于"。——初版编者

先验论，说：

> 先物行，先理动，之谓前识。前识者，无缘而忘（妄）[①]意度也。（《解老》）

就是说，在没有接触事物之前就行，在没有了解规律之前就动，这类所谓“前识”，不过是毫无根据的胡乱猜想而已。韩非反对“前识”，也就是反对那种所谓“至诚之道，可以前知”（《中庸》）的迷信，可见他是个战斗的无神论者。

韩非肯定感官是认识的门窗，说：“空窍者，神明之户牖也。”（《喻老》）“空窍”，即人的耳目口鼻等感官。精神首先必须通过感觉器官和外界接触，取得感觉材料，才能进而运用思虑以掌握事物的道理。韩非说：

> 思虑熟则得事理，得事理则必成功。必成功则其行之也不疑，不疑之谓勇。（《解老》）

他和荀子相似，朴素地阐明了感性与理性、知与行的关系。

人们在获得了认识以后，如何来检验其正确与否呢？韩非提出要“参验以审之”（《奸劫弑臣》），这大体也继承了荀子的思想。所谓“参验”，包括比较和验证的意思。他说：

---

① 王先慎：“忘”、“妄”古通用。——初版编者

循名实而定是非，因参验而审言辞。（《奸劫弑臣》）

意思是说，应当根据概念和实在是否一致，来判断一个人的言论的是非。凡是经过比较分析，有事实验证的，就是正确的；反之，就是错误的。儒家、墨家都自称根据先王之道和肯定自己讲的是"真尧舜"，他们各讲各的"尧舜不复生，将谁使定儒墨之诚乎？"（《显学》）韩非认为，这是无法用事实来进行"参验"的。"无参验而必之者，愚也。弗能必而据之者，诬也。"（同上）在他看来，对于无法参验的说法加以肯定，是愚蠢的；把不能肯定的论断拿来作根据，那是欺骗；儒墨鼓吹先王之道，都是"愚诬之学"（同上）。

韩非讲"参验"，特别强调了要用实际效果（功用）来检验人的认识。他说：

夫言行者，以功用为之的彀者也。（《问辩》）

任何言行都有其预期的功用为目的。譬如射箭，把箭磨得锋利，闭着眼睛发射，虽然也可射中某一点，但不能称为好射手，因为所射中的不是箭靶子。同样，人们的言行也不能无的放矢，如果"不以功用为之的彀"，虽然讲得漂亮，行得坚决，也只是"妄发之说"（同上）。比如说，要想求得大力士，光听人自说是不能分别庸人和乌获（秦武王时力士）的；如果给他们鼎俎，看谁能举起来，立刻就能分辨强弱了。所以，韩非又说：

故官职者，能士之鼎俎也，任之以事而愚智分矣。……

> 明主听其言必责其用，观其行必求其功，然则虚旧之学不谈，矜诬之行不饰矣。(《六反》)

意思是，贤明的君主以客观效果来判断臣子的言行，于是就能把愚和智区别开来，而那些空洞的陈旧之学和夸口的骗人之行便会消失了。

韩非讲的“参验”，也含有参伍、比较的意思。他在《八经》中说：

> 参伍之道：行参以谋多，揆伍以责失。……言会众端，必揆之以地，谋之以天，验之以物，参之以人。四征者符，乃可以观矣。

就是说，参伍、比较，要作多方面考虑，还要找出失误之处。言论要善于综合各方面的端绪，地利、天时、物理、人情四者都要加以考察，用它们来检验理论。如果这四方面都得到了验证，那么就是可观的言论了。这里所说，含有全面地看问题和合乎逻辑地进行论证的要求。

在逻辑学上，韩非以首次提出“矛盾”概念而知名。他曾两次讲了“自相矛盾”的故事：楚国有个卖矛和盾的人，他先拿起一块盾夸口说：我的盾坚固得很，没有什么东西能刺穿它。过一会儿，他又举起一枝矛，吹嘘说：我的矛锋利得很，任何东西都可以刺穿。这时，旁边有人反问他说：那么拿你的矛来刺你的盾将怎么样呢？这个卖矛和盾的人就答不上来了。韩非讲述这个故事，意在运用形式逻辑的矛盾律[①]作为辩论的武器，他在《难势》中，论证了任贤与任势之不可两立；在《难一》中，论证了尧之明察与舜之德化不可两得。形式逻辑的矛盾律当然必须遵守，逻辑矛盾当然必须排除。但是，像贤和势的关系之类的问题，却不是单凭形式逻辑所能解决的。

事实上，韩非在许多处（不是一切处）把本来应该运用辩证法来处理的矛盾，当成形式逻辑的“矛盾”或“反对”了。这样，他便不可避免地陷入了形而上学。例如，他说：

> 不相容之事不两立也：斩敌者受赏，而高慈惠之行；拔城者受爵禄，而信兼[②]爱之说；坚甲厉兵以备难，而美荐绅之饰；富国以农，距敌恃卒，而贵文学之士；废敬上畏法之民，而养游侠私剑之属。举行如此，治强不可得也。（《五蠹》）

他以为，这些都是在逻辑上自相矛盾的：一方面要按军功（斩敌、拔城）给以赏禄，另一方面却推崇仁慈的德行和信奉兼爱学说；一方面要用坚甲厉兵以加强军备，另一方面却赞美儒生的服饰；一方面富国靠农民，另一方面却又贵重文学之士……总之，在他看来，力与德、势与贤，物质力量与精神文明，以及冰与炭、寒与暑、阴与阳等等，都是“非此即彼”，不可以并存的。他以为，如果“此”

① 从“我的盾不被任何矛所刺穿”，可以推出“我的盾不被我的矛所刺穿”，这后一命题与“任何盾都被我的矛所刺穿”是互相矛盾的。所以，这个人的话违背了形式逻辑的矛盾律。

② “兼”，旧作“廉”，此从日本太田方说改。——初版编者

和“彼”有矛盾，那么只能“非此即彼”；“亦此亦彼”是不可能的。这就是把形式逻辑的矛盾律当成世界观的基本原则，成了形而上学了。恩格斯说：“辩证的思维方法同样不知道什么严格的界限，不知道什么普遍绝对有效的‘非此即彼’，它使固定的形而上学的差异互相转移，除了‘非此即彼’，又在恰当的地方承认‘亦此亦彼’，并使对立通过中介相联系。”[①]韩非片面地强调“非此即彼”，以为上述种种对立或差异之间有着绝对分明的和固定不变的界限，而没有看到这些对立的互为中介，互相过渡，这正是形而上学的思维方法。

所以，韩非讲“参验”，比之荀子的“符验”与“辨合”，辩证法少了而独断论多了。而他所谓“循名实而定是非，因参验而审言辞”（《奸劫弑臣》）应用于政治，即是形名之术。

> 刑名者，言与[②]事也。为人臣者陈而言，君以其言授之事，专以其事责其功。功当其事，事当其言则赏；功不当其事，事不当其言则罚。故群臣其言大而功小者则罚，非罚小功也，罚功不当名也。群臣其言小而功大者亦罚，非不说于大功也，以为不当名也，害甚于有大功，故罚。（《二柄》）

这也就是所谓“偶参伍之验，以责陈言之实”（《备内》）。要求“功”与“事”（职务）与“言”完全相符，言大而功小要罚，言小而功大也要罚。韩非举了一个例子：韩昭侯喝醉了酒睡觉，“典冠”怕他受凉，

---

① 恩格斯：《自然辩证法》，《马克思恩格斯选集》第 4 卷，第 318 页。
② “与”，旧作“异”，从王先慎校改。——初版编者

替他盖上衣服。韩昭侯醒后知是“典冠”替他盖上的，便既罚“典衣，又罚“典冠”。罚“典衣”，是因为他失职（言大于功），罚“典冠”，是因为他越职（功大于言）。这样讲“形名参同”，已使人手足无措了。再加上君主还要施用其他种种权术，如多设耳目进行侦察，给告密者以重赏，施诡计试探臣下等等，这种专制君主的形名之术，怎么能“循名实而定是非，因参验而审言辞”（《奸劫弑臣》）呢？实际上是早已走到“参验”的反面去了。

综上所述，韩非阐发了法家的历史进化观念，在天道观上考察了“道”和“理”的关系，在认识论上提出“参验”，都有其合理因素。但他过分强调了暴力、斗争，根本摒弃了人道（仁爱）原则，把对立面之间的互相排斥看成是绝对分明的和固定不变的界限，这就陷入了形而上学的独断论。韩非的理论特别适合于封建专制君主用来统治人民。所以，韩非对后世的影响，不论是积极的还是消极的，我们都不可低估。

第三节 《易传》：“一阴一阳之谓道”
——朴素的对立统一原理的确立

《易传》是对《易经》的解释，包括《彖传》上下、《象传》上下、《系辞传》上下、《文言》、《说卦传》、《序卦传》、《杂卦传》共十篇，即通常说的《十翼》。[①] 《易传》何时成书，历来有争论。前人说《十

---

① 《十翼》的 10 个部分本都独立成篇，大约到了晋王弼作《周易注》时才将其中的《彖传》上下、《象传》上下、《文言》等 5 篇与《易经》文句混合编排。至于其余的《系辞传》上下、《说卦传》、《序卦传》、《杂卦传》等篇，仍单独存在。

翼》是孔子所作，这不可信。郭沫若认为，《十翼》的大部分成于秦汉之际，在秦始皇焚书坑儒以后。此说有一定的道理。[①]《荀子·大略》对咸卦的解释跟《彖传》的解释很相似，但《彖传》更详细一点。[②]《彖传》大约在荀子之后，同时也说明，《易传》中的思想在战国时就有了。晋朝时从魏襄王墓中得到竹书，其中有"《易繇阴阳卦》二篇，与《周易》略同，《繇辞》则异"，还有"《卦下易经》一篇，似《说卦》而异"[③]，"别有《阴阳说》"[④]。这说明战国时已有类似《易传》的著作，虽然成书可能较晚些。

从"古今"之争来看，《易传》不同于早期的儒家著作，它具有历史进化观念，说：

> 上古穴居而野处，后世圣人易之以宫室。…上古结绳而治，后世圣人易之以书契。（《易传·系辞下》，以下引《易传》只注篇名。）

它描述历史进化过程说："古者包牺氏之王天下也……作结绳而为网罟，以佃以渔"，那是渔猎时代。到神农氏时才"斫木为耜，揉木为耒"，即进行农业生产；并且"日中为市"，开始有了商品交换。

---

① 参见郭沫若的《〈周易〉之制作时代》，收入《青铜时代》一书，中国人民大学出版社 2005 年版，第 49—71 页。

② 现将两书中的文字比较如下：《荀子·大略》："易之咸，见夫妇，夫妇之道不可不正也，君臣父子之本也。咸，感也，以高下下，以男下女，柔上而刚下。"《彖传》："咸，感也，柔上而刚下。二气感应以相与，止而说（悦），男下女，是以亨。利贞，取女去也。天地感而万物化生，圣人感人心而天下和平，观其所感而天地万物之情可见矣。"

③ 房玄龄等撰：《束皙传》，《晋书》第 51 卷，中华书局 1997 年版，第 1432 页。

④ 十三经注疏委员会整理：《〈春秋左传正义〉后序》，《春秋左传正义》，北京大学出版社 2000 年版，第 1982 页。

到了“黄帝尧舜垂衣裳而天下治”，才进入了文明时代；“重门击柝，以待暴客”，说明已有了家庭和私有财产；“弧矢之利，以威天下”，说明已有了国家和武装力量（见《系辞下》）。《易传》不但把人类历史看作是不断演变、发展的，还首次提出了革命的观念：

> 天地革而四时成。汤武革命，顺乎天而应乎人。革之时大矣哉！（《革·彖》）

这种要求变革的思想虽与今天的革命概念有所不同，但在历史上是有积极意义的。《易传》还提出：

> 天下同归而殊途，一致而百虑。（《系辞下》）

从政治上说，这就是要求统一。《易传》为统一中国制造舆论，代表了新兴地主阶级利益。

从“天人”之辩来看，《易传》建立了一个唯心主义体系，在一定意义上说是孟子学派唯心论的发展。《系辞上》说：

> 一阴一阳之谓道，继之者善也，成之者性也。

继道而形成善性，这是对孟子性善说的发展。《乾·文言》说：

> 夫大人者，与天地合其德，与日月合其明，与四时合其序，与鬼神合其吉凶。先天而天弗违，后天而奉天时。天且

弗违，而况于人乎？况于鬼神乎？

这是说，圣人的德性和智慧同天地日月一样是无限的，所把握的“易”的道理是永恒的、超时空的、先天就有的，天和自然界的一切，包括人类、鬼神都不能违背它。但“易”的道理也即内在于这个世界中，圣人根据“易”理“与时偕行”（《乾·文言》），“与时消息”（《丰·彖》），随着时间条件的变化而灵活地运用，所以说“后天而奉天时”。《易传》又说：

形而上者谓之道，形而下者谓之器。（《系辞上》）

认为道在有形有象的器物之前，这是客观唯心论的命题。《老子》首先提出“道”和“器”的关系问题，说“朴散则为器”（《二十八章》），也认为道在器之先。但《老子》主张无为，“使有什伯之器而不用”（《八十章》），而《易传》则强调“制器”，认为圣人效法卦象，就能按卦象来制作器物，为人类造福。《系辞上》说：

备物致用，立成器以为天下利，莫大于圣人。

见乃谓之象，形乃谓之器，制而用之谓之法，利用出入，民咸用之谓之神。

就是说，先天的“易”表现为“象”，形成具体事物即是“器”，制作器物为人所用就是“法”（即效法“易”道），老百姓反复利用，广为受益，而不知其所由来，正体现了“易”的“神”。这与荀子的“制天命而用之”(《荀子·天论》)是一致的。不过荀子的出发点是唯物论，《易传》的出发点却是客观唯心主义。

从“名实”之辩来看，《易传》讲“先天而天弗违”(《乾·文言》)，这当然是先验论。它说：

> 《易》之为书也，广大悉备，有天道焉，有人道焉，有地道焉……(《系辞下》)

意思是，天道、地道、人道在《易》这部书里都有了。它把六十四卦(每个卦是一个类概念)看作是世界的模式，以为历史上的一切都是圣人效法卦象而制作出来的。如渔猎，“盖取诸‘离’”；耕种，“盖取诸‘益’”；交易，“盖取诸‘噬嗑’”；造房子，“盖取诸‘大壮’”；丧葬用棺椁，“盖取诸‘大过’”；以书契代替结绳，“盖取诸‘夬’”。(同上)。那么，这些卦象又是怎么来的？《易传》说：

> 古者包牺氏之王天下也，仰则观象于天，俯则观法于地，观鸟兽之文，与地之宜，近取诸身，远取诸物，于是始作八卦，以通神明之德，以类万物之情。(同上)

就是说，伏羲画八卦，是通过观察自然界和人类社会的种种现象而概括出来的，是对万物情况的归类。八卦代表自然界八类现象，这就是：乾、坤、震、巽代表天、地、雷、风，而坎、离、艮、兑代表水、火、山、泽。《易传》以为八卦有其现实世界的来源，这是合理的见解。但认为这是出于圣人“通神明之德”的创作，就不对了。

《易传》说：

> 八卦成列，象在其中矣；因而重之，爻在其中矣；刚柔相推，变在其中矣；系辞焉而命之，动在其中矣。（《系辞下》）

就是说，在八卦的排列中，就有天地间的法象；把八卦两两重迭而有六十四卦，每卦六爻，这些卦刚柔相推，互相转化，世界万物的变化就都在其中了；每个卦的爻适时而动，由爻辞来说明它的吉凶，人间万事的变动也就都在其中了。《易传》以为，用卦爻的推移和系辞的说明就可以"拟议以成其变化"（《系辞上》）。亦即认为圣人用八卦构造出来的思辨体系，足以摹拟天地万物变化之道。在这里，名（卦象）被看作是第一性的，实被看作是第二性的。

《易经》本来是占筮用的书，因而《易传》解释《易经》时，也带有神秘色彩。如说：

> 天生神物，圣人则之；……河出图，洛出书，圣人则之。（同上）

这完全是迷信。但是，在《易传》的神秘形式和唯心主义体系中，却包裹着丰富的辩证法，这是我们不能忽视的。

《易传》把宇宙变化法则叫作"易"、"道"。

> 生生之谓易。（同上）
>
> 一阴一阳之谓道。（同上）

> 一阖一辟谓之变。（《系辞上》）
>
> 刚柔相推而生变化。（同上）

这些命题朴素地表达了"发展是对立面的统一"的思想。在先秦，《老子》首先提出"反者道之动"（《四十章》）的否定原理和"正言若反"（《七十八章》）的辩证思维形式，构成了辩证法发展史上的一个重要阶段。但是，《老子》的辩证法是半途而废的。在《老子》之后，经过庄子和辩者的责难，名、言能否把握道，亦即逻辑思维能否把握宇宙发展法则和世界统一原理的问题，受到了更多的怀疑，也得到了更多的考察。尔后产生了荀子。他肯定"心合于道，说合于心"（《荀子·正名》），着重对认识和概念的辩证法作了阐发，不过对宇宙发展法则本身却谈得不多，只讲了"阴阳接而变化起"（《荀子·礼论》）而没有充分展开，杂家强调统一，韩非强调斗争，又都陷入了片面性。就先秦哲学史来说，只有到了《易传》提出"一阴一阳之谓道"，"乾坤成列，而易立乎其中矣"（《系辞上》），并从多方面加以阐明，才可说真正确立了发展是对立面的统一的原理。

这个对立面统一的原理或宇宙发展法则能不能用概念来把握呢？《系辞上》说：

> 书不尽言，言不尽意，然则圣人之意其不可见乎？

它也以为言与意、名与实是有矛盾的，但是接着又说：

> 圣人立象以尽意，设卦以尽情伪，系辞焉以尽其言。

就是说，《易》的卦象以及说明这些卦和爻的许多判断，已经包罗万象，无不具备。

> 夫《易》……当名辨物，正言断辞，则备矣。（《系辞下》）

《易》这本书用恰当的名称（概念）来辨别事物，用正确的语言作出判断，它已经一切完备了。《系辞上》说：

> 《易》与天地准，故能弥纶天地之道。

以为《易》与天地之道、概念的辩证法与客观辩证法是同一的，这就对逻辑思维能否把握宇宙发展法则这个问题作了肯定的回答。

什么是《易传》所谓的“当名辨物，正言断辞”（《系辞下》）呢？《易传》认为，《易》的八卦、六十四卦，是对万物的情况的归类，每一卦“其称名也小，其取类也大”（同上），每个卦象代表一个类概念。因此，“当名辨物”也就是“以类族辨物”（《同人·象》）。而所有的类族，归根到底不外乎是阴和阳、乾和坤两个范畴的对立统一。“乾坤成列，而易立乎其中矣。乾坤毁，则无以见易。”（《系辞上》）乾与坤的对立统一就是天地万物的变化法则。

> 阖户谓之坤，辟户谓之乾。一阖一辟谓之变，往来不穷谓之通。（同上）

穷则变，变则通，通则久。（《系辞下》）

像这样的“正言断辞”（同上）的论断形式，比之《老子》的“正言若反”（《七十八章》）是前进了一大步。这里所说的“穷则变”，已包含着《老子》的“反者道之动”（《四十章》）的意思，指出肯定的论断包含着差别、联系、转化。而用“一阖一辟谓之变，往来不穷谓之通”来说明“变则通”，便进一步指出了否定的东西与肯定的东西的联系。这样，《易传》就比较完整地表述了辩证法的“从肯定到否定——从否定到保存着肯定东西的‘统一’”[①]，亦即发展是对立面的统一的思想。《老子》片面强调柔弱胜刚强，说“知其雄，守其雌”（《二十八章》），因而被荀子批评为“有见于诎（屈），无见于信（伸）”（《荀子·天论》）。而《易传》则说：“动静有常，刚柔断矣”；“刚柔相推而生变化”（《系辞上》）。又说：“往者，屈也；来者，信也。屈信相感而利生焉。”（《系辞下》）将两者比较一下就可看出，不论是从客观事物的辩证法还是从概念的辩证法及其应用来看，《易传》都克服了《老子》的片面性，真正达到了辩证法的两点论。

《易传》把对立统一的思想贯彻于对“类”范畴的考察。它以为客观世界是“方以类聚，物以群分”（《系辞上》），所以逻辑思维要“以类族辨物”（《同人·象》），即运用“类”范畴来观察、分辨事物。《易传》认为，每一类包含着矛盾，是同和异的统一，异中有同，同中有异。“睽卦”的《彖传》和《象传》说：

① 列宁：《哲学笔记》，《列宁全集》第55卷，第196页。

天地睽而其事同也，男女睽而其志通也，万物睽而其事类也。(《睽·彖》)

上火下泽，睽，君子以同而异。(《睽·象》)

“睽”是互相背离、互相排斥的意思。火与泽互相排斥，而又是统一的。所以用“睽”来观察事物，要求“以同而异”，即要求看到每一类都是对立统一的。

同时，不仅类本身包念矛盾，而且类又是发展变化的。《序卦》讲到卦的互相转化：

履而泰，然后安，故受之以泰。泰者，通也，物不可以终通，故受之以否。物不可以终否，故受之以同人。

这是说“履”—“泰”—“否”—“同人”，一卦向另一卦转化。又说：

困乎上者必反下，故受之以井。井道不可不革，故受之以革。革物者莫若鼎，故受之以鼎。

这是说“困”—“井”—“革”—“鼎”，也是一个转化过程。总起来说，这种卦象(类概念)的转化过程就是“穷则变，变则通，通则久”(《系辞下》)。

关于“类”范畴的讨论，经过先秦哲学家的长期争辩，越来越深入了。《墨经》考察了“类”的形式逻辑的意义，以“类同”为“有以同”(《墨子·经上》)，指出逻辑推理的原则是“以类取，以类予”《墨子·小取》，也就是要求根据种属关系进行推理。荀子既讲“推类而不悖”（《荀子·正名》），又提出“统类”的观念，即要求从一贯的全面的观点看问题。《易传》则讲“以类族辨物”（《同人·象》），明确地指出类本身包含矛盾，类是互相转化的，从荀子到《易传》，实际上已触及了“类”的辩证逻辑的意义，就是要求思维从全面联系的观点出发，比较各类事物之间的同异，把握所考察的类的矛盾运动与互相转化。这样运用“类”范畴来进行“辨合”，其实就是辩证逻辑的比较法。尽管受了当时科学水平的限制，《易传》讲“以类族辨物”，往往有牵强附会之处，如说“乾”为天、父、马、龙，“坤”为地、母、牛等等，含有不少现象上的比附，甚至是荒唐的见解；但《易传》在作这样的归类时，实际上是把卦象（类概念）看作代数符号。运用这些代数符号来规范现实，就为现象世界的各种事物、各种过程以及它们之间的有机联系和互相转化，提供了广泛的类比和推测。这种类比和推测，如能与荀子所说的“符验”密切结合，那便可以成为科学的方法。

从方法论来说，“以类族辨物”的主要任务就在于“取象”（即形成正确的类概念并取法于它）。怎样来“取象”呢？《系辞上》说：

> 极其数，遂定天下之象。

以为将五十根蓍草按照一定程序进行排列、组合，就可以确定卦象以“象其物宜”（《系辞上》），这当然是迷信。但《易传》要求从事物的数量关系来把握类概念，在方法论上是具有重要意义的。同时，所谓“定象”，并不是说象固定不变。《系辞上》又说：

> 通其变，遂成天地之文。

以为卦有六爻，刚柔相推而生变化，每个卦象都是矛盾运动的，这些卦象的运动变化就成为现象世界的文理。从“通变”的观点看，一个卦可看作一个“时”，如“睽”卦是“睽之时”，“豫”卦是“豫之时”。卦代表“时”，卦中的每一爻是“位”。占卦时，看居什么“时”，处什么“位”，来预卜凶吉，这当然也是迷信。但《易传》用时、位来讲通变，也具有方法论上的重要意义，那就是：人的认识要把事物放在一定时间条件下来考察它的变化发展，人的行动要随时势来进行。总之，《易传》已提出辩证逻辑比较法的一些主要环节，在运用“类”范畴进行“辨合”方面，比荀子又前进了一步。

《易传》说：“《易》无思也，无为也，寂然不动，感而遂通天下之故。”（《系辞上》）是说《易》（以及掌握《易》的圣人）具有虚寂之体，感物而动，能通晓天下万物之所以然。这当然是先验论和神秘主义观点。不过，《易传》讲“故”的范畴，也包含了辩证法思想。

> 仰以观于天文，俯以察于地理，是故知幽明之故，原始反终，故知死生之说。（同上）

就是说，拿易道去仰观俯察，就能认识一切事物隐蔽的和明显的原因；把握事物的原始和归宿，就能明白死生的道理。那么，什么是“幽明之故”呢？《易传》认为矛盾是事物变化的源泉，归根到底是阴和阳、乾和坤的对立统一。乾坤作为一切事物发展变化的原因：

> 乾知大始，坤作成物。（《系辞上》）
>
> 大哉乾元，万物资始。（《乾·彖》）
>
> 至哉坤元，万物资生。（《坤·彖》）

是说，乾主管一切事物的开始，坤则使一切事物成就。乾元是万物赖以开始的原因，坤元是万物赖以生成的原因。就人的活动来说：

> 成象之谓乾，效法之谓坤。（《系辞上》）

人的作为开始时，有一个概念或计划作为“象”，就叫做乾；而效法这个“象”来制作器物，成就功业，就叫做坤。成象属“知”，效法属“能”，所以又说“乾以易知，坤以简能”（同上）。总之，不论自然界现象还是人的活动，一切变化发展都可归结为：“乾坤成列，而易行乎其中矣。”（同上）

“易”就是矛盾变化发展的规律，也叫“天行”，即自然规律。

> 君子尚消息盈虚，天行也。（《剥·彖》）
>
> 反复其道，七日来复，天行也。（《复·彖》）

当然，《易传》讲天行，也还不能摆脱循环论。这是它的局限性。但它明确指出自然规律是必然的，即“无妄”。“天下雷行，物与无妄，先王以茂对时育物。”(《无妄·象》)无妄卦震下乾上(䷘)，所以说“天下雷行”，万物皆遵循必然规律，圣王可以运用规律，依据时间条件来养育万物。《易传》认为，根据规律与条件，人就可以“知几”。“几”即变化发展的可能性，“几者动之微，吉之先见者也”(《系辞下》)。“几”不是虚假的可能性，而是露出端倪的现实的可能性。圣人“极深而研几”(《系辞上》)，能够深入到事物内在规律来把握发展的可能性，并根据人的目的来制作器物，以成天下之大业。这就是“制而用之谓之谓”(同上)。

《易传》认为，《易》“类万物之情”(《系辞下》)，“知幽明之故”，“冒天下之道”(《系辞上》)，所以，“易道”就贯串于类、故、理这些范畴之中。“一阴一阳之谓道”(同上)，类、故、理都是对立面的统一。《老子》从“反者道之动”，得出了“弱者道之用”(《四十章》)的消极结论；《易传》则不然，其态度是进取的。它根据乾的原理，说“天行健，君子以自强不息”(《乾·象》)。根据坤的原理，又说“地势坤，君子以厚德载物”(《坤·象》)。还提出居安思危的思想，给后世以积极影响。[①] 不过，《易传》讲“天尊地卑，乾坤定矣。卑高以陈，贵贱位矣”(《系辞上》)，为封建等级制度作辩护，便陷入形而上学了。它说把八卦“引而伸之，触类而长之，天下之能事毕矣”(同上)，认为《易》这部书把天下什么东西都包括了，是包罗万象的终极真理，这显然与辩证法相违背。同时，它讲象、数时有许多牵强附会的比附，还鼓吹神道设教，这些都是糟粕。这一类糟粕在汉代《易纬》中得到膨胀发展，但《易传》的辩证法对后世的影响却是积极的。

---

① 《系辞下》：“危者安其位者也，亡者保其存者也，乱者有其治者也。是故君子安而不忘危，存而不忘亡，治而不忘乱，是以身安而国家可保也。”

第四节 阴阳五行学说的发展
——辩证逻辑的比较法运用于具体科学

中国古代哲学发端于原始的阴阳说。到了先秦哲学的总结阶段，阴阳说在一个更高的阶段上获得了发展，取得了新的形态，仿佛是出发点的复归。八卦和五行仍然是两个系统，荀子讲《易》而不讲五行，《易传》讲八卦，《吕氏春秋》与《黄帝内经》①讲通常所谓的阴阳五行学说。但从逻辑学来看，这两个系统已彼此相沟通。

大体说来，荀子和《易传》已提出朴素的辩证逻辑的基本原理，而阴阳五行学说作为一种自然哲学，与天文、历法、音律、医学、农学等有着密切联系，因此它所讲的逻辑更明显地具有科学方法的意义。不妨说，在《吕氏春秋》和《黄帝内经》等著作中，辩证逻辑的比较法已被运用于具体科学领域，而成为卓有成效的方法。

《吕氏春秋》"十二纪"的首篇合在一起，就是《礼记》中的《月令》，也即十二个月的月历。《吕氏春秋》博采众家之长，而以《月令》作为"十二纪"之首，具有统率各篇的意义。《月令》体现了科学与神话的某种联系，反映了战国时天文、历法和农业生产知识的水平，也包括着十二月有十二个"帝"之类的迷信。《吕氏春秋·

① 《黄帝内经》，简称为《内经》，分为《素问》和《灵枢》两大部分，是我国现存最早的一部重要医学文献，它奠定了祖国医学的理论基础。它主要反映了先秦的医疗经验，据陈振孙的《书录解题》，姚际恒的《古今伪书考》和清代《四库提要》，其成书年代约在秦汉之际。

仲秋纪》说：

> 凡举事，无逆天数，必顺其时，乃因其类。[①]

在讲到祭祀准备牺牲时又说：

> 察物色，必比类，量小大，视长短，皆中度。

这里包含着阴阳五行学说的基本观点和方法，其主要的环节是："比类"、"取象"、"度量"、"顺时"。《月令》在运用这种观点和方法时，既有唯物主义的、科学的成分，也有唯心主义的、牵强附会的成分。如《仲秋纪》说的："是月也，日夜分，雷乃始收声，蛰虫俯户，杀气浸盛，阳气日衰"，"乃劝种麦，无或失时"等等，这样讲阴阳盛衰的"大数"，以及"顺时"、"因类"，是合乎科学的。但《仲秋纪》又说："其日庚辛，其帝少皞，其神蓐收，其虫毛，其音商，律中南吕，其数九，其味辛，其臭腥……"其他每个月也都各配以帝、神、虫、音、律、数、味、臭等等，这里显然含有不少牵强附会的东西，掺杂着神话迷信。

值得注意的是，《月令》所运用的逻辑范畴"数"、"类"、"时"等，都是和《易传》相似的。不过，《月令》讲"毋逆大数"，以十二律配十二月，更着重于从数量关系来把握类概念。古代人很早就知道律管的长短决定音的清浊，所以可用数量上的比例来说明音律

---

① 《礼记·月令》作："凡举大事，毋逆大数，必顺其时，慎因其类。"——初版编者

的不同。《管子·地员》首先提出音律上的“三分损益法”。[①]《吕氏春秋·大乐》说音乐“生于度量”,《音律》篇则用“三分损益法”来说明十二律。后来《淮南子·天文训》、《汉书·律历志》也都如此。例如,以黄钟律管为九寸,为阳律,三分损一,下生林钟;林钟律管长六寸,为阴吕,三分益一,上生太簇;太簇律管长八寸,为阳律,三分损一,下生南吕……如此阴阳相生,共六阳律、六阴吕,合称十二律。中国人在春秋战国时对乐律的研究,已经相当精密[②],可见从数量关系来把握音律,确是科学的方法。同时,一年分四季、十二月,也是可以从数量关系,即从日夜长短的变化、阴阳寒暑的消长来说明的。因此《月令》以为十二律可以和十二月相配,如以黄钟配十一月,林钟配六月,太簇配正月,南吕配八月等。律和历体现了共同的数量关系,是我国古代的根深蒂固的信念之一。推而广之,以为天体的运行、自然界万物的生长发育、人类社会的演变,同音律和历数一样,都是阴阳对立势力的消长,在数量关系上有其共同秩序,因此逻辑思维可以从数量关系来把握所考察的类的矛盾运动。这就是易学家所谓“取象”、“运数”的方法。这种方法,如果主观地加以运用,就不可避免地产生荒唐的见解(例如在汉代的纬书中);如果客观地加以运用,坚持荀子所说的“辨合”、“符验”,那便是富有生命力的方法(在音律、历法的科学中便是如此)。

---

① 《管子·地员》用“三分损益法”来解释宫、商、角、徵、羽五音的数量关系,并且也从数量关系来考察因地势高下、水泉深浅而区分的五种土壤,各有其宜生的植物。这是一篇有关生态地植物学的重要著作。参见夏纬瑛:《管子·地员篇校释》,中华书局,1958 年。

② 湖北随县曾侯乙墓出土的古乐器中有编钟 64 件,可以演奏古今各种乐曲,说明我国在春秋时对乐律的研究已达很高水平。

古代朴素的辩证逻辑与阴阳五行学说相结合，在医学领域中取得最显著的成就。《黄帝内经》用阴阳的对立统一和五行的相生相克来论述医学中的一些基本问题，具有丰富的医学辩证法，可以说，它在医学这一领域中，达到了朴素唯物主义与朴素辩证法的统一。《素问・举痛论》说：

> 余闻善言天者，必有验于人；善言古者，必有合于今；善言人者，必有厌于己，如此，则道不惑而要数极，所谓明也。[①]

这几句话和荀子所说的大同小异，而用的口气是"余闻"云云，很可能是《内经》受了荀子的影响，在方法论上强调"符验"，以为关于天道的言论应受到人事的验证，关于古代的言论应受到现实的验证，这和荀子是一样的。《内经》以为人和己相一致，荀子也说"以己度人，以人度人"(《荀子・非相》)。但是也有不同之处；荀子讲"明于天人之分"和"制天命而用之"(《荀子・天论》)，比较强调人对自然的斗争；而《内经》则比较强调人和自然之间的有机联系，要求从有机联系的观点来考察人体。它说：

> 自古通天者生之本，本于阴阳。……九窍、五脏、十二节，皆通乎天气。[②]
>
> 内外调和，邪不能害。[③]

---

① 《素问・举痛论》，王冰注：《黄帝内经》，中医古籍出版社 2003 年版，第 82 页。
② 《素问・生气通天论》，《黄帝内经》，第 12—13 页。
③ 同上书，第 14 页。

> 谨道如法，长有天命。[①]

就是说，人体和自然界息息相关，一个人能做到内与外、人与天、阴与阳互相调和，邪气就不能侵害；遵循自然规律养生，就能长久享有天赋的生命。这是唯物主义的天人合一论。

关于"名实"问题，《内经》说："气合而有形，因变以正名。"[②]以为正确的名称、概念是根据形体变化而确定的，这也是明显的唯物主义观点。那么，怎样才能做到"因变以正名"，即正确地用概念把握客观变化过程呢？《内经》也强调要"度量"，说：

> 若夫八尺之士，皮肉在此，外可度量切循而得之，其死可解剖而视之，其脏之坚脆，腑之大小，谷之多少，脉之长短，血之清浊，气之多少……皆有大数。[③]

这是讲，要通过对人体的客观的观察和解剖来进行度量，以把握脏、腑、气、血等各方面的数据，这当然是科学态度。《内经》还提出用"别异比类"[④]的方法来取象。例如，在诊病时，"脉之小、大，滑、涩，浮、沉，可以指别；五藏之象，可以类推"[⑤]。就是说，各种脉象，医生可以用手指来度量、辨别；而五脏之象，则可由内脏功能反映在体表的现象来比类推测。这里讲的类推，显然不是指根据

---

① 《素问·生气通天论》，《黄帝内经》，第 15 页。
② 《素问·六节藏象论》，《黄帝内经》，第 29 页。
③ 《灵枢·经水》，《黄帝内经》，第 233 页。
④ 《素问·示从容论》，《黄帝内经》，第 196 页。
⑤ 《素问·五脏生成论》，《黄帝内经》，第 31 页。

种属关系进行推理，而是要求运用阴阳、五行的范畴来作观察、比较和推测。《内经》运用"类"范畴，也和《易传》相似，不过它不讲八卦，而是把人体和自然界现象归纳为木、火、土、金、水五大类，又概括为阴和阳两种属性的对立统一。运用这样的范畴进行类比，把五行和五脏、五官、五味、五种情志（喜、怒、悲、恐、思）、五种气候（风、暑、湿、燥、寒）、五个方位（东西南北中）、五个季节（四季加长夏）等等一一相配，当然不免有牵强附会之处。但是这里面却包含着一个很有价值的思想，即有机联系的观念。《内经》以为，人体是个有机的整体，五脏、六脏、五官、五体以及经络系统都是互相联系、分工协作的；人的生理变化和精神作用（喜怒等）也是互相联系、互相影响的；而且人体和自然界也是统一的，人的健康与疾病同自然界环境特别是气候变化有密切的关系。《内经》的"比类"、"取象"的方法，实质上是要求从普遍联系中来比较各类事物的同异，从而把握所考察对象的矛盾运动（阴阳的消长），以进行正确的推测。这就是辩证逻辑的比较法。《内经》说：

> 阴阳者，数之可十，推之可百，数之可千，推之可万，万之大不可胜数，然其要一也。①

所谓"其要一也"，是说天地万物都可用阴阳的对立统一来概括说明。阴阳的矛盾是万物生成的总原因。就自然界说，"清阳为天，浊阴为地；地气上为云，天气下为雨；雨出地气，云出天气"②。天

---

① 《素问·阴阳离合论》，《黄帝内经》，第 23 页。
② 《素问·阴阳应象大论》，《黄帝内经》，第 18 页。

与地互相依存，而地气（水气）上升为云又转变为雨，天气（云）下降为雨又蒸发为云，这正说明阴阳互相依存又互相转化。而就人体说，“阳化气，阴成形”[①]，人体健康有赖于阴阳的协调。“阴胜则阳病，阳胜则阴病，阳胜则热，阴胜则寒，重寒则热，重热则寒。”[②]就是说，如果阴阳有一方偏胜，便会使另一方削弱而成病。阳偏胜则出现热的症状，而热极反而出现寒象；阴偏胜则出现寒的症状，而寒极反而出现热象。这也正说明阴阳的互相依存又互相转化。因此，在诊断方面，《内经》指出：“善诊者，察色按脉，先别阴阳。”[③]就是说，首先必须辨别病症属阴还是属阳。而在治疗方面，则又提出“阳病治阴，阴病治阳”[④]的原则，还说“善用针者，从阴引阳，从阳引阴，以右治左，以左治右”[⑤]，如此等等，都反映了《内经》作者善于辩证地思维。而从思维形式来说，这里举的一些论断，正同《易传》一样，都比较完整地表达了“从肯定到否定——从否定到保存着肯定东西的‘统一’”[⑥]的思维的矛盾运动。

但是，《内经》认为，决不能主观地运用“阴胜则阳病，阳胜则阴病”、“阳病治阴，阴病治阳”这类原则，而必须从实际出发，具体地分析条件，因时、因地、因人制宜。《内经》非常强调“时”，说：“谨候其时，病可与期，失时反候者，百病不治。……是故谨候气之所在而刺之，是谓逢时。”[⑦]这种要求严格地依据客观物质运动

① 《素问·阴阳应象大论》，《黄帝内经》，第18页。
② 同上注。
③ 同上书，第22页。
④ 同上注。
⑤ 同上注。
⑥ 列宁：《哲学笔记》，《列宁全集》第55卷，第196页。
⑦ 《灵枢·卫气行》，《黄帝内经》，第289页。

及其时间条件来采取治疗措施的态度，是唯物主义的实事求是精神。

当然，《内经》运用“比类”、“取象”的方法，有时也不免流于主观比附，因而产生了一些荒唐的见解。例如，它说：“天圆地方，人头圆足方以应之。天有日月，人有两目。地有九州，人有九窍。天有风雨，人有喜怒。天有雷电，人有音声。……岁有三百六十五日，人有三百六十节。”①这样通过比附以论证“人与天地相应者也”②，当然是荒谬的。不过，只要坚持唯物主义，不断地用事实来验证理论，这些荒谬之处是会逐步得到克服的。后来我国医学的发展史可以证明这一点。

阴阳五行学说在战国时期发生分化，有一派人向唯心论发展，其代表人物是邹衍③。《史记·孟子荀卿列传》中说他：

> 其语闳大不经，必先验小物，推而大之，至于无垠。④

邹衍虽说先验小物，但他一下子推到无限，并且也不再用事实来检验他的理论，便成“怪迂之辩”了。他讲历史，把五行推广到政治上，提出五德终始学说，“称引天地剖判以来，五德转移，治各有宜”⑤，这显然是无法验证的学说，违背了荀子说的“善言古者必有

① 《灵枢·邪客》，《黄帝内经》，第 281 页。

② 同上注。

③ 邹衍（约公元前 305 年—前 240 年），齐国人。《史记》说他“深观阴阳消息”。《汉书·艺文志》著录《邹子》49 篇、《邹子终始》56 篇皆不传。现在研究邹衍的思想，主要依据《史记·孟子荀卿列传》和《吕氏春秋》中的一些资料。

④ 司马迁：《孟子荀卿列传》，《史记》第 7 册，第 2344 页。

⑤ 同上注。

节于今，善言天者必有征于人"（《荀子·性恶》）的原则。

《吕氏春秋·应同》可看作是邹衍一派的学说。它说："凡帝王者之将兴也，天必先见祥乎下民。黄帝之时，天先见大螾大蝼。黄帝曰：'土气胜。'土气胜，故其色尚黄，其事则土。及禹之时，天先见草木秋冬不杀。禹曰：'木气胜。'木气胜，故其色尚青，其事则木。"汤之时，金气胜，其色尚白。文王之时，火气胜，其色尚赤。代替周朝的应该是水德，水气胜，其色尚黑。这种说法把历史的演变同五行的生克进行牵强比附，是循环论的历史观。荀子在《非十二子》中批判子思、孟轲是"闻见杂博，案往旧造说，谓之五行"。这一批判完全适用于邹衍一派阴阳家。他们的比附确实是唯心主义的"造说"。而这也从另一方面告诫人们，运用"比类"、"取象"的方法，一定要坚持荀子所说的"符验"、"辨合"的原则。

第一篇小结

以下，我们对先秦哲学的逻辑发展作一个小结。

（一）

哲学是自然知识和社会知识的概括和总结。阶级斗争、生产斗争和科学实验是推动哲学发展的动力。春秋战国是社会大变动时期，哲学斗争是当时的阶级斗争的反映；反过来，哲学革命又作了政治变革的前导。春秋末期，奴隶制逐渐崩溃，代之而起的是封建制这一新的剥削方式。和这种社会大变动相适应，儒、墨、道、法诸家兴起，从不同的阶级立场出发，围绕着"古今"、"礼法"问题展开了争论。当时代表新兴地主阶级的兵家、法家和黄老之学是主张法治、反对复古的，为地主阶级夺取政权和运用政权力量进行变法革新作了理论准备。儒家原来主张复古、恢复西周的礼制，代表了没落奴隶主阶级利益。但是到了孟子，提出了"王道"、"仁政"的思想，已经是在"法先王"的旗号下，为地主阶级的利益打算。荀子讲"礼法兼施"、"王霸统一"，为儒法合流开了先河。战国后期，无论是荀子、韩非，还是《吕氏春秋》、《易传》，这些思想家和著作都是为建立统一的封建地主阶级的中央集权国家作舆论准备的。自春秋末期开始的百家争鸣，随着阶级斗争的发展，到了战国末期，就像《易传》所说的“天下同归而殊涂”，趋向于统一。可以说，春秋战国时期通过百家争鸣而实现了一次哲学革命，为建立封建的中央集权国家作了前导。但这场革命是不彻底的，封建地主阶级国家为要巩固统一，需要实行专制主义，需要形而上学和唯心主义。在战国末期，已经有了这种趋势。荀子、韩非、《易传》的哲学体系，尽管在朴素唯物主义和朴素辩证法方面取得重大成就，但也有另一方面，这就是适应封建专制主义需要的唯心主义和形而上学。

先秦哲学史也表明：哲学斗争同科学反对宗教迷信的斗争是直接联系的，哲学同科学是相互促进的。殷周以来，一直占据思想领域中心的宗教天命论和鬼神迷信，到了春秋时期就开始动摇了，无神论的思潮广泛流行。儒、墨、道、法诸家，有的对鬼神表示怀疑和否定，有的站在唯物主义的立场上反对天命论和宗教迷信。这种哲学上的成就也推动了科学的发展。科学在哲学的母体中孕育成长起来了。到了战国中、后期，自然科学有了很大的进步。天文、地学、历法、农学、医学都出现了专门的著作。力学、光学、几何学也有许多的成就，这主要保存在《墨经》中。正是在概括这些自然科学成就的基础上，产生了《墨经》和荀子这样的唯物主义认识论和逻辑学。整个先秦哲学，可以看作是自然科学和哲学相互促进的历史。在古代，哲学和科学往往是不分家的。许多科学的篇章被保存在诸子著作中。又比如《黄帝内经》，既是医学著作，又是哲学著作。尽管当时的科学处于幼稚的状态，但它和哲学有密切的联系，这也是它的优点。我们讲到的一些先秦的哲学家往往同时也是科学家。但当时的自然科学是零碎的，因此要建立宇宙论、自然哲学，就不免要用虚构来代替真实。阴阳五行学说和《易传》就是如此。前者的唯物主义和后者的辩证法对科学的发展起了促进作用，但是那虚构的体系后来就和宗教迷信结合，成了汉代儒学的神学体系，适应于日趋保守的封建统治阶级的需要。

总之，回顾先秦哲学史，我们可以看到，哲学作为一门关于世界观的学问，一种意识形态，是随着社会实践（阶级斗争和生产斗争）的发展而发展的，转过来哲学又反作用于社会实践。哲学和社会实践之间的这种相互作用，通常是通过政治思想斗争和科学反对迷信的斗争的中间环节而实现的。

（二）

哲学还有它的特殊矛盾。哲学的根本问题是思维和存在的关系问题。在先秦，诸子百家主要围绕着"天人"和"名实"的争辩来探讨这一哲学根本问题，而由荀子作了比较全面的总结。我们可以把先秦哲学的发展过程看作一个圆圈，从原始的阴阳说开始，经过曲折的发展历程，到荀子达到朴素唯物主义和朴素辩证法的统一。这个圆圈包括着两个小的圆圈：前一个是原始的阴阳说经孔子、墨子到《老子》；后一个是《管子》经孟子、庄子到荀子。哲学继续前进，荀子——《吕氏春秋》和韩非——《易传》，可说是总结阶段的一个小圆圈。

孔子尊重人的理性，强调人的能动作用，由此导致先验论，把传统的宗教天命论改造成为比较精致的唯心主义体系。墨子注重经验，对感觉能给予客观实在毫无怀疑，又主张“非命”，他的哲学基本上是唯物主义的；但和狭隘的经验论相联系，他讲“天志”、“明鬼”，这又有局限性。不论孔子和墨子，他们的哲学思想都着重讲人道，是对原始的阴阳五行说的否定。《老子》在天人关系上主张“无为”，在名实关系上主张“无名”，有丰富的辩证法思想。它着重讲天道，仿佛是回复到了原始的阴阳说。但《老子》把“无为”和“无名”绝对化了，对感觉和概念都采取否定的态度，就导致了唯心主义。《孙子兵法》讲“能为”，他的朴素辩证法与唯物主义结合了，不过只限于军事领域。《管子》真正把天解释为物质的自然界，黄老之学克服了《老子》的唯心论，但它的唯物论是直观的，强调了人应适应自然和认识的被动的一面。孟子发展了孔子尊重理性的思想，提出性善说和唯心主义的天人合一论，认为认识过程就是唤醒人的天赋观念，强调了认识的能动的一面。孟子和《管子》虽有唯心论和唯物论的对立，但都是唯理论和独断论。庄子反对前人的独断论，有见于人的认识的相对性，却导致对一切都怀疑，否认客观真理，成了怀疑论和相对主义。惠施和公孙龙这两派辩者也是相对主义和绝对主义的对立。经过相对主义和绝对主义、怀疑论和独断论的斗争，对“天人”、“名实”之辩的考察深入了，特别是对“类”的范畴的考察深入了。后期墨家进而在朴素唯物主义认识论的基础上建立了一个形式逻辑的科学体系。最后，荀子对“天人”之辩和“名实”之辩作了总结，达到了朴素唯物主义和朴素辩证法的统一，这好像又是出发点的复归。哲学继续向前发展。韩非往唯物主义的方向发展，但是他片面地强调斗争,辩证法就少了;《吕氏春秋》则片面地强调统一,成了折衷主义;《易传》发展了辩证法,但是一个唯心主义的体系。因此,在先秦哲学的总结阶段也包含着一个小的圆圈。

在先秦,“形神”关系、“理气”关系、“道器”关系、“有无”关系等问题也已经提出来了。这些问题也是哲学根本问题的表现形式,但是没有充分展开,还不能作为完整的认识过程来考察,而有待于以后的哲学发展。

我们把先秦哲学看作主要是围绕着“天人”、“名实”之辩而展开的相对完整的认识的辩证发展过程。在这个过程中,有先验论和经验论、相对主义和绝对主义、直观唯物论和唯心辩证法的对立,而唯物主义和唯心主义的斗争则贯串始终。当我们把握了这些哲学家的体系,又粉碎了他们的体系,便可看到理性和感性、绝对和相对、唯物主义和辩证法是先秦哲学发展的一些必要环节。这些环节其实也是各个时期的哲学史、各门科学发展史的必要环节,也是每个个体认识发展的必要环节。

先秦哲学经历了螺旋形的发展过程,最后达到了对“天人”、“名实”之辩的比较全面比较正确的解决。从中我们可以看到:人类的认识经过什么样的途径才能达到辩证法的阶段,以及以辩证法为对象的认识运动是怎样展开的。辩证法本来是“自在之物”,是客观世界的本质和发展规律所固有的,也是人的认识世界的过程所固有的。要使“自在之物”转化为“为我之物”,需要经过不同方面的考察,不同意见的争论,以及对立的观点、对立的哲学体系的斗争。论争(以及一般地说理论思维)都要运用逻辑,并不断受到实践的检验。哲学家们起初自发地运用逻辑来进行论证和驳斥，进而对于思维形式及其基本范畴进行研究，这就有了逻辑学，并因而有了运用逻辑的自觉性（当然，这种自觉性是相对的）。墨子首先提出“类”、“故”、“理”的范畴。孟子运用它们来揭示“性”，庄子运用它们来阐明“道”，但他们的逻辑思想和方法并不是科学的。后期墨家才真正从科学的形式逻辑考察了这些范畴，荀子进而从辩证逻辑的观点把它们看作是进行“辨合”的环节，《易传》又把“类”、“故”、“理”归结到对立统一原理。先秦哲学的发展说明：人类对逻辑范畴的掌握和运用是一个由自发到自觉、由较少自觉到更多自觉的前进运动，是一个由简单到复杂（揭示出越来越多的范畴，对它们的认识越来越深刻）的发展过程。不过在先秦，关于逻辑范畴的争论，主要集中在“坚白”、“同异”之辩，这是围绕“类”的范畴的争论。先秦哲学关于“类”的考察比较充分，关于“故”和“理”的考察则较少。

（三）

通过“古今”之争和“天人”、“名实”之辩，经过上面说的那些必要环节，先秦哲学为我们提供了哪些主要的积极成果呢？先秦哲学涉及到天道观、认识论、逻辑学、社会历史观、伦理学、美学等领域，其中的合理成分是不胜枚举的，先秦哲学主要的积极成果在两个方面：认识论和逻辑学。

首先，认识论。先秦哲学家已概括出一些唯物主义的反映论原理和认识过程的辩证法。墨子、《管子》、后期墨家，发展了唯物主义认识论路线；孔、孟、老、庄、辩者也分别考察了认识过程的一些环节；荀子总结了前人的成果，作出了重要贡献。荀子肯定了知识和才能是后天获得的，朴素地指出了世界是可以认识的，认识是一个从不知到知，由知之不多到知之甚多的积累过程，是一个感性和理性、知和行的对立统一运动。荀子和《易传》以为，人们经过不同意见的争论，通过"解蔽"和正确地运用逻辑范畴，就能获得比较全面的真理，从而对言、意能否把握道的问题作了肯定的回答。他们也看到了认识过程是一个掌握客观规律以控制自然的过程，主观认识和客观必然性达到统一，人就获得了自由。尽管这些表达是朴素的，有局限性（如荀子和《易传》都不懂得社会实践在认识中的地位和作用，没有真正解决绝对和相对的关系），但是，先秦哲学家在认识论上的杰出贡献，仍然是后来的人，直至我们今天都必须加以肯定的。

其次，逻辑学。先秦诸子还围绕着"名实"之辩和"坚白"、"同异"之辩展开了逻辑问题的争论。庄子提出了种种责难；名家两派作了不同方面的考察；尔后，后期墨家建立了形式逻辑的体系，提出"辞以故生，以理长，以类行"的形式逻辑基本原理，也触及了同一律、排中律、矛盾律等。在辩证逻辑方面，《老子》第一个提出否定原理。到了荀子和《易传》，辩证逻辑已具雏形。荀子明确地提出概念、判断、推理是包含矛盾的，进行辩说就要求"不异实名以喻动静之道"，所以辩证法是普通逻辑思维所固有的。他指出逻辑思维就是通过"辨合"、"符验"的运动，以求达到概念和实在的统一。他用"类"、"故"、"理"的范畴来说明正确地进行"辨合"的方法，强调要"壹统类"、"辨则尽故"、"以道观尽"，也就是全面地看问题；同时还要"解蔽"，即对各种谬误观点进行分析批判。《易传》则比前人更明确地表达了对立统一的原理，并认为可以用范畴的辩证推移来把握宇宙发展法则。它还考察了“类”范畴的辩证逻辑意义，要求思维从全面联系的观点出发，比较各类事物之间的同异，把握所考察的类的矛盾运动。我们可以从《月令》和《内经》等著作中看到：这种辩证逻辑的比较法，在历法、音律、医学等具体科学领域中得到广泛运用，取得了显著的成就。当然，古代的辩证逻辑是朴素的，由于缺乏自觉性，所以“比类”、“取象”的方法容易被主观地加以运用，从而导致荒唐的见解。但是应该肯定，先秦哲学已提出了辩证逻辑的基本点，并且起了促进科学发展的作用，显示了它的生命力。这是个重大的成就。

虽然荀子的主观逻辑处处显示出客观逻辑，但是他对天道（宇宙发展法则）本身谈得不多。当然，《老子》说“反者道之动”，《易传》说“一阴一阳之谓道”，都是作为客观辩证法提出来的。对后世有深远影响的“气一元论”，已由《管子》、荀子和阴阳五行学说奠定了基础。

在人道观方面，古代当然不可能有真正科学的理论；但也提出了一些合理的见解，如法家和《易传》都已认识到历史有其演化过程，荀子用“明分使群”来解释国家制度和道德的起源等。特别是同人的自由问题相联系，儒、墨提出人道原则，道家提出自然原则，以及孔、孟、荀提出伦理学上的自觉原则，后来给民族文化以巨大影响；而美学上的意境理论，也已在庄子的寓言和荀子的《乐论》中萌发了。

至于先秦哲学的理论思维的教训，每个学派，每个哲学体系都向我们提供了,是非常丰富的。不论是积极的创造性的成果还是理论上失足的教训,都是可宝贵的。先秦诸子这份历史遗产,对我们后代来说是取之不尽的宝藏。

本卷征引文献要目

（先秦诸子典籍的点校通行本较为普及，这里不再列出）

《马克思恩格斯选集》，北京：人民出版社，1995 年。

《列宁全集》第 3、55 卷，北京：人民出版社，1990 年。

《列宁选集》第 2 卷，北京：人民出版社，1995 年。

《毛泽东选集》，北京：人民出版社，1991 年。

《周恩来选集》上卷，北京：人民出版社，1980 年。

十三经注疏委员会整理：《春秋左传正义》，北京：北京大学出版社，2000 年。

司马迁：《史记》第 7 册，北京：中华书局，1959 年。

王冰注：《黄帝内经》，北京：中医古籍出版社，2003 年。

班固撰，颜师古注：《汉书》第 6 册，北京：中华书局，1962 年。

郭象：《庄子注》，郭庆藩著，王孝鱼点校：《庄子集释》，北京：中华书局，2004 年。

房玄龄等撰：《晋书》第 51 卷，北京：中华书局，1997 年。

程颢、程颐著，王孝鱼点校：《二程集》上册，北京：中华书局，1981 年。

王夫之著，船山全书编辑委员会编：《船山全书》，长沙：岳麓书社，2011 年。

严复著，王栻主编：《严复集》，北京：中华书局，1986年。
郭沫若：《青铜时代》，北京：中国人民大学出版社，2005年。
杨宽：《古史新探》，北京：中华书局，1965年。
冯友兰：《中国哲学史新编》，北京：人民出版社，1962年。
胡寄窗：《中国经济思想史》第1卷，上海：上海财经大学出版社，1998年。
北京大学哲学系外国哲学教研室编：《古希腊罗马哲学》，北京：三联书店，1957年。
周辅成编：《西方伦理学名著选辑》上卷，北京：商务印书馆，1996年。
柏拉图著，王晓朝译：《柏拉图全集》，北京：人民出版社，2002年。
亚里士多德著，罗念生译：《诗学》，北京：人民文学出版社，2002年。
卢克莱修著，方书春译：《物性论》，北京：商务印书馆，1981年。
洛克著，关文运译：《人类理解论》上册，北京，商务印书馆，1959年。
黑格尔著，贺麟译：《小逻辑》，北京：商务印书馆，1980年。
爱因斯坦著，许良英等编译：《爱因斯坦文集（增补本）》，北京：商务印书馆，2009年。
李约瑟著，《中国科学技术史》翻译小组译：《中国科学技术史》，北京：科学出版社，1978年。

索 引

（按汉语拼音顺序排列，外国人名按中译名）

J

M

N

P

Q

R

初版整理后记

本书初版于 1983 年 10 月(上海人民出版社)。收入《冯契文集》时,对原书内容未作任何改动。只校正了书中的引文差错和错别字。另外,原《中国古代哲学的逻辑发展》上、中、下三册合一个“索引”,放在下册,现考虑到《冯契文集》体例上的一致与读者查阅的方便,每卷都设一个“索引”。本卷“提要”由陈卫平撰写。

冯契先生遗著编辑整理工作小组

1996 年 4 月

增订版整理后记

《冯契文集》(10卷)出版于1996—1998年。近20年来,冯契的哲学思想越来越受到国内外学术界的关注。为了给学术界研究冯契哲学思想提供更好、更完备的文本,华东师范大学哲学系发起并承担了《冯契文集》增订版的编辑整理工作。这项工作得到了华东师范大学出版社的大力支持。

此次增订工作主要有以下几项:1. 搜集、整理了原先没有编入文集的有关作品,编为《冯契文集》第十一卷;2. 订正了原书字句上的一些错漏;3. 对于先秦以后的典籍引文,尽可能参照近些年出版的整理点校本,加注了页码、出版社、出版年份(详见"本卷征引文献要目");4. 重新编制了人名、名词索引。

负责、参与各卷增订的教师,分别是:第一卷,郁振华;第二卷,晋荣东;第三卷,杨国荣;第四、五、六、七卷,陈卫平;第八卷,刘梁剑;第九卷,贡华南;第十卷,方旭东;第十一卷,刘晓虹。协助上列教师的研究生有:安谧、韩菲、胡建萍、胡若飞、黄家光、黄兆慧、蒋军志、刘翔、王海、王泽春、张靖杰、张瑞元、张腾宇、张盈盈、周量航。

刘晓虹负责第十一卷的文献搜集以及整理,相对其他各卷,工作更为繁重。这卷同时是他承担的上海市哲社项目"冯契文献整理”的部分成果。同时，本增订版是国家社科基金重大项目“冯契哲学文献整理及思想研究”的阶段性成果。本文集的项目编辑朱华华尽心尽责，对于确保增订版的质量起到了重要作用。

出版《冯契文集》增订版，是纪念冯契百年诞辰系列学术活动的重要内容。整个纪念冯契百年诞辰的学术活动，得到上海社会科学界联合会和上海社会科学院的资助，我们在此致以衷心的感谢！

冯契先生遗著编辑整理工作小组

2015 年 12 月

图书在版编目(CIP)数据

中国古代哲学的逻辑发展. 上/冯契著. —增订本. —上海:华东师范大学出版社,2015.4
(冯契文集;4)
ISBN 978-7-5675-3439-1

Ⅰ.①中… Ⅱ.①冯… Ⅲ.①哲学史-中国-古代 Ⅳ.①B21

中国版本图书馆CIP数据核字(2015)第083692号

本书由上海文化发展基金会图书出版专项基金资助出版

冯契文集(增订版)·第四卷
中国古代哲学的逻辑发展(上)

著　　者　冯　契
策划编辑　王　焰
项目编辑　朱华华
特约审读　许婷君
责任校对　邱红穗
装帧设计　卢晓红　高　山

出版发行　华东师范大学出版社
社　　址　上海市中山北路3663号　邮编200062
网　　址　www.ecnupress.com.cn
电　　话　021-60821666　行政传真021-62572105
客服电话　021-62865537　门市(邮购)电话021-62869887
地　　址　上海市中山北路3663号华东师范大学校内先锋路口
网　　店　http://hdsdcbs.tmall.com

印 刷 者　上海中华商务联合印刷有限公司
开　　本　890毫米×1240毫米　1/32
印　　张　11.75
插　　页　4
字　　数　246千字
版　　次　2016年1月第1版
印　　次　2024年11月第4次
书　　号　ISBN 978-7-5675-3439-1/B·937
定　　价　58.00元

出 版 人　王　焰